6147.
jud.

Cat Nyon 3437

CODE DES LOIX
DES
GENTOUX.

CODE DES LOIX
DES GENTOUX,
OU
RÉGLEMENS
DES BRAMES,

TRADUIT de l'Anglois, d'après les Versions faites de l'original écrit en Langue Samskrete.

A PARIS,

De l'Imprimerie de S**TOUPE**, rue de la Harpe, vis-à-vis la rue Saint Severin.

M. DCC. LXXVIII.

Avec Approbation, et Privilége du Roi.

Pl. 1.

Page XVIII. de la Préface.

ALPHABET SAMSKRET. **VOYELLES.**

अ ĕ आ ā इ ĕe ई ēe उ ŏo ऊ ōo ऋ rĕe ॠ rēe

ऌ lĕe ॡ lrēe ए aĕe ऐ ī ओ ō औ ou अं ung/oum अः ĕh

* Quoique *ung.* ne soit pas une Voyelle, on le met toujours au nombre des Voyelles.

CONSONNES.

क kĕ ख khĕ ग gĕ घ ghĕ ङ ngĕ च chĕ छ chhĕ ज jĕ झ jhĕ ञ gnyĕ

ट tĕ ठ thĕ ड dĕ ढ dhĕ ण nĕ त tĕ थ thĕ द dĕ ध dhĕ न nĕ

प pĕ फ phĕ ब bĕ भ bhĕ म mĕ य yĕ र rĕ ल lĕ व wĕ

श shĕ ष shĕ स sĕ ह hĕ क्ष khyĕ

VOYELLES LIÉES.

क kĕ का kā कि kĕe की kēe कु kŏo कू kōo

के kaĕ कै kī को kō कौ kŏu कं kung कः kĕh

* La Voyelle courte ou le demi-ton ẽ est toujours comprise dans chaque Consonne simple et prononcée avec cette Consonne simple pour lui donner une terminaison; mais quand une Lettre Composée est formée de deux Consonnes, la première perd sa Voyelle breve.

Benard Direx.

Pl. 2.

Page XVIII. de la Préface.

ALPHABET DU BENGALE   VOYELLES.

অ ĕ   আ ā   ই ĕĕ   ঈ cē   উ ŏŏ   ঊ ōō   ঋ rĕĕ   ৠ rcē

ঌ lĕĕ   ৡ lrcē   এ aĕ   ঐ ī   ও ō   ঔ ōu   অং ung   অঃ ĕh

CONSONNES.

ক ke   খ khĕ   গ gè   ঘ ghĕ   ঙ yĕh   চ chĕ   ছ chhĕ   জ jĕ   ঝ jhĕ   ঞ ööeh

ট tĕ   ঠ t,hĕ   ড dĕ   ঢ d,hĕ   ণ ännoh   ত tĕ   থ t,hĕ   দ dĕ   ধ dhĕ   ন nŭh

প pĕ   ফ p,he   ব bĕ   ভ b,he   ম mè   য yĕ   র rĕ   ল lĕ   ব mĕ

স shĕ   ষ shĕ   শ sĕ   হ hĕ   ক্ষ khyĕ

VOYELLES LIÉES.

কৈ kĕ   কা kā   কি kĕĕ   কী kēē   কু koŏ   কূ koō

কে kaĕ   কৈ ki   কো kō   কৌ kŏu   কং kung   কঃ keh

Benard Direx.

Préface page XX.

तं समुंडि ज्रीलबदट्टबदट्टबदट्ट
पिशाचक्राणवोनृशत्रुः
मालाशत्रुरशीलिनी
भार्य्यादृश्यवनीशत्रुः
पुत्रःशत्रुरयंडितः

ASHLOGUE Page XXI.

उत्खातंनिधिपूंक्याच्तिननलंधानागिरेर्धनवो
निन्लीर्गोस्मरिनांयतिनृपतयोर्यन्नेनसन्ताधिता :॥
मंत्राराधनतत्यरेणामनसालीताषमज्ञानेनिपुणः ॥
प्राशाकाषिवराटिकानचमयान्तुर्ल्समकामाभव ?
शशिनाचनिशानिशयाचशशी
शशिनानिशायाच्चविभानिनभः

ASHLOGUE Page XXII

पयस्तावमलंवमलेनएयः॥
पयस्तावमलेनविभानिसर:२

Benard Direx.

TROIS ASHLOGUES

स्वजनोनयानिवेषे
परादिनबुद्धिविनाशकालेपि
केटेयिचंटननतः
सुरभयतिमुखंबुद्धादेस्य १
यद्यपिनभवतिहानि
परकीयोचरनिगसभी हानो
ग्रसमंजसमितिमत्वा
नयाविखलुखायतेचेरः २
सज्जनस्पर्दयेनवनीते
यहदंतिविबुधाम्रदलीके
ग्रन्यहेहविलसन्यरिनाणान
सज्जनोडवनिनोनवनीतं ।३।

CHAPITRE DU BISESHT MAHAMONÉE

श्रीगणेशायनमः । समस्तविषयवासनाविनिर्मुक्तः सए
वमदेशकेवलेनिर्विशेषब्रह्मचिन्तनमात्रेवनिष्ठनिसय
वमदेशः । यत्रउच्चिनिष्ठति नचादौ ऋग्वेदस्यप्रज्ञानघ
नस्यव्याख्यानेब्रियते एकमेवाद्वितीयंब्रह्मेतिसिद्धान्तः ।
प्रज्ञानस्वरूपेऽनन्यादृष्टिदोषाः अनेकप्रकाराः तन्मध्ये य
थावेबुद्ध्यानुसारेणव्याख्यानंक्रियते प्रदृष्टें अदृष्टेज्ञाने
अज्ञानं उपाधिरादिनस्वतन्त्रेऽनन्यकालत्रयरहिते अव
स्यात्रयरहिते प्रणेचविनिर्मुक्ते स्वतन्त्रज्ञानेनत्र्यज्ञाने
नामधेयें ब्रह्मभवति यज्ञानेनत्वमायाचैतन्येभवति
यज्ञानेनचतुर्विशानित्वे चैतन्येभवति किमिवसूर्य
चन्द्रविव अग्निपात्रमिव कुंबक्त्नोदेमिव सूत्रधारचि
त्रमिव काशग्रिरिव प्रभुक्त्रायेव अमुनाप्रकारेण
चैतन्येसमलजगत्प्पंचोत्पादकं करोनि ज्ञानशक्ति
इच्छाशक्ति क्रियाशक्ति चैतन्यजगदाकारंभवति अ

Page XXV. de la Préface

Benard Direx

Pl. 6

Page XXV. de la Préface

CHAPITRE DU BISESHT CONTINUÉ

नएवनिर्गतोन्तः करणेन श्रोत्रद्वारेण शाद्वग्रहंकरोनि
निर्गतोन्तः करणेनत्व चाह्यारेणास्पर्शयहंकरोनि नि
र्गतोन्तः करणेन चत्रुद्वारेणा रूपयहंकरोनि निर्गतोन्तः
करणेन जिह्वाद्वारे णा रसयहंकरोनि निर्गतोन्तः
करणेन नागिकाद्वारे णा गंधयहंकरोनि ञ्चन एव
पंचकर्मेंद्रियप्रेरकः पंचज्ञानेंद्रियप्रेरकः पंचगहाभू
तप्रेरकः पंचनन्माजालिप्रेरकः गुणत्रयप्रेरकःइत्या
दिसमस्तप्रपंचोन्यन्तिः प्रलयात्मकव रोनि जग
न्मादित्वेन ए श्यनि तत्यज्ञानेनागन् ब्रह्माथेंभवनि
तस्मात् यज्ञानप्राद्वेननङ्कहविप्रोषेणा सर्वेश्वरःक
ध्याने तञ्चन् त्रधारेश्वरः मायाविद्यानदीनत्पंक
रोनि कथ्वनत द्रव ॥ इनिऋग्वेदस्य यज्ञानशब्दूनिर्गी
चः ॥ ॥

Benard Direx.

ASHLOGUES.

ब्रह्मानोद प्रावें सहस्रर प्रावें यानें चसनेयुगे
भाद्रे मासि क्रुस्नामयाद्दि सप्त ना ब्रह्मानयाष्टिमे
प्रासंवेनीतिविचारधर्मजनकें ज्ञानप्रदं सर्वदा
श्रुत्नी वेदि त काम्यामनु प्रजा ना मास्मृतिदीपिका

वेतायोयाज्ञवल्क्येन वातीनेन वपंचचे
श्रावणेमासि शुक्ले वे पंचमांबुधवा सरे

याज्ञवल्व्यामिरं प्राह्ने धर्मनीतिप्रकाशकें
राज्ञनीतिप्रदं चैव नराणंहितकाम्यया ॥

ASHLOGUE.

वासांसिजीर्णानियथाविहाय
नवानिगृह्णातिनरोपराणि
तथाशरीराणिविहायजीर्णान्
अन्यानिसंयातिनवानिदेही

AVERTISSEMENT

DU TRADUCTEUR FRANÇOIS.

CE monument de Jurisprudence est sans doute le plus singulier & le plus curieux qu'on ait jamais publié : on y trouve les Loix d'un peuple qui semble avoir instruit tous les autres, & qui depuis sa réunion, n'a changé ni de mœurs, ni de préjugés.

Les Européens ont troublé long-tems les Indiens dans leurs paisibles contrées, sans chercher à s'instruire de la Jurisprudence & des Loix du pays; & quand ils l'auroient voulu, les Brames, seuls dépositaires des Livres, des connoissances & des Réglemens civils & religieux, ne leur auroient rien appris.

Malgré l'autorité de la Compagnie Angloise dans l'Inde, malgré la souveraineté qu'elle y exerce, elle ne pouvoit rien découvrir sur ces matieres; ses Officiers administrent la Justice à leur gré, mais ces Indiens ou ces Brames qu'ils dépouillent, ou qu'ils condamnent arbitrairement à des amendes, à la mort & à l'infamie, s'opiniâtroient à leur cacher les Loix du pays; & il a fallu toute l'adresse & toute la fermeté de M. Hastings, gouver-

AVERTISSEMENT

neur général des établiffemens Anglois, pour obliger enfin les Brames à révéler ces grands fecrets.

C'eft à fon zèle & à fon activité que l'Angleterre & l'Europe doivent cet Ouvrage : il a eu beaucoup de peine à raffembler les Brames qui l'ont rédigé ; il a été réduit à corrompre les uns, à combattre, par la raifon, les opinions fuperftitieufes des autres, & à démêler dans cet ordre myftérieux, quelques vieillards, que l'expérience & l'étude avoient mis au-deffus des préjugés. (*a*).

Ce Code annonce un peuple corrompu dès l'enfance ; & les diftinctions odieufes des différentes Caftes, en fouillent prefque

---

(*a*) Voici la Lettre que M. Haftings a écrit à la Cour des Directeurs de la Compagnie Angloife, en lui envoyant ce Code.

MESSIEURS,

« Enfin, après toutes fortes de peines, j'ai la fatisfaction de vous envoyer une copie
» exacte & complette d'une traduction *du Code des Gentoux*, faite avec beaucoup de
» fidélité & d'intelligence par M. Halhed.

» Pour rendre ce Code plus digne de paroître aux yeux du public, j'aurois defiré
» qu'on en retranchât quelques paffages ; mais lorfque j'ai fait fur cela des follicitations
» auprès des Brames, qui ont rédigé le Code, il n'a pas été poffible de les engager à
» y rien changer : ils m'ont déclaré, d'un commun accord, que chacun de ces paffages
» eft confacré par leurs Shafters, & que ce feroit un crime de les altérer ou de les
» fupprimer ». J'ai l'honneur d'être, &c.

MESSIEURS,

WARREN HASTINGS.

Fort William, le 27 Mars 1775.

DU TRADUCTEUR FRANÇOIS.

toutes les pages. Le Législateur ignore les grands principes du droit naturel, & on voit qu'il s'adresse à des hommes opprimés & malheureux, sans être enflammé de zèle pour leur bonheur.

Excepté les mutilations ordonnées presque par-tout contre les Castes inférieures, ces Loix respirent quelquefois la douceur & l'humanité; mais cette douceur annonce plutôt la foiblesse du gouvernement & la tranquillité des sujets, que la bonté des administrateurs.

En rapprochant les Loix des Gentoux, sur les successions & le partage des propriétés, de celles des nations les mieux policées, il paroît que le bon sens & la raison ont dicté les mêmes Réglemens aux différentes extrêmités du globe, & chez des peuples qui ne se trouvoient pas à la même époque de leur civilisation. Les dispositions générales des Loix des Brames sur cette matiere, sont celles des Loix Romaines; & la conformité dans les détails est d'ailleurs si extraordinaire, qu'on seroit tenté de croire que Rome tira de l'Inde cette partie de sa Jurisprudence.

Beaucoup d'autres endroits ne sont pas moins sages, & il ne faut pas s'en étonner; les Brames ne s'écartent de la pureté de leur morale que pour obéir aux préjugés de leur nation, & le Code le plus barbare ne peut pas être mauvais dans tous les points; celui-ci est souvent choquant & bizarre, & il est aisé d'en donner des preuves.

En général ces Loix manquent de suite, de proportion & de

AVERTISSEMENT

justesse : après avoir prononcé sur une chose, il est assez ordinaire de voir le Législateur donner brusquement une décision différente sur un cas qui a du rapport au premier; d'autres fois il entre dans des détails impossibles à déterminer.

Les Loix sur le faux témoignage, & les idées du Législateur sur le mensonge sont surprenantes : on déclare d'abord que le faux-témoin est aussi coupable que s'il avoit tué toutes les créatures vivantes; & on dit ensuite qu'on peut mentir ou servir de faux-témoin pour arranger un mariage. Après avoir dit que dans une affaire concernant des vaches, le faux-témoin est aussi coupable que s'il assassinoit dix personnes; que dans une affaire concernant un cheval, il est aussi coupable que s'il assassinoit cent personnes; que dans une affaire concernant des animaux qui ont du poil sur la queue (les vaches & les chevres exceptées), le faux-témoin est aussi coupable que s'il avoit assassiné cinq personnes; que dans une affaire concernant un homme, le faux-témoin est aussi coupable que s'il assassinoit mille personnes; que dans une affaire concernant de l'*or*, le faux-témoin est aussi coupable que s'il assassinoit tous les hommes nés & à naître; il ajoute que dans une affaire concernant une *portion de terrain*, le faux-témoin est aussi coupable que s'il tuoit toutes les créatures vivantes qui sont dans le monde.

On conseille au Magistrat, c'est-à-dire, au dépositaire de l'autorité, & à celui qui est chargé de l'administration de la Justice, d'employer des moyens bas & puériles : on lui recom-

DU TRADUCTEUR FRANÇOIS. *v*

mande, dans un tems de guerre, de donner de l'argent à l'ennemi pour l'appaiser; & si cet expédient ne réussit pas, d'envoyer parmi les troupes ennemies des hommes très-rusés & très-fourbes qui y répandent la division.

Quelques-unes des peines nous paroissent indécentes, telles que celles de graver sur le front d'un Brame adultere, la figure des parties naturelles d'une femme; de couper le *pudendum* à une femme adultere avant de la faire mourir; de raser les cheveux avec de l'urine d'âne, & d'enlever avec les mains, en certaines occasions, les excrémens & les ordures.

Les Législateurs se sont occupés de tout ce qui tient à la malpropreté & à la mauvaise odeur, & ils ont défendu de manger de l'oignon ou de l'ail.

D'autres châtimens tiennent également aux mœurs des peuples de l'Inde, & sont singuliers à nos yeux; ainsi dans les cas où la Loi n'impose ni amende, ni mutilation, on ordonne au Magistrat de se mettre en colere contre le coupable, & de lui parler d'un ton fâché.

Il y a des peines atroces contre des actions innocentes, ou même contre des actions raisonnables; telles que celles de verser de l'huile amere chaude dans la bouche d'un *Sooder* qui lit les Livres sacrés; & de lui boucher les oreilles avec de la cire après les avoir remplies d'huile chaude, s'il écoute la lecture des *Beedas*,

AVERTISSEMENT

du *Shafter* (a); de plonger un fer chaud dans la fesse d'un *Sooder* qui s'assied sur le tapis d'un Brame, & de le bannir ensuite du royaume.

La vénération des Gentoux pour les vaches, a donné naissance à une foule de Réglemens qui nous semblent puériles : on a cru devoir décerner des peines contre ceux qui volent de la fiente de vache.

Mais ce qui révolte le plus, c'est l'acharnement des Législateurs contre les femmes ; par-tout ils outragent, & par-tout ils maltraitent le sexe ; ils ne se contentent pas de l'opprimer sous des Réglemens tyranniques, ils le déshonorent, en l'accusant d'une débauche insatiable & de tous les vices. Les sauvages & les peuples barbares tourmentent les femmes, mais aucun Code n'a consacré leur bassesse & leur infortune, d'une maniere aussi choquante que celui des Gentoux. Le plus vil & le plus corrompu des maris, a une autorité souveraine sur son épouse; on lui recommande de la surveiller & de la contenir le jour & la nuit, *parce qu'abandonnée à elle-même, elle ne peut que faire de mauvaises actions* : après leur avoir imposé des peines d'une dureté particuliere, on condamne à être mangées par les chiens, toutes celles qui sont coupables d'adultere, ou qui sollicitent les faveurs d'un homme.

En général, l'esprit de ces Brames, qui sont Législateurs depuis

---

(a) Ce sont des Livres sacrés.

un tems immémorial dans l'Inde, est si plein de préjugés, qu'après avoir donné des preuves éclatantes de sagesse, il retombe tout-à-coup dans l'absurdité.

Quoique nos Loix soient encore bien loin de ce droit naturel qui devroit leur servir de base, celles des Gentoux n'en approchent pas sur certaines matieres : sous le despotisme oriental, la propriété des individus ne fut jamais sacrée ; & un article de ce Code dit en effet, que si après la mort d'un homme, ses héritiers laissent son terrain en friche, l'espace de deux ou trois ans, chaque étranger est le maître de le cultiver, en donnant aux propriétaires une partie de la récolte.

Ces Loix ont d'ailleurs une grande conformité avec celles des peuples plus modernes : plusieurs passages prouvent d'une maniere incontestable, que quelques-uns des Législateurs que nous connoissons, ont tiré de l'Inde des croyances ou des Réglemens particuliers.

Ces Loix subsistant depuis des milliers d'années, on est bien étonné d'y trouver la connoissance de quelques arts qu'on avoit cru très-modernes : on y parle très-souvent du sucre, ce qui démontre que la méthode de tirer du sucre de la canne, se pratiquoit dans l'antiquité la plus reculée.

Le Traducteur Anglois, M. Halhed, discute dans sa Préface, ce que dit le Code des armes à feu : j'y renvoie le Lecteur ; il viij AVERTISSEMENT, &c.

fait beaucoup d'autres obfervations importantes fur la langue Samskrete, fur le caractere muſical de cette langue, fur les mœurs & les uſages des Indoux, &c. M. Halhed étudie actuellement le Samskret, & on eſpere qu'il enrichira l'Europe de quelques-uns des tréſors de cette langue myſtérieuſe.

PRÉFACE

PRÉFACE
DE M. HALHED,

QUI a traduit cet Ouvrage en anglois, & d'après lequel on le donne ici en françois.

L'IMPORTANCE du commerce de l'Inde, & les avantages que retire la Grande-Bretagne des pays que possede la Compagnie dans le Bengale, excitent enfin l'attention du Parlement ; il s'occupe de tout ce qui peut mériter l'attachement des Indoux, ou donner de la stabilité à nos conquêtes. Rien n'est plus propre à remplir ces deux objets que la tolérance en matiere de religion, & la renovation des anciens réglemens de l'Inde, qui n'attaquent point les loix ou l'intérêt de l'Angleterre.

C'est à l'usage constant de cette grande maxime qu'on doit attribuer la plupart des succès des Romains ; ce peuple fameux permettoit à ses sujets étrangers d'exercer leur religion & d'obéir à leurs propres loix ; quelquefois même, par une politique encore plus adroite, il adoptoit une partie de la mythologie des nations vaincues, lorsqu'elle étoit compatible avec ses propres systêmes.

La Compagnie a voulu imiter un si bel exemple, & en tirer un pareil fruit, en ordonnant cette compilation : c'est le seul ouvrage où l'on publie les véritables principes de la jurisprudence des Gentoux, sous les auspices de leurs plus respectables Pundits (*a*) : il prouve qu'on a tort de croire en Europe que les

---

(*a*) Braines Jurisconsultes.

Indoux n'ont d'autres loix écrites que celles qui ont rapport au cérémonial bizarre de leurs superstitions.

Les Professeurs des loix qu'on rassemble ici, parlent encore la langue originale dans laquelle elles furent composées : cette langue est absolument ignorée du peuple, qui a accordé à ces Docteurs des biens & des priviléges considérables dans toutes les parties de l'Indostan, & qui leur témoigne d'ailleurs un respect qui approche de l'idolâtrie, en reconnoissance de l'utilité que leurs études procurent au public. Pour compiler ce Code, on a fait venir de tous les cantons du Bengale, les Brames Jurisconsultes, les plus habiles; ils ont tiré chaque sentence des différens originaux écrits en samskret, sans ajouter ou retrancher un seul mot de l'ancien texte; ces articles, ainsi rassemblés, on les a traduits littéralement en persan, sous les yeux d'un des Brames; & d'après cette version, on les a rendus en anglois, en prenant des précautions extrêmes pour être fidele. Moins occupé de l'élégance que de l'exactitude, le Traducteur a cru qu'il seroit plus excusable de présenter au Lecteur une interprétation trop littérale, qu'une paraphrase embellie; ainsi toute la disposition du livre, la division particuliere des matieres, & les tournures de phrase, appartiennent en entier aux Brames.

Cette lecture pourra donner une idée précise des usages & des mœurs des Indoux, qu'on a peints en Occident avec des couleurs infideles & d'une maniere désavantageuse. Si l'on veut établir au Bengale un nouveau système d'administration & de jurisprudence, & y adoucir & tempérer les loix de l'Angleterre, suivant les préjugés particuliers des Indoux, ce livre facilitera ce grand projet. Quelques-uns des réglemens bizarres & singuliers qu'on y trouve, sont peut-être préférables à ceux qu'on voudroit mettre en leur place : ils sont liés à la religion du pays, & par conséquent très-révérés; & ils tiennent en outre aux distinctions du

PRÉFACE.

rang, facrées parmi les naturels : une longue habitude les a perfuadés de l'équité de ces inftitutions ; ils s'y foumettront toujours avec empreffement dès qu'on le leur permettra ; & ils fouffriroient même avec peine qu'on voulût les en difpenfer.

J'ai été obligé de donner beaucoup d'attention à une matiere fi neuve, de faire toutes fortes de recherches pour éclaircir chaque fentence, d'étudier avec foin les endroits les plus intéreffans, qui jettent du jour fur tout le refte; & à ce titre, j'ai quelque droit de dire mon avis fur des points conteftés parmi les Savans. Je fuis loin de vouloir établir mes fyftêmes fur les ruines de ceux qu'on a imaginés avant moi ; & fi je combats une opinion populaire, ou une affertion mal fondée, je me défie de mes lumieres, & je n'ai d'autre motif que de rendre hommage à la vérité.

Ce Code eft remarquable à plufieurs égards; j'obferverai feulement que jamais l'adminiftration d'aucun peuple n'ordonna un pareil travail dans des vues auffi nobles, & que c'eft la premiere fois qu'on eft venu à bout de perfuader aux Brames, de révéler leurs fecrets, & de facrifier une partie de leurs intérêts à l'utilité générale. On doit regarder ici ma plume comme un inftrument paffif, à l'aide duquel les Brames eux-mêmes divulguent chez tous les peuples les loix de leur nation.

Je me propofe dans ce Difcours préliminaire de parler de la langue famskret, & d'expliquer les paffages du Code, les plus extraordinaires & les plus étrangers à nos opinions & à nos préjugés.

Les Savans ont formé différentes conjectures fur la mythologie des Gentoux : ils fe font tous réunis à donner les fables extravagantes dont elle eft remplie, pour des fymboles fublimes de la morale la plus pure. Cette maniere de raifonner, quoique commune, n'eft pas jufte, parce qu'elle fuppofe que ce peuple ne croit pas entiérement à fes livres facrés : ces livres nous

PRÉFACE.

paroiffent faux & chimériques, mais ils en refpectent le fens littéral, comme la révélation immédiate du Tout-puiffant ; & leurs préjugés accordent aux Bedas du Shafter la même confiance que nous accordons à la Bible.

Le defir de rapprocher tous les cultes du nôtre, a enfanté ces allégories, & cette morale myftique & forcée qu'on a prétendu appercevoir dans les expreffions fimples & littérales de toutes les mythologies payennes. On devroit confidérer que l'établiffement d'une religion a été dans tous les pays, le premier pas qu'aient fait les peuples pour fortir de la barbarie, & former une fociété civile; que l'efprit humain, à cette époque où la raifon commence à naître, n'a point acquis la facilité d'invention, & la profondeur de penfées néceffaires pour imaginer, arranger & perfectionner un fyftême fuivi d'allégories. Le vulgaire & les ignorans ont toujours pris dans un fens littéral la mythologie de leur nation ; & il y a dans l'Hiftoire de la civilifation de chaque peuple, un tems où les hommes du rang le plus élevé, font en ce point fur la même ligne que le vulgaire ; alors ils n'ont pas plus d'envie, & ils ne font pas plus capables que la populace moderne, de créer des fubtilités myftérieufes.

Des hommes éclairés parmi nous, ont effayé fouvent fans fuccés, de former fur l'Hiftoire de la création par Moyfe, des explications fymboliques : ces fyftêmes imaginaires ont difparu au moment où on les a publiés, & la contradiction de ces interprétations chimériques a donné plus de poids à l'interprétation littérale. La foi d'un Indoux (quelque abfurde qu'elle foit), eft auffi implicite que celle du Chrétien, & il croit auffi fermement la révélation qu'il fuppofe defcendue d'en-haut. Les miracles étonnans de Brahma, de Rāōm & de Kishen, font pour lui des faits inconteftables ; & le récit qu'on en a écrit lui paroît purement hiftorique.

PRÉFACE.

Sans parler de cette partie de la mythologie des Indoux qu'on ne m'a pas révélée, je puis affirmer positivement, que la doctrine de la création, telle qu'elle est exposée dans le discours des Brames, à la tête de ce Code, est donnée ici comme une matiere de fait qu'on doit prendre dans le sens le plus littéral, & comme un article fondamental de la croyance de tous les fideles Indoux ; que les compilateurs de cet Ouvrage, Brames les plus distingués dans le Bengale par leurs talens, l'entendoient ainsi d'un commun accord ; que d'autres savans Brames, dans les conversations sans nombre que j'ai eues avec eux, m'ont confirmé la même chose : & cela ne peut pas être autrement ; ou bien le progrès des sciences, au lieu d'être lent & imperceptible, est subit & instantané ; les hommes, dans l'enfance des sociétés, deviennent donc tout-à-coup des Théologiens & des Philosophes, ou ils ne commencent donc à avoir une religion, que lorsque leur esprit, par le laps des siecles, est capable des spéculations les plus abstraites.

Quand les mœurs d'un peuple se polissent, & que ses idées se développent, on a lieu de présumer qu'on essaye de réviser & de corriger sa croyance religieuse, & de l'adapter aux progrès que fait sa civilisation ; que par la suite, de prétendus Philosophes tâcheront de miner sourdement la doctrine que leurs ancêtres ignorans recevoient avec conviction & avec respect ; & qu'en prenant la manie des allégories & des symboles, on obscurcira & défigurera ce texte, que la simplicité de son Auteur avoit énoncé de la maniere la plus naturelle. Ces innovations sont toujours cachées au commun des hommes ; & ceux qui ont osé déchirer publiquement le voile ont été punis de leur témérité.

On connoît très-bien maintenant le but & l'objet des mysteres d'Eleusine, mais on ne peut guere prétendre qu'ils commencerent à la même époque que les mysteres dont ils enseignoient la fausseté ; il est probable qu'ils prirent naissance dans un tems plus éclairé, quand l'esprit des Savans voulut percer l'obscurité de la superstition, & que la vanité dédaigna de croire à la lettre ces dogmes, que les préjugés populaires ne permettoient pas d'abjurer en public.

Quelques parties de la Bible pourroient offrir des exemples qui appuieroient ces argumens : l'histoire du Bouc émissaire dans les loix de Moyse, est de ce nombre; & elle n'est pas très-différente d'une institution particuliere des Gentoux. L'Auteur inspiré, après avoir décrit les cérémonies préliminaires de ce sacrifice, dit :

« Et Aaron placera ses mains sur la tête du Bouc émissaire, &
» il confessera toutes les iniquités des Enfans d'Israël & tous leurs
» péchés; & il les mettra sur la tête du Bouc, qui sera conduit
» dans le désert, & le Bouc portera toutes ces iniquités dans une
» terre inhabitée ».

Quand cette cérémonie s'établit parmi les Juifs, ils étoient à peine sortis de la barbarie ; avec des idées, des mœurs & des manieres grossieres, ils ne pouvoient comprendre des mysteres; & sans doute ils croyoient alors de bonne-foi que leurs crimes se mettoient réellement sur la tête de la victime. Les sages des siecles suivans, trouverent en cela un préjugé, & ils y virent un emblême mystérieux de la doctrine de l'absolution. Sans doute on employe quelquefois l'allégorie; mais je prétends qu'en général la religion, à son origine, est crue littéralement telle qu'on la professe.

La cérémonie des Gentoux, que j'ai dit avoir un rapport éloigné avec le sacrifice du Bouc émissaire, est l'*Ashummeed-Jugg*, dont on trouvera une explication très-absurde & très-fabuleuse dans le corps du Code; cependant les Indoux de toutes les classes la croient sérieusement, excepté peut-être quelques individus, qui

PRÉFACE.

en donnent des interprétations allégoriques, fort différentes les unes des autres.

Afin que les curieux se forment une idée de ce sacrifice des Gentoux, entendu d'une maniere symbolique, ou purement & simplement d'après l'exposition qu'en donne le chapitre du Code, je rapporte dans la note des détails tirés de la fameuse traduction persane, faite par Dārul-Shekuh, des quatre commentaires sur les quatre *Bedas*, ou Livres sacrés de l'Indostan : l'ouvrage est extrêmement rare, & peut-être d'une authenticité douteuse ; & c'est par hazard que je me suis procuré ce petit essai (*a*).

Explication de L'*ASHUMMEED-JUGG.*

(*a*) « La cérémonie de l'Ashummeed-Jugg ne consiste pas uniquement à amener le
» Cheval & à le sacrifier, mais elle a une signification mystérieuse : le Sacrificateur
» doit voir dans le Cheval un type de lui-même : l'accomplissement de cette cérémonie
» religieuse, comprend tous les autres devoirs de religion, que les Sages & les Saints
» s'efforcent de remplir, & par lesquels les vrais sectateurs des différentes croyances
» se proposent d'arriver à la perfection. Voici ce que représente ce Cheval sans
» tache ; la tête est le symbole du matin ; ses yeux, sont le soleil ; son haleine, le vent ;
» sa bouche ouverte, la chaleur interne qui anime le monde ; son corps une année
» entiere ; son dos, le paradis ; son ventre, les plaines ; son sabot, le tems ; ses flancs,
» les quatre coins du ciel ; ses os, les espaces intermédiaires qui sont entre ces quatre
» coins ; ses jointures, les mois & les demi-mois, qu'on appelle pĕchĕ (ou quinze
» jours) ; son pied, la nuit & le jour ; il y a quatre especes de nuit & de jour, figurées
» par les quatre pieds ; 1°. la nuit & le jour de Brahma ; 2°. la nuit & le jour des
» Anges ; 3°. la nuit & le jour des esprits de nos ancêtres morts ; 4°. la nuit & le jour
» des mortels ; ses os en repos, sont les constellations des étoiles fixes, qui sont les 28
» relais sur la route de la lune, appellée l'année lunaire ; sa chair, les nuages ; les
» alimens dont il se nourrit, le sable ; ses tendons, les rivieres ; sa rate & son foie,
» les montagnes ; le poil de son corps, les végétaux ; & ses longs crins, les arbres ; l'avant
» du corps figure la premiere moitié du jour ; & la partie de derriere, la seconde
» moitié ; son bâillement est la lueur de l'éclair ; son urine, la pluie ; ses réflexions
» mentales figurent la parole ; les vases d'or qu'on prépare avant qu'on lâche l'animal,
» sont la lumiere du jour ; & le lieu où l'on tient ces vases, un type de l'Océan de
» l'Est ; les vases d'argent qu'on employe aussi pour lui, sont la lumiere de la nuit ; &
» l'endroit où on les tient, sont un type de l'Océan de l'Ouest ; ces deux sortes de vases
» sont toujours devant & derriere le Cheval ; le Cheval Arabe, qu'on appelle *Hy*, à

PRÉFACE.

Il paroît qu'on ne connoît pas encore en Occident les véritables termes par lesquels on désigne dans les anciens écrits des naturels, le pays & les habitans de l'Indostan.

L'*Indostan* est un mot Persan, également inconnu dans l'ancien & le moderne samskret; il est composé de *Stān*, *région*, & de *Hind* ou *Hindoux*. L'Histoire de Ferishtée, élégamment traduite par le Colonel Dow, conjecture, avec assez de vraisemblance, que ce mot vient de *Hind*, fils de Ham, fils de Noë; & quelle que soit l'antiquité dont les peuples de l'Inde se vantent pour eux-mêmes (on en parlera plus bas), les Persans seront contens, je pense, si on admet que les premieres liaisons, entre les deux contrées, ont commencé à la premiere génération après le déluge. Si on rejette cette étymologie, l'opinion commune, que des étrangers imaginerent le mot *India*, d'après la riviere *Indus*, est probable. Dans le samskret cependant, l'Indostan est toujours appellé *Bhertekhunt* ou *Jumboo-deep* (de *Jumboo* ou *Jumbook-Jackal*, animal extrêmement commun dans ce pays, & de *Deep*, grande

_____

» cause de sa vitesse, est l'emblême des voyages des Anges; le *Tajée*, qui est de la
» race des chevaux de Perse, celui des *Kundherps* (ou esprits inférieurs); le *Wāzbā*;
» qui est de la race des *Tāzee* déformés, celui des *Jins* (ou Démons); & l'*Ashoo*,
» qui est de la race des chevaux Turcs, l'emblême des voyages que font les hommes;
» le Cheval de l'*Ashummeed-Jugg*, représentant tous ces chevaux & tous ces voyages,
» obtient ces quatre dénominations différentes; le lieu qu'habite ce Cheval est le grand
» Océan, ce qui signifie le grand esprit de *Perma-Atmā*, ou l'ame universelle. Suivant
» l'intention de ce sacrifice, un homme doit se considérer à la place du cheval, se regar-
» der aussi comme l'emblême de toute la nature; & sachant que l'*Atma* (ou l'ame divine)
» est une mer, laisser toutes ses pensées s'absorber dans cet *Atma* » (*). On n'auroit point rapporté ces détails, s'ils ne montroient pas le tour d'imagination des Asiatiques, & leur goût pour l'allégorie; & si la cérémonie dont il est question, ne ressembloit un peu à celle du Bouc, émissaire : peut-être que le motif connu de celle-ci peut donner le véritable sens de l'autre.

(*) Indépendamment de l'extravagance & de la bizarrerie de cette explication, elle a quelque chose d'obscur & d'embrouillé : le Traducteur l'a rendue le plus clairement qu'il lui a été possible; il est probable que les idées du Commentateur Brame n'étoient pas fort nettes.

portion

PRÉFACE.

portion de terre entourée par la mer) ; *khunt* signifie un continent ou une vaste étendue de terrain : un des premiers Rajahs de l'Inde se nommoit *Bhërrut ,* on choisit son nom pour celui du Royaume ; les habitans ne s'appelloient donc pas originairement Indoux, mais suivant l'idiome de leur langue, *Jumboodeepee* ou *Bhërtekhuntee ;* & c'est depuis le gouvernement Tartare qu'ils ont pris le nom d'Indoux, pour se distinguer de leurs vainqueurs Musulmans ; c'est aussi par erreur qu'on a fait signifier au terme *Gentoux ,* les Docteurs de la religion des Brames. *Gent* ou *gentoo* veut dire un animal en général ; & dans une acception plus circonscrite , le genre humain ; dans le dialecte samskret, ni même dans le jargon moderne du Bengale , il n'est pas approprié particuliérement à ceux qui suivent la doctrine de Brāhmā : les quatre grandes castes ont chacune une dénomination séparée, mais il n'y a point de terme générique qui comprenne toute la nation, d'après l'idée qu'attachent les Européens au mot *gentou ;* peut-être que les Portugais, à leur premiere arrivée dans l'Inde, entendant les naturels exprimer le genre humain en général, par ce mot souvent répété, l'appliquerent-ils seulement aux Indoux eux-mêmes ? Peut-être que leurs idées superstitieuses ont tiré du mot *gentoo ,* un rapport imaginaire à Gentil ou Payen.

La langue samskrete est très-abondante & très-nerveuse, mais le style des bons Auteurs est singulierement concis : elle surpasse de beaucoup le grec & l'arabe dans la régularité de ses étymologies ; & elle a de même un nombre prodigieux de termes qui dérivent de chaque racine primitive. Les regles de la Grammaire sont aussi étendues & aussi difficiles, quoiqu'il n'y ait pas autant d'anomales ; pour démontrer cette assertion par un exemple , on peut observer qu'il y a sept déclinaisons de noms, toutes employées au singulier, au duel & au pluriel ; qu'elles sont toutes diverses , suivant qu'elles se terminent par une consonne , par une voyelle,

c

PRÉFACE.

longue ou breve, & qu'elles different encore suivant que les noms sont de différens genres. On ne peut former le nominatif d'aucun de ces noms, sans appliquer au moins quatre regles; & outre les terminaisons particulieres dont on vient de parler, il en a alors une nouvelle. J'ajouterai que tous les termes de la langue sont susceptibles des sept déclinaisons; & il ne faut pas d'autre preuve de la difficulté de l'idiôme.

Les Grammaires samskret s'appellent *Becākĕrun* : il y en a plusieurs de différens Auteurs; quelques-unes sont trop abstraites, même pour l'intelligence de la plupart des Brames; & d'autres trop prolixes pour être d'un usage journalier; l'une des plus courtes, nommée le *Sărăsootee*, contient deux ou trois cens pages, & elle a été faite par Anoŏbhōōtēē-Seroopĕnam-Achā-rige, qui y a mis une précision qu'il est à peine possible d'égaler dans aucune autre langue.

L'alphabet samskret renferme cinquante lettres; & les Brames se vantent qu'à cet égard il l'emporte sur tous les autres; mais quand on considere que de leurs trente-quatre consonnes, près de la moitié expriment des sons combinés, & que six de leurs voyelles sont seulement des syllabes longues correspondantes à un égal nombre de voyelles breves, l'avantage ne paroît plus si considérable.

Les caracteres samskrets qu'on emploie dans le haut Indostan, passent pour être les lettres primitives, que Brahma donna jadis aux peuples, & qui sont maintenant appellées *diewnāgur* ou la langue des anges; au lieu que les caracteres dont se servent les Brames du Bengale, ne sont pas à beaucoup près aussi anciens; & quoiqu'un peu différens, il est clair qu'ils sont une corruption des premiers, comme on le verra mieux en comparant les alphabets qu'on publie ici (*a*).

(*a*) Voyez les planches n°. 1 & n°. 2.

PRÉFACE.

On dira peut-être qu'il n'est pas naturel de ranger rĕĕ & lĕĕ parmi les voyelles ; je puis feulement répondre qu'étant des liquides, elles tiennent en quelque forte de la voyelle, & que pour une oreille Européenne, il n'est pas moins extraordinaire de trouver que l'ain perfan & arabe est une confonne : on remarquera auffi dans les alphabets précédens, que lorfque les voyelles font combinées avec les confonnes, elles ont des formes différentes de celles qui leur font propres quand elles font feules.

Dans les quatre Bedas (les Livres facrés du grand Légiflateur Brahma), la longueur des voyelles eft déterminée & indiquée par une note, ou figne mufical, appellée *mātrāng* (renfermant un ton entier qui eft placé fur chaque mot); & en lifant ces livres, il faut obferver foigneufement ces diftinctions de ton & de mefure : voici comment on parle de cette modulation dans la Grammaire famskret, appellée le *fărăfootee* : « il y a trois fortes
» de voyelles, les breves, les longues & les prolongées (ou pour
» employer un terme plus mufical, celles qui ont une tenue); le
» cri du *chāsh* (petit oifeau particulier à l'Indoftan), fait une
» *mātrāng*; celui du corbeau, deux *mātrāngs*; celui du paon,
» trois *mātrāngs*; & celui de la fouris, une demi-*mātrāng*. Une
» *mātrāng*, eft la voyelle courte; deux *mātrāngs*, font la voyelle
» longue; & trois *mātrāngs*, la continue : une confonne fans une
» voyelle a la demi-*mātrāng*; ces voyelles fe diftinguent encore
» par une note haute pour une *mātrāng*, une note baffe pour
» deux *mātrāngs*, & une intermédiaire ou une teneur pour les
» trois *mātrāngs* nafales ou gutturales : ēĕ, ēï, ō, ōŭ, font des
» diphtongues, & ne peuvent pas être breves ; mais elles font
» prifes, ainfi que les cinq autres ĕ, ĕĕ, ŏŏ, rĕĕ, lĕĕ, pour des
» voyelles »; Ces différences font toutes marquées dans les Bedas ; comme on vient de le dire, & on doit les moduler en conféquence,

PRÉFACE.

de forte qu'elles produifent toutes l'effet d'un récitatif travaillé ; mais le fens du paffage échappe au Lecteur & à l'Auditeur, qui font attention à l'expreffion muficale. Il eft à remarquer que les Juifs dans leurs Synagogues, chantent le pentateuque fur la même efpece de mélodie ; & on fuppofe qu'ils obfervent cet ufage dès les tems les plus reculés.

Pour donner une foible idée de ces notes arbitraires, voici une ligne chargée de fes diverfes *mātrāngs* (*a*).

Tĕsĕ mŏŏndĕĕ krēēlĕ bĕdĕrōō, bĕdĕrōō, bĕdĕrōō.

La prononciation de la derniere fyllabe, du mot *bĕdĕrōō*, qui a trois *mātrāngs*, dure près d'une minute, elle tombe peu à peu, fe groffit & fe renforce enfuite pour marquer chaque *mātrāng*.

La Poéfie famskrete contient une très-grande variété de différens metres, les plus communs font ceux-ci.

Le *munnee hurreneh chhund*, ou le vers de douze ou dix-neuf fyllabes, qui eft fcandé par trois fyllabes à chaque pied, & dont le pied le plus eftimé eft l'anapefte.

Le *cābee chhund*, ou le vers de onze fyllabes.

L'*anûshtofe chhund*, ou le vers de huit fyllabes.

Les poëmes font ordinairement compofés de ftances de quatre vers, appellées *ashlogues*, qui font régulieres ou irrégulieres.

La ftance la plus commune eft celle de l'*anûshtofe chhund*, réguliere, à huit fyllabes à chaque vers. La plus grande partie du *mahabaret* eft compofée d'après cette mefure. La rime dans cette efpece de ftance doit être alternative ; mais pourvu que le pied du vers y foit, les Poëtes ne femblent pas trop s'embarraffer que les fons des fyllabes de terminaifon correfpondent d'une maniere exacte.

(*a*) Voyez la planche n°. 3, ligne premiere.

PRÉFACE.

L'*ashlogue anûshtofe* est composée en général de deux vers sur une même ligne, avec une pause entre l'un & l'autre, de sorte qu'elle a la forme d'un long distique. La stance irréguliere est toujours appelée *aryācchund*, quelque irrégularité qu'elle ait : plus communément elle est composée d'un grand vers de onze syllabes, & d'un petit de huit alternativement : sous cette forme, elle a quelque ressemblance avec la mesure lyrique la plus ordinaire des Anglois.

On me pardonnera de citer quelques stances en vers Samskrets, comme des exemples de ce que je viens de dire sur la prosodie; ces essais nous donnent une idée assez favorable de la Poésie des anciens Bardes Indoux; les images y sont en général animées & agréables, la diction est élégante & concise, & le metre ne manque pas d'harmonie.

STANCE RÉGULIERE *de huit syllabes par chaque vers* (*a*).

Pĕētā chĕ rĕĕnĕwān shĕtrōōh
Mātā shĕtrōŏ rĕshēēlĕĕnĕē
Bhāryā rōōpĕwĕtēē shĕtrōōh
Pŏōtreh shĕtrōŏ rĕpundĕĕtĕh.

Un pere endetté est l'ennemi (de son fils),
Une mere d'une conduite scandaleuse est ennemie (de son fils),
Une femme d'une belle figure est ennemie (de son mari),
Un fils ignorant est ennemi (de ses parens).

Ces vers sont des dimetres ïambiques réguliers.

STANCE *de dix-neuf syllabes* (*b*).

Oŏtkhātum nĕĕdhĕē shungkĕyā khyĕētĕē, tĕlum dhonātā gĕĕrĕĕr dhātĕwō,
Nĕĕstēērnĕ sĕrĕĕtām pĕtĕēr nrĕĕpĕtĕyōr, yĕtāénĕĕ sungtōshĕĕtāh

---

(*a*) Voyez la planche n°. 3.
(*b*) *Ibid.*

PRÉFACE.

Muntr' ārādhĕnĕ tĕtpĕrāĕnĕ mĕnĕſā nēētā shmĕshānāĕ nĕĕshāh
Prāptā kapĕĕ wĕrātēĕkā nĕchĕ mĕyā trĕĕshnāĕ sĕkāmā bhĕwĕ.

Un defir infatiable de richeffes m'a porté à fouiller la terre; j'ai cherché par la Chymie à faire la tranfmutation des métaux des montagnes.

J'ai traverfé la reine des mers; j'ai travaillé fans relâche pour plaire aux Monarques.

J'ai renoncé au monde afin de livrer mon cœur tout entier à l'étude des enchantemens; j'ai paffé les nuits fur les places où l'on enterre les morts.

Je n'ai pas gagné une *cowri* (*a*). — Avarice retire-toi, je ne veux plus m'occuper de tes chimeres.

STANCE de douze fyllabes (*b*).

Shĕshēĕnā chĕ nĕĕshā nĕĕshĕyāchĕ shĕshēĕ
Shĕshēĕnā nĕĕshĕyā chĕ wĕĕbhātēĕ nĕbhēh
Pĕyĕsā kĕmĕlum kĕmĕlāĕnĕ pĕyĕh
Pĕyĕsā kĕmĕlāĕnĕ wĕĕbhātēĕ sĕrĕh.

La nuit eft pour la lune, & la lune eft pour la nuit.
Lorfque la lune & la nuit font enfemble, c'eft la gloire des Cieux.
Le lothus ou le lys d'eau, eft pour le ruiffeau, & le ruiffeau eft pour le lys.
Lorfque le ruiffeau & le lys fe rencontrent, c'eft la gloire du canal.

Cette efpece de ftance eft appellée *kŏŏndĕlēĕ chhund*, de *kŏŏndĕlēĕ*, cercle, & elle répond à-peu-près au rondeau, piece de vers qu'elle imite exaɛtement.

(*a*) Petite écaille ou coquille qui fert de monnoie, il en faut 4000 à 4800 pour une roupie; les denrées font à fi bon marché dans l'Inde, que ces petites monnoies y font abfolument néceffaires parmi les pauvres.

(*b*) Voyez la planche n°. 3.

Presque chaque pied de cette belle stance est un véritable anapeste.

TROIS STANCES IRRÉGULIERES, *tirées d'une collection de Poëmes* (*a*)

1.

Swĕjĕnō nĕyātĕĕ wīrum
Pĕrĕhĕĕtĕ bŏŏddhĕĕr wĕĕnāshĕ kālāĕpĕĕ
Chhāĕdāĕpĕĕ chundĕnĕ tĕrōō
Sŏŏrĕbhĕyĕtĕĕ mŏŏkhum kŏŏt , hārĕsyĕ.

Un homme bon ne prend jamais d'inimitié.
Il est bien disposé même à l'égard de celui qui le maltraite.
Ainsi, pendant que l'arbre du Sandale tombe,
Il communique son odeur aromatique au tranchant de la hache.

2.

Yĕdyĕpĕĕ nĕ bhĕwĕĕtĕĕ hānĕĕ
Pĕrĕkĕĕyām chĕrĕtĕĕ rāsĕbhĕĕ drākhyām
Esĕmunjĕsĕ mĕĕtĕĕ mĕtwā
Tĕthāpĕĕ khĕlŏŏ khādyĕtāĕ chĕndrĕh.

Tant qu'il n'y a point de péril,
L'âne mange la vigne de l'étranger ;
Ainsi n'appréhendant aucun danger,
Le dragon (*b*) entreprend toujours de dévorer la lune (*c*).

3.

Sĕjjĕnŭsyĕ hrĕĕdĕyum nĕwĕnĕĕtum
Yĕdwĕduntĕĕ wĕĕbŏŏdhā stĕdĕlĕĕkum
Enyĕdāĕhĕ wĕĕlĕsĕt pĕrĕĕtāpāt
Sĕjjĕnō drĕwĕtĕĕ nō nĕwĕnĕĕtum.

(*a*) Voyez la planche n°. 4.
(*b*) Ceci fait allusion aux idées qu'ont les Gentoux sur une éclipse.
(*c*) Cette stance a été publiée en Angleterre comme extraite d'un des Bedas, mais certainement elle n'en fait point partie.

PRÉFACE.

Le cœur d'un homme bon est comme le beurre,
Disent les Poëtes; mais en cela ils se trompent,
En contemplant la vie de ses semblables, exposée aux malheurs.
L'homme bon se fond de pitié, mais il n'en est pas ainsi du beurre (*a*).

Ces trois stances sont tirées d'une collection, qu'on dit avoir été composée par un Kiyat, dans le troisieme âge du monde.

Les quatre Bedas ou Livres sacrés ne sont pas écrits en vers, comme on l'a imaginé jusqu'à présent, mais en une espece de Prose mesurée, qu'on appelle *pungtee chhund*; je suis donc obligé d'observer, qu'un Auteur de beaucoup de mérite s'est trompé, en donnant au public, pour des essais des différens Bedas, quatre stances, qui n'ont pas le moindre rapport ni la moindre ressemblance avec ces Livres.

Le grand nombre de vieux termes qui se trouvent dans les Bedas; la précision & l'obscurité du dialecte; la modulation particuliere sur laquelle on les récite, les rendent à peine intelligibles. Parmi les Brames les plus savans, on en compte très-peu, & il n'y a que ceux qui se sont livrés uniquement à cette étude, pendant plusieurs années, qui prétendent avoir quelque connoissance des originaux : ces originaux sont devenus d'ailleurs extrêmement rares & très-difficiles à rencontrer; mais on en fait des commentaires dès les tems les plus anciens. L'un des premiers & des plus authentiques a été composé par *Bisesht Mahāmoonee*, grand Ecrivain & Prophete, qui vivoit, dit-on, au premier âge du monde, & de qui Beafs, le célebre Auteur du Poëme héroïque de *Mahābāret*, se vantoit de descendre.

Le style de cet Ecrivain est clair & très-concis : on rapporte

---

(*a*) La comparaison n'est pas juste, parce qu'elle n'exprime pas la puissance de sympathie qui caractérise l'ame d'un homme bon.

PRÉFACE.

ici un essai de la maniere dont il explique le premier chapitre du Reig Beda, sur la sagesse & le pouvoir du Tout-puissant (*a*).

Commentaire de Bisesht Mahâmoonee, sur le premier Chapitre du Reig Beda.

(*b*) GLOIRE soit à Goneish! celui qui est exempt des desirs des sens, celui-là est le Seigneur tout-puissant ; il est seul, & il n'y a rien de plus grand que lui. Brahma, l'esprit de Dieu, est absorbé dans la contemplation de soi-même ; il

---

(*a*) *Bisesht Mahâmoonee sur le Reig Beda* (*).

Shrēē Gĕnāéshāyĕ nĕmēh ! sĕmĕſtĕ wĕĕshĕyĕ wāːĕnā vĕĕnĕĕrmŏŏkīch sĕ Pĕrĕmĕhumsĕ. Kāĕwĕlun nĕĕrwĕĕshāĕ shĕ Brĕhmĕ chīngtĕnĕ mātrāĕwĕ rĕĕshtĕtĕĕ sĕ Pĕrĕmĕhumsēh. Yĕtrĕ kŏŏtrĕ chĕĕtĕĕshetĕtĕĕ, tĕt', ādŏu Rĕĕghāĕdiſyĕ Prĕgyānĕshĕbdūſyĕ vyākhyānum krĕĕyĕtāː. āĕkĕmaĕw' ādwetyum Brĕhmāĕtĕĕ sĕĕddhāngtĕh : Prĕgyānum ſwĕtĕſchchītĕnyum tĕdwĕĕshā- ĕshāh ĕnāĕkĕ prĕkārāh ; tĕnmĕdhyāĕ yĕt, hāwĭbhŏŏddh;' ānŏŏsārāĕnĕ vyākhyānum krĕĕyĕtāĕ. Prĕkrĕshtum ŏŏtkrĕshtum gyānum Prĕgyānum : ŏŏpād hĕĕ rĕhĕĕtum ſwĕtĕshchītĕnyum. Kālĕ trĕvĕ rĕhĕĕtum ; ĕwĕſt, hā trĕyĕ rĕhĕĕtum ; prĕpunchĕ vĕĕnĕĕrmŏŏktum ſwĕuntrum gyānum tĕt prĕgyānum nāmĕ dhāĕyum Brĕhmĕ bhĕwĕtĕĕ. Yĕggyānaenĕ tŏŏ māyāchītĕnyum bhĕwĕtĕĕ, yegg yānāĕnĕ chĕtŏŏrvīng shĕtĕĕ tĕtwum chītĕryum bhĕwĕtĕĕ, kĕĕmĕĕwĕ, ſŏŏryĕs chĕkhyŏŏ rĕĕwĕ, ĕgnĕĕ pātrĕ mĕĕwĕ, chŏŏm bĕkĕ lŏhĕ mĕĕwĕ, ſŏŏtrĕdhārĕ chĕĕtrĕ mĕĕwĕ, kāshť' āgnĕĕ rĕĕwĕ, pŏŏrŏŏshĕ chhāyāĕwĕ wāːĕ rāĕnŏŏ rĕĕwĕ, dhĕnŏŏrddhĕrĕ bānĕ ĕĕwĕ, brĕĕkyĕ chhāyāĕwĕ ; ĕmŏŏnā prĕkārāĕnĕ chītĕnyum sĕmĕſtĕ jĕgĕt prĕpunch' ŏtpādĕkum kĕrŏtĕĕ, gyānĕshĕktĕĕ, ĕĕchhāshĕktĕĕ, krĕĕyāshĕktĕĕ, chītĕnyum jĕgĕtākārum bhĕwĕtĕĕ : ĕtĕ āĕwĕ nĕĕrgĕtāngtĕh kĕrĕnāĕnĕ shrŏtrĕ ddhārāĕnĕ shĕbdĕ grĕhĕnum kĕrŏtĕĕ, nĕĕrgĕtāngtĕh kĕrĕnāĕnĕ twĕĕhā dwārāĕnĕ ſpĕrshĕ grĕhĕnum kĕrŏtĕĕ, nĕĕrgĕtāngtĕh kĕrĕnāĕnĕ chĕkhyŏŏ dwārāĕnĕ rŏŏpĕ grĕhĕnum kĕrŏtĕĕ, nĕĕrgĕtāngtĕh kĕrĕnāĕnĕ jĕĕhwā dwārāĕnĕ rĕsĕ grĕhĕnum kĕrŏtĕĕ, nĕĕrgĕtāngtĕh kĕrĕnāĕnĕ nāsĕĕkā dwwārāĕnĕ gurgdhĕ grĕhĕnum kĕrŏtĕĕ, ĕtĕ āĕwĕ punchĕ kĕrmĭngdrĕĕyĕ prāĕrĕkĕh, punchĕ gyānīndrĕĕyĕ prāĕrĕkĕh, punchĕ mĕhābhŏŏtĕ prāĕrĕkĕh, punchĕ tĕnmātrānĕĕ prāĕrĕkĕh, gŏŏnĕ trĕyĕ prāĕrĕkĕh ĕĕtyādĕĕ sĕmĕſtĕ prĕpunch' ŏtpĕtthĕĕh prĕlĕyātmĕkum kĕrŏtĕĕ ; jĕgĕtſa- khyĕĕtwāĕnĕ pĕshyĕtĕĕ. Tĕt prĕgyānum nāmĕ Brĕhmĕ dhyāĕyum bhĕwĕtĕĕ, tĕſmāː prĕgyānĕ shĕbdāĕnĕ tĕd Brĕhmĕ wĕĕshāĕshāĕnĕ ſĕrwāĕshĕrĕh kĕt, hyĕtae ; tĕbrĕ ſŏŏtrĕːthār ĕĕshĕrĕh māyā wĕĕdhyā nĕtĕĕ nrĕĕryum kĕrŏtĕĕ kĕ-ĕĕwĕ nĕtĕ-ĕĕwĕ, ĕtĕ rĕĕgwĕĕdūſyĕ prĕgyānĕ shĕbdĕnĕĕrnĕyĕh.

(*b*) Invocation que n'omet jamais un pieux Gentoux au commencement de ses actions.

(*) Voyez les planches n°. 5 & n°. 6.

PRÉFACE.

est aussi présent en chaque partie de l'espace : je vais exposer sa science infinie, telle qu'elle est exprimée dans le Reig Beda. Brahma est un, & il n'a point de second ; tel est vraiment Brahma : sa science infinie lui vient par inspiration, & son intelligence comprend toutes les choses possibles. Pour éclaircir ceci, autant qu'il est en mon pouvoir, la science infinie est la plus compréhensive de toutes les facultés ; & comme Brahma l'a par inspiration, elle n'est sujette à aucun des accidens (*a*) que procurent la mortalité, les passions & les vices (*b*) : il n'est point exposé aux trois influences du tems (*c*) ; il n'est point sujet aux trois manieres (*d*) d'être ; il est séparé de l'univers & indépendant de tout : cet esprit qui fait tout, anime les opérations de Dieu ; ce même esprit anime les vingt-quatre puissances de la nature : comme l'œil reçoit son action du soleil, le vase du feu, le fer de l'aimant, le feu des matieres combustibles, l'ombre de l'homme, la poussiere du vent, le trait du ressort de l'arc, & l'ombrage de l'arbre ; ainsi, par cet esprit, l'univers est doué des puissances de l'entendement, des puissances de la volonté, & des puissances de l'action ; de sorte que si cet esprit vient du cœur par le canal de l'oreille, il produit la perception des

---

(*a*) Ils en comptent cinq, la conception, la naissance, la croissance, la vieillesse & la mort.

(*b*) Les vices sont au nombre de six, la concupiscence, la colere, l'avarice, l'extravagance, l'yvrognerie & l'orgueil.

(*c*) Le passé, le présent & le futur.

(*d*) Être éveillé, dormir, être livré à un état de stupidité.

(*e*) Savoir, les cinq élémens (car les Indoux ajoutent aux quatre que nous admettons un æther subtil, qu'ils appellent *akāsh*, & qu'ils supposent être le milieu par où se transmet le son.)

Les cinq membres d'action ; le pied, la main, la langue, l'anus & la verge.

Les cinq membres de perception ; l'oreille, le nez, la bouche & la peau.

Les cinq sens.

Les trois dispositions de l'esprit ; le desir, la passion & la tranquillité ; la conscience ou le sentiment de soi-même.

PRÉFACE.

fons ; s'il émane du cœur par le canal de la peau, il produit la perception du toucher ; s'il émane du cœur par le canal de l'œil, il produit la perception des objets vifibles ; s'il émane du cœur par le canal de la langue, il produit la perception du goût ; & s'il émane du cœur par le canal du nez, il produit la perception de l'odorat. Cet efprit anime auffi les cinq membres d'action, les cinq membres de perception, les cinq élémens, les cinq fens, les trois difpofitions de l'efprit, &c. caufe la création ou l'anéantiffement de l'univers, tandis qu'il contemple le tout en fpectateur indifférent. Le Seigneur tout-puiffant, comme fait un joueur, varie continuellement les modes de fes opérations ; il obferve pour cela différens degrés, de la même maniere qu'un danfeur change de pas. Telle eft la doctrine du Reig Beda.

Le peu que je viens de dire du Samskret, je le fais, eft défectueux & ne fuffit pas pour donner une idée exacte de ce langage ; c'eft depuis peu, & par hazard, que j'ai acquis ces lumieres imparfaites. Les Brames, compilateurs de ce Code, ont unanimement repouffé les follicitations que je leur faifois de m'inftruire dans ce dialecte ; & M. Haftings, Gouverneur des établiffemens de l'Inde, a employé en vain pour cela fes prieres & fon autorité ; mais après que cette traduction angloife a été achevée, j'ai eu le bonheur de me lier avec un Brame, plus généreux & plus raifonnable, & qui à un caractere fort ouvert joignoit des connoiffances étendues, acquifes par l'étude & le travail. Je me fuis empreffé de profiter des fecours d'un fi habile maître, & je me propofe de me livrer avec ardeur à l'étude d'une langue fi curieufe & fi ignorée.

Les Indoux, ainfi que les Chinois, fe vantent d'une antiquité beaucoup plus grande que ne le comporte la croyance du refte des peuples. Il eft fûr que ces deux Nations fe fervoient de l'alphabet dès les premiers tems de leur hiftoire, & que leurs annales n'ont jamais été interrompues ou détruites par aucune révolution connue ; & quoique nous commencions la lecture de leur histoire, armés de raisons & de préjugés contre leurs prétentions, le récit plausible qu'ils font de ces siecles reculés, la confiance inébranlable qu'ils mettent dans leurs assertions, ne manquent jamais de produire quelque impression, à mesure qu'on approfondit davantage ce sujet. On a même formé en Occident de pareils soupçons ; & les scrupules de l'Historiographe du mont Etna, dont parle M. Brydone (*a*), auront toujours un peu de poids dans l'esprit des Philosophes.

Les Indoux comptent donc la durée du monde par quatre âges distincts.

1°. Le *suttee jogue*, ou (l'âge de pureté) a été, suivant eux, de 3,200,000 ans ; ils croient qu'alors la vie de l'homme étoit de 100,000 ans, & sa stature de vingt-une coudées.

2°. Le *Tirtāh jogue* (ou l'âge auquel un tiers du genre humain fut réprouvé) a été de 2,400,000 ans, & les hommes vivoient 10,000 ans.

3°. Le *Dwāpāār jogue* (pendant lequel la moitié de la race humaine se déprava), a duré 1,600,000 ans, & la vie des hommes y fut réduite à 1000 ans.

4°. Le *collee jogue*, dans lequel tous les hommes sont corrompus, ou *diminués* (car c'est le vrai sens du mot *collee*), est l'ere actuelle, qu'ils supposent devoir subsister 400,000 ans : il y en a déja près de 5000 de passés, & la vie de l'homme y est bornée à 100 ans.

Il est impossible d'accorder ces différentes époques avec les idées bornées que nous avons de l'ancienne durée du monde:

(*a*) Dans son Voyage de Sicile.

PRÉFACE.

Quelque abfurde que paroiffe cette doctrine des Gentoux, la raifon feule qui confidere la briéveté à laquelle eft réduite la vie humaine, ne peut pas plus concevoir la longævité des Patriarches que celle dont parlent les Brames. Il ne faut point oublier que les différens âges que donnent les Brames au monde, s'accordent très-exactement avec ceux de Moyfe, du moins jufqu'où va la chronologie de cet Écrivain facré ; car la derniere partie du troifieme âge dans lequel les Indoux croient que les hommes vivoient 1000 ans, correfpond avec ce que dit l'Auteur du pentateuque, des hommes qui habitoient la terre avant le déluge ; & au commencement du quatrieme âge, qui approche de l'époque du déluge, la vie de l'efpece humaine fut réduite à 100 ans, & rarement elle furpaffa ce terme.

Cette matiere ne reftera guere moins obfcure, en convenant, avec d'habiles Auteurs, que la plupart des écritures facrées des Gentoux furent compofées vers le commencement du quatrieme âge ; car alors on paffe tout d'un coup à l'ere du déluge ; cataftrophe dont ces Auteurs ne font pas mention une feule fois, & qui, cependant, auroit été trop frappante pour qu'on l'eût oubliée, & qu'on en eût parlé légérement dans cette partie du monde. A la vérité, les Brames préviennent cette objection, en difant que tous leurs livres facrés furent écrits avant le tems où nous plaçons Noé, & que d'ailleurs le déluge ne s'eft pas étendu jufqu'à l'Indoftan.

Il ne fera pas inutile de citer ici des shafters (écritures) les plus répandus & les plus authentiques, un paffage ou deux, qui en déterminent expreffément les dates, & qui les placent aux premiers âges.

Le premier eft tiré du livre de *Munnoo*, qui eft à la tête de la lifte de ceux qui ont fourni les matériaux de ce Code ; &

xxx PRÉFACE.

quoique le second ne soit pas d'un aussi grand poids, parce qu'il est pris d'un Auteur plus moderne (dont je ne me rappelle pas le nom), cependant *Jage Bulk*, dont il y est question, est mis au rang des premiers législateurs, & ses ouvrages sont estimés autant par leur antiquité que par leur excellence.

STANCE *de dix-neuf syllabes, tirée de Munnoo* (a).

Ebdānām děshěkum sěhěsrě děshěkum yātum chě sětyâé yoŏgâé
Bhādrâé māsěě krěětāměyāhěě měnŏŏnā brěhmā gyěyā pŏŏrněěmâé
Shāstrum něětěě wěěchārě dhěrmě jěněkum, gyāněprědum sěrwědā
Bhŏŏrlŏkâé hěětěkāmgěyā měnŏŏprěja nāmā smrěětěěr děěpěěkā.

En la 1010me année du *Suttee jogue* (du premier âge), la nuit de la pleine lune, dans le mois du *Bhàdum*, moi, *Munnoo*, suivant le commandement de Brahma, j'ai fini ce shafter instructif, qui parle des devoirs des hommes, de la justice & de la religion.

Ce traité, appellé *Munnoo Smistee*, éclairera le monde comme un flambeau.

DEMI-STANCES *de huit syllabes sur* Jage Bulk (b).

Trăětāyām yāgyěwělkâéné   *Vyětěé tâé něwě punchěkâé*
Shrāwěndâé māsěě shŏŏklâé chěě   *Punchěmyām bŏŏdhěwāsěrâé*
Yāgyěwělky ābhěědum shāstrum   *Dhěrmě něětěé prěkāshěkum*
Rājeněětěě prěedum ěhiwě.   *Něrānām hěětěkāmyěyā.*

En la 95me année du *Tirtāh Jogue*, l'auteur *Jage Bulk*, au mois de *Sěwum*, au commencement de la lune, le Mercredi (ou littéralement le jour de Mercure) (c), j'ai fini

---

(a) Voyez la planche n°. 7.
(b) Voyez la planche n°. 7.
(c) Il est très-remarquable que les jours de la semaine tirent en samskret leurs noms des mêmes planetes d'où les Grecs & les Romains ont tiré les leurs.

Auděětyě Wār } Solis Dies.   *Auděětyě* } le Soleil.
Rěběě Wār   *Rěběě*

PRÉFACE.

le traité appellé *Jage Bulk*, qui annonce les préceptes de la religion, & qui inſtruit les hommes des devoirs d'un Magiſtrat.

A quelle époque placera-t-on ces Écrivains, ſi on récuſe les autorités qu'on vient de citer ? Si elles ſont fauſſes, il doit y avoir eu un tems où la tromperie étoit trop palpable pour s'établir parmi les hommes, & où les réclamations unanimes de tout un peuple ſe feroient élevées pour la combattre; car, ſi l'on convient que les ouvrages de Munnoo ont été publiés durant ſa vie, il eſt impoſſible qu'il ait oſé répandre un menſonge auſſi manifeſte; & s'ils ont été cachés juſqu'après ſa mort, comment le ſouvenir de l'exiſtence de cet Auteur s'eſt-il perdu en ſi peu de tems dans toute la contrée ? En ſuppoſant que la partie de l'ouvrage relative à la date ait été interpolée par un autre, & enſuite donnée comme étant du texte original, ſûrement perſonne n'auroit adopté cette interprétation contre la croyance univerſelle ; une fiction ſi ſinguliere ne ſe feroit accréditée qu'à l'appui de quelques principes religieux; & chaque religion a une chronologie qui lui eſt particuliere. D'ailleurs, eſt-il poſſible qu'aucun des contemporains de Munnoo, aucun des Écrivains qui l'ont ſuivi, n'aient rapporté une circonſtance ſi frappante ? Car, ſi toute l'Inde avoit juſqu'alors cru avec les peuples d'Occident à une chronologie qui répond à peu-près à celle de Moyſe, un changement de ſyſtême ſi étonnant, lors de l'introduction de la doctrine des âges, auroit fourni la matiere de mille volumes (*a*) ; au contraire, les diverſes

Sŏmĕ Wār	Lunæ Dies.	Sŏmĕ	la Lune.
Mungĕ Wār	Martis Dies.	Mungĕiĕ	Mars.
Bŏŏdĕ Wār	Mercurii Dies.	Bŏŏdhĕ	Mercure.
Brĕĕhĕſpĕt Wār	Jovis Dies.	Brĕĕhĕſpĕt	Jupiter.
Shŏŏkrĕ Wār	Veneris Dies.	Shŏŏkrĕ	Vénus.
Shĕnīſchĕr Wār	Saturni Dies.	Shĕnīſchĕr	Saturne.

(*a*) On ne peut s'empêcher de remarquer que tous ces raiſonnemens de M. Halhed ne ſont pas très-juſtes : il y a toute ſorte de moyens de faire des interpolations dans les

PRÉFACE.

parties de chaque shafter (quelque différentes qu'elles foient l'une de l'autre fur les matieres religieufes), font uniformes fur celle-ci. Les Indoux ont toujours fuivi la même maniere de compter leurs annales; & il eft aifé de prouver que même à l'époque où quelques Auteurs fixent la naiffance des lettres dans l'Indoftan, les habitans de cette contrée croyoient déja à cette ancienneté extraordinaire de leur nation, qui eft maintenant répandue parmi eux.

Rajah Prichutt, que les annales de l'Inde mettent au nombre des modernes, mais qui vivoit cependant dans les premiers tems du quatrieme âge, n'étoit pas moins empreffé que les Philofophes modernes de percer l'obfcurité des fiecles, & de remonter à l'enfance du monde pour en fuivre les progrès : ce fut par fes foins que *Shukeh Diew*, favant Brame (fils de *Beafs*), le fameux auteur du *Mahābāret*, compofa l'hiftoire de l'Inde des trois premiers âges, & y ajouta la fuite des différens Rajahs, & la durée de leur regne. Cet ouvrage curieux, appellé *Shree Bhaghbut*, fubfifte encore : il eft divifé en douze *afcund* livres (littéralement branches), & trois mille vingt chapitres. Voilà donc un livre fait il y a quatre mille ans, & qui donne l'hiftoire du genre humain, en remontant à plufieurs millions d'années ! Faut-il répondre que la terre étoit alors un marais inhabité, qui fe débarraffoit peu-à-peu des fédimens d'une inondation univerfelle ?

La raifon humaine, fans le fecours de la révélation, doit flotter fur cette queftion dans des doutes continuels ; ce qui eft évident, c'eft qu'aucun peuple n'offre des annales d'une autorité auffi inconteftable que celle que nous ont tranfmis les anciens Brames.

Livres chez les peuples ignorans, & d'y établir des croyances même fur des faits faux ; au refte, fes idées paroiffent d'ailleurs exactes ; & pour appuyer fon fyftême, il n'avoit pas befoin de tant infifter fur les preuves que femblent fournir les ftances qu'il a citées.

L'antiquité

PRÉFACE. xxxiij

L'antiquité des peuples de l'Inde se confirme d'ailleurs par les rapports étonnans qu'offre chaque page de ce Code, avec la plupart des loix de Moyse, un des premiers légiflateurs connus : on ne peut pas suppofer que les Indoux aient reçu des Hébreux aucun détail de leur religion & de leur jurifprudence ; mais il n'eft pas impoffible que la doctrine des Gentoux ait été tranfportée de bonne heure en Égypte, où Moyfe l'auroit trouvée.

Les Indoux ont, dans tous les âges, cru à la tranfmigration des ames, qu'ils nomment *Kāyāprēvāésh* & *Kāyāpĕlŭt* ; ce dernier mot fignifie littéralement métempfycofe. Un ancien shafter appellé le *Gēētā*, écrit par *Adhāé Doom*, a une belle ftance fur ce fyftême de la tranfmigration, qu'il compare à un changement d'habit.

STANCE de onze fyllabes à chaque ligne (*a*).

Wāsāmsĕĕ jĕĕrnānĕĕ yĕt, hā wĕĕhāyĕ
Nĕwānĕĕ grĕhnātĕĕ nĕrō pĕrānĕĕ,
Tĕt, hā shĕrēērānĕĕ wĕĕhāyĕ jĕĕrnān
Enyānĕĕ fumyātĕĕ nĕwānĕĕ dāéhĕĕ.

Comme en jettant fes vieux habits,
Un homme en met de nouveaux ;
Ainfi, lorfque nous quittons notre vieille dépouille,
Nous allons animer d'autres animaux plus nouveaux.

Un habile Écrivain (*b*) a très-bien expofé les idées des Indoux fur une vie à venir. Ils croient que les ames qui ont atteint un certain degré de pureté, par l'innocence de leurs mœurs,

---

(*a*) Voyez la planche n°. 8.
(*b*) M. Holwell.

PRÉFACE.

ou la rigueur de leurs macérations, paſſent dans des régions de bonheur, proportionnées à leurs différens mérites; mais celles qui ne peuvent pas réſiſter au torrent du mauvais exemple & à la contagion du ſiecle, ſont condamnées à habiter ſucceſſivement différens animaux, juſqu'à ce qu'il ſe faſſe un autre renouvellement des quatre âges, après la diſſolution de celui-ci.

Ils ſuppoſent qu'il y a quatorze mondes, ſept au-deſſous & ſept au-deſſus de la terre ; les ſept inférieurs ſont habités par un nombre infini de ſerpens de toute eſpece, & leur imagination donne à ces ſerpens les figures les plus monſtrueuſes qu'elle peut inventer : voilà pourquoi on parle tant de ces animaux dans l'hiſtoire de la création placée à la tête de ce Code. La terre eſt appellée *Bhoor*, & les hommes qui l'occupent *Bhoor-logue*. On en peut voir un exemple dans la ſtance tirée de *Munnoo*. Les mondes au-deſſus de notre planete ſont, 1°. *Bōbŭr*, dont les habitans s'appellent *Bōbur-logue* ; 2°. le *Swergeh-logue* ; 3°. *Mahurr-logue* ; 4°. *Junneh-logue* ; 5°. *Tuppeh-logue* ; 6°. *Suttee-logue*.

Bobur eſt la voûte du firmament qu'on voit, où ſont le ſoleil, la lune & les étoiles. Le *Swergeh* eſt le premier paradis, & l'aſyle général de tous ceux qui méritent d'être tirés de la terre inférieure. Le *Mahurr-logue* eſt rempli de faquirs, & de ceux qui par la priere ont acquis un degré extraordinaire de ſainteté. le *Juneeh-logue* eſt habité par les ames des hommes pieux & honnêtes ; on ne paſſe jamais au-delà, ſans un mérite & des qualités éminentes. Le monde de *Tuppeh* eſt la récompenſe de ceux qui ont fait toute leur vie des actions étonnantes de pénitence & de mortification, ou qui ſont morts martyrs de leur croyance religieuſe. Le *Suttee*, ou le monde le plus élevé, eſt la réſidence de Brahma, & de ſes favoris qui ſont appellés *Brihma-logue* : c'eſt le lieu deſtiné aux hommes qui pendant leur

PRÉFACE.

séjour sur la terre n'ont jamais menti, & des femmes qui se font brûlées volontairement avec leurs maris. Puisque ce martyre volontaire obtient une récompense si brillante & si distinguée, que faut-il penser d'un Auteur qui dit que l'usage où sont les femmes de l'Inde de se brûler sur le bûcher de leurs maris, n'a jamais passé pour un devoir religieux ? Les remarques sur le chapitre des femmes éclairciront davantage cette matiere.

Il est tems d'expliquer plus immédiatement ces endroits du Code, qui paroissent contraires aux opinions des Européens, & aux loix suivant lesquelles nous administrons la justice.

L'ouvrage commence par un petit discours préliminaire qu'ont écrit les Brames eux-mêmes: ils y exposent l'objet & l'utilité de cette compilation : ils parlent en hommes dépouillés de toute espece de superstition & de préjugé ; ils se sont élevés au-dessus des principes bas & intéressés qu'on reproche à leur Ordre ; & ce petit morceau respire le sentiment, la noblesse & la bienfaisance. Malgré les avantages de la révélation, peu de Chrétiens annonceroient avec un respect & une dignité plus convenables, les grands & sublimes desseins de la Providence, dans tous ses ouvrages, & montreroient une charité plus étendue envers tous les humains. C'est un article de foi parmi les Brames, que Dieu ne permettroit pas un si grand nombre de religions, s'il n'avoit pas du plaisir à contempler cette variété.

La premiere partie de l'introduction donne l'histoire de la création, précisément telle que la croient les Gentoux : on y dit que les quatre grandes tribus primitives proviennent des quatre différens membres de Brahma. Le sort, les devoirs & les travaux imposés à chaque caste, leur paroissent être le résultat naturel & inévitable de la maniere dont elles ont été produites, & de

PRÉFACE.

la fonction qui préfidoit dans chacun des quatre principaux membres de Brahma.

Le *Brame* vient de la bouche (fageſſe), pour prier, lire & inſtruire.

Le *chehteree* vient du bras (force), pour tirer l'arc, combattre & gouverner.

Le *bice* vient du ventre & des cuiſſes (nourriture), pour pourvoir aux beſoins de la vie par l'agriculture & le commerce.

Le *fooder* vient du pied (fujétion), pour travailler, ſervir, voyager.

Ces quatre grandes tribus comprennent les diviſions primitives d'un état bien réglé. Les ouvriers & les petits marchands étant de moins d'importance, & ſervant plutôt au luxe qu'aux beſoins de la vie, forment une cinquieme tribu, appellé *Burrun-funker*, qui ſe ſous-diviſe encore en preſque autant de caſtes ſéparées, qu'il y a de genres de trafic ou de travaux particuliers. On dit que le même principe de gouvernement, quoique diverſement modifié, regne à la Chine; la loi y oblige chaque homme à embraſſer l'état de ſon pere, & il eſt défendu de ſe livrer à une autre profeſſion.

Si cette politique des anciens Indoux étoit ſage, il faut déplorer leur ignorance dans les objets de ſcience-pratique, & ſur-tout dans la Géographie : ils adoptent ſept ſpheres, qu'ils regardent comme autant de continens ſéparés l'un de l'autre par un océan preſque infini, & appartenant tous cependant au même monde qu'ils habitent eux-mêmes.

La ſeconde partie de l'introduction expoſe les qualités néceſſaires à un Magiſtrat (*a*) & les devoirs de ſa place : la plupart

---

(*a*) On dira plus bas en quel ſens il faut prendre ce terme.

PRÉFACE.

des regles qu'on y établit font très-fages, & fuppofent une connoiffance exacte du cœur humain. Les bornes de cet effai ne me permettent pas de faire un grand nombre de remarques critiques ; je me propofe feulement de parler des endroits du Code, qui ont quelque chofe de particulier & de caractériftique.

Parmi les qualités qu'exigent les Brames pour adminiftrer convenablement les affaires publiques, ils difent « qu'il faut être en » état de dominer fa concupifcence, fa colere, fon avarice, » fa *folie* & fon orgueil ». Ces vices portent quelquefois dans le famskret la dénomination générale d'*opadhee*, terme qui fe trouve dans le morceau que j'ai cité du commentaire fur le *Reig-Beda*. La *folie* dont il eft ici queftion, ne doit pas fe prendre dans le fens que donnent à ce terme les idiômes européens, comme une qualité négative, ou comme le défaut de fens commun ; mais comme une efpece de léthargie ftupide, ou d'abfence perverfe d'efprit, dans laquelle la volonté n'eft pas abfolument paffive : il femble que c'eft une foibleffe particuliere à l'Afie ; car les langues d'Europe n'ont pas de terme qui exprime précifément cette idée : elle produit des effets pareils à ceux d'une crainte violente ; ceux qu'elle domine, proféreront des fauffetés contradictoires, & abfolument oppofées à leur fyftême, à leurs connoiffances & à leur propre conviction, on peut même ajouter à leur inclination & à leur deffein. Il y a eu dernierement un exemple remarquable de cette phrénéfie paffagere dans la Cour fuprême de judicature de Calcutta : un homme (qui n'étoit pas un idiot) jura qu'il n'étoit point parent de fon propre frere, qui fe trouvoit au milieu de l'affemblée, & par qui il avoit été élevé dès fon enfance : il affirma en outre par ferment, qu'il vivoit dans une maifon particuliere qu'il payoit de fes propres deniers ; tandis qu'on prouva qu'il n'avoit pas une roupie, &

PRÉFACE.

que l'Indien fous le toit duquel il avoit toujours réfidé fe trouvoit à la barre à côté de lui.

Quand on lira dans ce Code le mot *folie*, au nombre des vices dont on a parlé tout à l'heure, il faudra toujours lui donner le fens qu'on vient de décrire. On a fait une autre conjecture très-ingénieufe & très-fine fur ce mot de *folie*. On a dit qu'il fignifie la déception qu'un individu permet à fes paffions de mettre fur fon jugement: ainfi il y a des actes de rapacité & d'avarice qui font appellés prudence & juftice; la malice & la rancune paffent pour de l'équité, & la brutalité pour du courage. Cette opinion bien examinée, rentre prefque dans la premiere; car toutes les paffions, ainfi que la crainte, troublent & égarent l'efprit. Afin d'achever de jetter du jour fur tout ceci, il faut ajouter que cette *folie* agit avec infiniment plus de violence fur l'ame des Afiatiques que fur celle des Européens. La *folie* dont il eft ici queftion, approche de celle que Cervantes a tracée d'une maniere fi admirable dans Dom-Quichotte; ce Chevalier eft très-raifonnable en certaines occafions, mais dans d'autres il eft complétement fou.

Le lecteur fera très-étonné de voir les armes à feu défendues dans des loix d'une antiquité fi prodigieufe; & il reprendra peut-être l'ancienne opinion, jugée abfurde aujourd'hui, qu'Alexandre trouva quelques armes de cette efpece au fond de l'Inde, comme un paffage de Quint-Curce femble l'affurer. La poudre à canon a été connue à la Chine & dans l'Indoftan long-tems avant toutes les époques qu'admettent nos Chronologiftes. Le mot famskret *Agnee-after*, fignifie littéralement armé à feu. Les Brames difent que les premieres dont on fe fervit, étoient une efpece de dard ou de trait armé de feu, & qu'on lançoit avec un bambou fur l'ennemi. Parmi différentes propriétés extraordinaires de cette arme, ils affurent qu'après avoir pris fon vol, elle fe divifoit en fleches ou pointes de flammes féparées, dont chacune portoit coup, & qu'on ne pouvoit pas éteindre, dès qu'elle étoit une fois allumée (*a*). Mais cette efpece d'armes eft aujourd'hui perdue. Le canon, dans l'idiôme famskret, fe nomme *shet-aghnee*, ou l'arme qui tue cent hommes à la fois, de *fhéte* cent, & de *gĕhnĕh* tuer; & les hiftoires de l'Inde attribuent l'invention de ces machines deftructives à *Bĕĕshŏŏkermā*, l'artifte qui paffe pour avoir forgé toutes les armes qu'employerent dans le premier âge, pendant une guerre de cent ans, les bons & les mauvais efprits.

Quelque ridicules que paroiffent les batailles que décrit cette fection, comparées au progrès qu'a fait l'art de la guerre chez les modernes, elles font exactement femblables à celles d'Homere. Dans les premiers âges du monde, les batailles n'étoient qu'un grouppe de duels particuliers d'homme à homme; c'eft alors qu'on obfervoit tous les détails qu'indique cette partie du devoir d'un Magiftrat; & c'eft une preuve que les Brames, compilateurs de ce Code, n'y ont point inféré d'opinion nouvelle, puifqu'aucun des principes de guerre qu'ils expofent n'eft applicable au fyftême actuel, ni à la pofition des peuples.

Le dépofitaire de l'adminiftration publique eft chargé de défendre tous les feux dans le mois *Cheyt*, c'eft-à-dire (pendant une partie de Mars & d'Avril). Ce réglement eft fort fage, & tout-à-fait propre au climat de l'Indoftan, où il ne tombe point de pluie quatre mois avant cette époque. Le vent fouffle déja avec force dans ce mois; il eft fec & brûlant; de forte que toutes les matieres font très-combuftibles, & une poignée de

---

(*a*) Par-là elles reffemblent au feu Grégeois des Croifades.

PRÉFACE.

paille enflammée par hazard, suffiroit pour embraser toute une ville. On obferve encore aujourd'hui dans l'Inde, que les feux font plus fréquens & plus dangereux au mois de *Cheyt* que le refte de l'année.

En tout, cette feconde partie de l'introduction eft très-judicieufe ; & dépouillée de quelques idées particulieres qu'y a répandu la croyance religieufe de fes Auteurs, elle ne feroit pas indigne de la plume des plus célebres politiques ou philofophes de l'ancienne Grece.

CHAP. I. Le Code commence par des réglemens fur ce qui eft un des premiers liens de la fociété civile, le prêt : quoique le prêt foit néceffaire & avantageux au public, il faut lui affigner certaines bornes & des réglemens particuliers, afin de maintenir parmi le peuple la fûreté, la confiance & l'équité. Les privileges qu'on accorde à quelques caftes, & la févérité apparente qu'on montre à l'égard des autres dans ce chapitre, ne s'accordent guere avec l'idée que nous avons du pacte focial; mais elles font parfaitement conformes aux maximes des Gentoux, familieres à leur efprit ; car on peut obferver que les Brames, compilateurs de ce Code, ont mis une exactitude fcrupuleufe à indiquer tous les cas, décidés différemment dans les différens originaux, dont ils ont fait leur extrait. Ces Brames intimement perfuadés qu'ils ont été produits par la bouche ou le membre fuprême du Créateur, & par conféquent que la fupériorité de leur tribu eft liée à l'effence de leur nature, eftiment que ce titre feul fuffit pour jouir de tous les avantages que leur accordent les loix du pays par-deffus le refte du peuple ; & les Indoux des autres caftes ne murmurent point du lot auquel ils font accoutumés dès leur premiere enfance ; s'ils fe plaignent de quelque chofe, c'eft que le hazard les ait fait fortir du ventre ou du pied du Créateur, plutôt que de fes bras ou de fa tête.

La

P R É F A C E.

Le taux différent d'intérêt qu'établit ce chapitre, pour les différens articles de commerce, eft peut-être une inftitution particuliere à l'Indoftan; mais elle jette un grand jour fur la fimplicité des anciennes mœurs, avant que l'argent fût univerfellement répandu comme un moyen d'échange; & c'eft d'ailleurs une preuve d'un grand poids de l'antiquité de ces loix, qui femblent adaptées aux idées groffieres d'un peuple qui commence à faire le premier pas dans la civilifation.

CHAP. II. Les droits de fucceffion font déterminés avec la plus grande précifion dans le fecond chapitre : on y refpecte les prétentions naturelles d'un héritier, fuivant le degré d'affinité où il fe trouve : un homme y eft regardé comme tenant fa propriété à ferme pour fa vie ; & comme on lui interdit toute efpece de moyens de tranfmettre fes biens par un teftament, on y fait à peine mention de difpofitions pareilles. Ces ordonnances empêchent un pere de priver fes enfans de fa propriété en faveur d'un étranger, & de donner aveuglément une portion plus grande à l'un, au préjudice des autres : on remédie ainfi à la foibleffe de l'attachement paternel, & aux illufions de la tendreffe. Ces loix expliquent l'hiftoire de l'Enfant prodigue de l'Écriture. On voit en effet que d'après une coutume immémoriale dans l'Eft, les fils demandent leur patrimoine durant la vie de leur pere, qui eft obligé de le leur accorder, quoiqu'il les connoiffe pour des diffipateurs.

La polygamie a été pratiquée conftamment & univerfellement permife dans toutes les religions qui ont régné en Afie ; mais il y a très-peu de cas où la polyandrie, c'eft-à-dire la pluralité des maris, ait été autorifée, telle qu'elle l'eft dans la quatorzieme fection de ce chapitre. Un Anglois qui a parcouru derniérement les royaumes de Boutan & du Thibet, a obfervé que cet ufage y eft aujourd'hui prefque général ; une femme y fert fouvent à

f

tous les hommes d'une famille, fans caufer ni jaloufie ni défunion parmi eux.

Le caractere des Gentoux fe montre d'une maniere frappante en plufieurs endroits de ce chapitre : on y établit que la propriété d'un Brame eft trop facrée pour tomber en des mains profanes, même en celles du Souverain ; ce qui prouve que les Souverains ne font pas Brames. On ne peut s'empêcher de remarquer cependant des exemples de modération & de défintéreffement dans les membres de cette cafte, qui étant tout-à-la-fois prêtres & légiflateurs de leurs pays, ont remis toute la puiffance féculiere & exécutrice à une autre cafte ; car on y dit qu'aucun Brame n'a jamais été fufceptible de la Magiftrature ou de la Souveraineté depuis le premier âge. Il y a un autre paffage conçu en ces termes. « Si une veuve donne fa propriété & fes biens aux » Brames pour des objets religieux, le don eft rigoureufement » valide (c'eft-à-dire qu'il ne contredit point la loi) ; mais cette » action n'eft pas convenable, & la femme eft digne de blâme ». Quoique cette cenfure ne foit pas une prohibition abfolue, c'eft fûrement un avis fuffifant pour ceux que la fuperftition pourroit égarer, & une preuve que la baffe avidité ne dominoit point les légiflateurs. Le feul privilege important qu'ils paroiffent s'être attribué, c'eft une exemption de toutes les peines capitales : ils peuvent être dégradés, marqués, emprifonnés pour la vie, condamnés à un exil perpétuel ; mais il eft par-tout expreffément défendu de mettre à mort un Brame, pour quelque raifon que ce foit.

Chap. III. Le chapitre de la Juftice femble être un des meilleurs de tout le Code. Les qualités néceffaires à l'arbitre, ou au Juge ; les regles pour l'examen des témoins, les preuves qu'on demande, font énoncées avec autant d'exactitude & de profondeur de raifon que dans la plupart de nos Tribunaux.

PRÉFACE.

On y parle cependant de l'épreuve ou du jugement de Dieu, l'une des plus anciennes inftitutions que nous ait tranfmifes l'Hiftoire Sacrée & Profane, pour diftinguer le crime de l'innocence. On fe fert ordinairement alors du feu & de l'eau, après les avoir préparés & fanctifiés avec tout l'appareil d'une cérémonie religieufe. Les différentes manieres dont fe fait cette épreuve varient dans l'Inde, fuivant le choix des parties ou la nature de l'offenfe; mais on y croit à l'infaillibilité du réfultat, auffi fermement que dans les fiecles les plus ignorans de l'antiquité.

On trouve parmi les premieres loix que Dieu lui-même dicta à Moyfe, un ordre particulier d'employer une certaine épreuve par l'eau: elle eft au cinquieme chapitre des Nombres du douzieme au trentieme verfet; c'eft une fatisfaction qu'on accorde aux maris jaloux, pour découvrir ou abfoudre fur le champ leurs femmes.

Chap. IV, V & VI. Il n'y a rien dans les deux Chapitres fuivans, que le bon fens & un efprit libre de préjugés ne conçoivent aifément; mais un titre de la feconde Section du fixieme Chapitre, examiné légérement, pourroit donner au lecteur une idée très-médiocre du fyftême de gouvernement des Gentoux: le voici, « loi pour régler les partages entre les voleurs »: il n'eft point du tout ici queftion des fripons qui troublent la tranquillité domeftique de leurs compatriotes, ou de ceux qui violent les premiers principes de la fociété, mais de ces aventuriers courageux qui vont lever des contributions fur une province étrangère; quelque injufte que nous paroiffe leur conduite, elle porte l'empreinte des anciens tems, & elle correfpond en tout avec les mœurs des premiers Grecs, à l'époque de la guerre de Troye ou même avant, & avec celles des peuples d'Occident, quand ils étoient dans la barbarie : ces pirateries fe retrouvent encore dans toute leur étendue chez les Corsaires Barbaresques, & vraisemblablement parmi plusieurs hordes de Tartares & de bandits Arabes. Puisque ces expéditions sont réputées justes & honorables, & adoptées par tous les peuples dans les premiers tems de leur Histoire, on peut justifier les Magistrats Gentoux, de ces anciens âges, qui établissent de pareils réglemens, & qui participent au pillage.

Il n'est pas nécessaire, dans un essai tel que celui-ci, de rapporter toutes les particularités nationales que présente la suite de cet Ouvrage, je me propose seulement de parler de celles qui contredisent les opinions générales des hommes : je veux adoucir les traits du tableau qui paroissent irréguliers à nos yeux.

CHAP. VII & VIII. Omettant les manieres différentes de faire des donations du septieme Chapitre, & les réglemens particuliers sur les esclaves du huitieme, passons à la seconde Section du neuvieme Chapitre « du salaire des danseuses ou des prostituées ».

CHAP. IX. Les peuples de l'Asie, depuis un tems immémorial, ont coutume de louer des femmes pour chanter & danser aux fêtes publiques & aux cérémonies religieuses. On voit « que lorsque » David revint de massacrer les Philistins, les femmes sortirent » de toutes les villes d'Ifraël, en chantant & dansant, & qu'elles » allerent à la rencontre du Roi Saül, avec des tambourins & des » instrumens de musique ».

C'est encore un usage universel parmi les Gentoux, d'entretenir un certain nombre de ces femmes pour mieux célébrer leurs fêtes solemnelles ; dans plusieurs parties du Decan, chaque village en nourrit une bande particuliere, & on les envoye souvent à la rencontre des différens Officiers qui passent revêtus d'un caractere public ; ces Officiers sont alors reçus comme Saül le fut par les femmes d'Ifraël : il est probable qu'ex-

PRÉFACE.

poſées à la vue des hommes, & converſant librement avec eux, (tandis que le reſte de leur ſexe vit en Aſie dans la retraite & la ſolitude), elles ſe livrerent bientôt à la proſtitution. Les proſtituées ne ſemblent pas avoir été auſſi mépriſées dans les premiers âges qu'à préſent, puiſqu'une des premieres actions du regne de Salomon, que l'Hiſtoire a jugé à propos de nous tranſmettre, fut une déciſion ſur une diſpute de deux filles de joie : pluſieurs Gouvernemens même modernes ont cru qu'il étoit néceſſaire & utile, à certains égards, de tolérer la proſtitution ; ce moyen leur a paru contribuer à la paix des familles & à la ſanté des individus : on a donc permis des lieux publics de débauche, en les ſoumettant à tous les réglemens qu'on a pu imaginer. En Aſie, la profeſſion qu'exercent les femmes qui chantent & danſent en troupes particulieres, en fit de bonne-heure des eſpeces de communautés ; & comme tout bon Gouvernement doit s'occuper de chaque branche de la ſociété, il étoit d'autant plus juſte de veiller à la ſûreté & au bien être de ce corps, que ces femmes, par la nature de leur ſexe & de leur métier, ſont expoſées davantage aux inſultes & aux mauvais traitemens.

Si les Légiſlateurs énoncent les regles dont il eſt ici queſtion, dans un langage naïf, juſqu'à la groſſiéreté ; on ſait que les Anciens, même dans les ſiecles les plus polis de leur Hiſtoire, donnoient à leurs expreſſions une liberté abſolument incompatible avec la délicateſſe de nos converſations modernes, & que les Traducteurs des Auteurs claſſiques de la Grece & de Rome, ſont bien embarraſſés de les rendre. L'indécence d'ailleurs ſemble être un terme abſolument ignoré du Légiſlateur qui parle toujours d'une façon ſimple. Les Tribunaux de la Grande-Bretagne, quand il eſt queſtion de rapt ou d'adultere, ſont auſſi remplis d'équivoques & auſſi peu modeſtes dans leur langage, qu'aucun des endroits de ce Chapitre, ou de ceux qui le ſuivent : ni le rang, ni le ſexe, ni l'innocence, ne peuvent fouftraire à ces queftions indécentes, une femme qui a le malheur d'être appellée comme témoin : on l'interroge fur les plus petites circonftances de la caufe ; elle eft obligée d'entendre, & même de proférer les termes les plus malhonnêtes & les plus choquans : on lui propofe les demandes enfin, fans circonlocution, fans périphrafe, & fans aucun égard pour fa modeftie ; on imprime enfuite les détails du jugement, & tout le monde les lit avidement, ce qui annonce des imaginations corrompues & des mœurs dépravées.

Mais un ouvrage formé fur un plan auffi vafte que celui de ce Code, eft deftiné à être lu par les Juges & les Philofophes, & il eft au-deffus des objections minutieufes que peuvent lui oppofer les efprits étroits ; tous les cenfeurs délicats qui font choqués, ou du moins qui prétendent l'être, en entendant prononcer certains crimes, font accufés fouvent de l'être beaucoup moins quand il eft queftion de les commettre ; d'ailleurs, pour que des Sujets foient inftruits, & que le Magiftrat fuprême ait un guide, la defcription des délits ne peut pas être trop détaillée ni trop particuliere.

CHAP. XVI. Suivant le plan de cet effai, nous pafferons tout de fuite au feizieme Chapitre, qui traite des violences qu'un homme peut faire à un autre, & de ce qui précede l'attaque : tous ces détails fi finguliers font fondés fur la pureté que chaque Gentoux attribue à fa cafte ; on y voit en outre prefque toutes les mal-propretés fpécifiées exactement, & ftrictement défendues ; & la peine eft toujours proportionnée au rang des coupables, & aux circonftances où ils fe trouvent. Les mêmes idées de fouillure par le contact de quelque chofe de mal-propre, femblent avoir été foigneufement inculquées aux Juifs par Moyfe ; & le dix-neuvieme Chapitre des Nombres a un rapport évident avec l'efprit & le fens de celui-ci, quoiqu'ils different dans l'énumération des

PRÉFACE.

objets qui produifent des fouillures : ces réglemens étoient néceffaires chez un peuple, dont l'état & le rang dans la fociété
dépendoient de la fuite de toute communication illicite ; c'eft pour
cela qu'on a défendu ce qui précede ces fortes d'actions, ainfi
que les actions elles-mêmes ; & il n'eft pas befoin de rendre autrement raifon de l'énumération tautologique de chaque maniere
poffible d'attaquer un homme, ainfi que des gradations les plus
minutieufes par lefquelles on en vient aux coups.

CHAP. XVII. Le Chapitre fur le vol contient une réponfe
complette à toutes les objections qu'on peut faire contre l'article
du Code, dont j'ai déja parlé, qui traite « des regles que doivent
« fuivre les voleurs dans le partage de leur butin » ; car prefque
toutes les efpeces poffibles de fraude ou de vol font ici indiftin-
ctement condamnées. Parmi les différens châtimens, on trouve
plufieurs fois, ceux, « de couper les cheveux, de rafer avec
» l'urine d'un âne, &c. » ; ces punitions reffemblent au pilory,
plutôt deftiné à affliger & tourmenter l'efprit que le corps, & à
prévenir le châtiment corporel par le fentiment de la honte &
du déshonneur. Après l'expulfion de fa cafte, ces peines font
regardées par tous les Indoux, comme la dégradation la plus
terrible. Quelques Auteurs imaginent que cette punition chaffe
réellement de la tribu dont on eft membre ; mais ils fe trompent, ce font feulement des humiliations paffageres, & une
efpece d'avertiffement, qu'à la premiere offenfe, le glaive de la
Juftice frappera la tête du coupable.

Les peines impofées, dans la troifieme Section de ce Chapitre,
à ceux qui volent en fecret, comprennent la plupart des fupplic-
ces qu'ordonnent les Tribunaux anciens & modernes. La corde &
la crucifixion femblent avoir été les peines le plus ordinairement
infligées par les Juifs, mais leurs loix ordonnoient auffi celle du
feu, comme on le voit par le vingt-unieme Chapitre du Léviti-

PRÉFACE.

que : « fi la fille d'un Prêtre s'aviliffant elle-même, en faifant les fonctions d'une proftituée, profane la dignité de fon pere, elle fera brûlée ».

Le crime de voler des hommes, dont parle le Code, n'eft point particulier aux Gentoux; car il eft auffi défendu, fous peine de mort, dans le Deutéronome, Chapitre 24 : « fi un homme eft furpris enlevant quelques-uns de fes freres, des enfans d'Ifraël, pour les vendre, tu feras punir de mort, & tu écarteras cette pefte du milieu du peuple ».

Cette partie de la compilation énonce un grand nombre de crimes, punis de différentes peines capitales, contre l'opinion générale, adoptée en Europe, que l'adminiftration des Gentoux, extraordinairement douce, n'aimoit pas à priver les coupables de la vie ; peut-être qu'on a eu cette idée, parce que depuis que l'Empire Tartare eft devenu abfolu dans l'Inde, quoiqu'on ait permis aux Indoux (comme aux Juifs en captivité), de vivre fuivant leurs réglemens & leurs loix, on ne les a pas laiffés les maîtres de les fuivre lorfqu'elles décernoient des peines de mort. On trouve ici des exemples d'une févérité qui pourroit paroître outrée, fi, dans les loix des Juifs, on n'en voyoit pas beaucoup de pareils. L'ordre donné par Moyfe, de lapider un fils rebelle ou une fille qui n'eft pas vierge ; celui de Samuel, de tailler Agag en pieces ; des nations entieres maffacrées, d'après une profcription générale ; & mille autres paffages, prouvent que les loix de la plupart des nations de l'antiquité étoient fort dures ; & s'il y a en Angleterre (comme on le dit), quatre-vingt efpeces de félonies, toutes fujettes à une peine capitale, la légiflation des Gentoux n'eft guere plus fanguinaire.

La premiere partie de cette Section traite en particulier des vols commis par la cafte des Brames ; & fi ces coupables privilégiés

PRÉFACE. xlix

privilégiés ne font pas foumis à des peines capitales ; on leur impofe d'ailleurs des châtimens terribles : on peut conclure de-là que cette exemption eft fondée fur le refpect dû à la fainteté de leurs fonctions & de leur caractere, plutôt que fur l'injufte préférence que fe font attribuée ces Légiflateurs.

Chap. XIX. Les dix-neuvieme & vingtieme Chapitres peignent d'une maniere très-fidele les mœurs Afiatiques. Pour les hommes fans préjugés, ce tableau ne paroîtra ni indécent, ni mal-honnête ; ils ne le jugeront que reffemblant. Les vices, ainfi que les modes, ont leur origine & leur décadence, non-feulement dans le caractere des individus, mais dans celui des nations entieres ; on les voit s'établir, régner, & s'évanouir tour-à-tour, pour faire place à d'autres. Si l'on trouve ici quelques idées contraires à notre maniere de penfer, ou des crimes qui ne font pas défendus parmi nous, il faut l'attribuer à l'effet différent que produit fur l'efprit humain, la différence des climats, des coutumes, des mœurs, &c. Il ne feroit donc pas raifonnable de critiquer la cinquieme Section de ce dix-neuvieme Chapitre, parce qu'elle traite d'un délit abfurde en lui-même, qui ne doit pas arriver fouvent, & qui n'a jamais été défendu par nos Légiflateurs ; ces objections déceleroient une grande ignorance de la nature humaine, ainfi que des principes les plus communs de l'adminiftration des états ; car les loix pénales (excepté pour les crimes les plus ordinaires) ne s'établiffent que lorfque l'expérience a prouvé qu'elles font abfolument indifpenfables ; ainfi le parricide ne fe trouve pas dans les premieres inftitutions du Légiflateur de Sparte.

En Afie, la virginité de la femme a toujours été la condition la plus effentielle du mariage : cette précaution eft une fuite de la chaleur du tempérament des deux fexes, & de la jaloufie univerfellement répandue parmi les hommes : le premier acte d'incontinence a toujours été jugé fort dangereux pour la fuite ; & Moyfe confidéroit ce crime fous un point de vue auffi férieux que les Gentoux, puifqu'il ordonne de lapider une fille qui ne fe trouve pas vierge à fon mariage. Si les Indoux font auffi délicats que les Juifs, il ne doit point paroître extraordinaire, qu'une Section particuliere de ce Code, condamne tout ce qui peut violer la virginité, & en détruire les moyens mêmes fans copulation, & devenir par-là également funefte pour les femmes.

Le meilleur moyen de conferver la vertu d'une femme, eft d'écarter toutes les tentations, & par conféquent les précautions qu'on prend fur cela font raifonnables ; voilà pourquoi, au commencement de ce Chapitre, on interdit jufqu'aux différentes gradations de la galanterie chez les Afiatiques ; en puniffant ainfi tout ce qui conduit à l'offenfe, le Légiflateur annonce un tendre intérêt en faveur du coupable ; il lui donne des avis falutaires dès le moment où il commence à fe perdre, & avant que l'accompliffement du crime ne le foûmette à la derniere rigueur de la loi.

CHAP. XX. Il ne fera pas hors de propos de dire, à l'occafion de ce Chapitre, que les Brames, compilateurs de ce Code, étoient fort avancés en âge, l'un d'eux avoit plus de 80 ans, & le plus jeune en avoit 35 ; car ils font des obfervations & des cenfures très-peu galantes fur la conduite & le mérite du beau fexe. Salomon qui avoit autant d'expérience des femmes qu'aucun des Brames, étoit à-peu-près du même fentiment, comme le prouvent un grand nombre de paffages de fes proverbes ; un verfet du trentieme Chapitre, reffemble tellement à une Sentence de cette partie du Code, que l'un paroît avoir été prefque littéralement tranfcrit de l'autre. « Il y a trois chofes infatiables, » & une quatrieme qui ne dit jamais c'eft affez ; le tombeau,

PRÉFACE.

» *os vulvæ* ; la terre, qui sans cesse demande une plus grande
» quantité d'eau ; & le feu, qui ne dit jamais c'est assez ».

Il est inutile de rapporter ici le passage du Code, & de faire des commentaires sur ce rapprochement. L'Auteur des proverbes & les Compositeurs des Shasters, ne poussent pas la critique & l'injustice jusqu'à nier la possibilité de la vertu dans les femmes ; mais ils disent que les exemples en sont rares, & que les femmes de mérite ne s'obtiennent que par un grand nombre d'actes de piété, ou comme dit Salomon : « qu'une femme » prudente vient du Seigneur ».

Les regles établies dans ce Chapitre, pour conserver au mari l'autorité domestique, sont des restes de cette discipline particuliere de l'Asie, qui a existé de tout tems, suivant les Ecrivains sacrés & profanes. Dans cette partie du monde, les femmes ont toujours été les sujettes des hommes, & enfermées dans un Harem, ou occupées au-dehors à des travaux grossiers, peu convenables à leur délicatesse. Les Princesses Troyennes lavoient leur linge à la riviere. Quand le serviteur d'Abraham apperçut Rebecca pour la premiere fois, elle portoit une cruche sur son épaule, & elle alloit abreuver les chameaux. « Deux femmes » moudront le bled au moulin », dit le Prophete. On peut observer que Salomon faisant l'éloge d'une bonne femme, dit « qu'elle se » leve, tandis qu'il est encore nuit » : on doit supposer qu'ainsi il la loue de ce qu'elle se leve avant son mari : on remarquera que les Gentoux exigent cette qualité d'une bonne femme.

La fin de ce Chapitre traite du courage singulier des femmes qui se brûlent sur le corps de leurs maris. On y lit : « il est conve- » nable qu'une épouse se brûle sur le corps de son mari », & on lui offre une récompense proportionnée à ses souffrances. Quoique ce ne soit pas-là le style absolu d'un commandement, cette injonction est sûrement assez directe pour être réputée devoir religieux ; la seule preuve qu'elle n'est pas positive, c'est qu'on se contente d'ordonner une chasteté inviolable aux veuves qui ne veulent pas suivre leur mari. Les Brames semblent regarder ce sacrifice comme un des premiers devoirs de leur religion : il y a cependant des cas où ils en dispensent ; par exemple, une femme ne doit pas se brûler si elle est enceinte, si son mari meurt loin d'elle, à moins qu'elle ne puisse se procurer son turban & sa ceinture pour les mettre sur le bûcher ; il y a d'autres exceptions de la même nature, que les Brames cachent avec soin aux yeux du peuple, parmi les mysteres de leur foi ; mais d'après ce qu'on m'a dit, & d'après ce que j'ai vu, il est sûr que cette coutume n'est pas tombée en désuétude dans l'Inde, comme l'a publié un célebre Ecrivain.

Chap. XXI. Le vingt-unieme chapitre contient un grand nombre d'articles qui n'ont point de liaison entr'eux ; & la derniere section est une espece de peroraison de tout l'ouvrage. Nous n'avons pas droit de juger des réglemens qui ont rapport uniquement aux opinions religieuses des Indoux ; ils furent institués conformément à leurs préjugés. Nous ne ferons pas non plus de remarques sur les prohibitions inexplicables pour nous de la seconde section ; nous observerons seulement qu'on peut punir avec sévérité, sans beaucoup de danger pour le commun des hommes, des crimes aussi ridicules, dont la tentation ne se conçoit pas.

L'article de la troisieme section est plus important, & contient un réglement qui n'est pas inutile à la paix générale & au bon ordre d'un État. Le peuple de toutes les nations est obligé de travailler sans relâche, afin de pourvoir à sa subsistance ; & ses occupations sont incompatibles avec le loisir que demandent les spéculations religieuses ; il a d'ailleurs des idées trop grossieres pour en comprendre les subtilités ; & les esprits des ignorans sont si portés

PRÉFACE.

à s'enflammer en écoutant des enthousiastes, que la superstition est l'arme la plus dangereuse dont puisse se servir un ambitieux. Moyse ne fut pas moins rigoureux sur cette matiere, & il défendit au peuple de se mêler en rien de la profession des Prêtres. Dieu lui dit : « tu nommeras Aaron & ses fils, & » ils rempliront les devoirs du Sacerdoce; & l'étranger qui en » approchera, sera mis à mort ».

Tous les devoirs, ainsi que la prééminence sacrée de la tribu des Brames, ressemblent aux devoirs & aux privileges des Lévites : le vin étoit particuliérement interdit aux Lévites; il l'est aussi aux Brames : les Lévites étoient obligés, plus que les autres enfans d'Israël, d'éviter toute espece de souillure; la même obligation est imposée aux Brames : les Lévites devoient aider le Magistrat à juger dans les cas difficiles; il en est ainsi des Brames. La ressemblance qu'on remarque d'ailleurs entre ces deux tribus, pourroit, avec raison, faire soupçonner qu'originairement elles eurent entr'elles des rapports intimes, quoique nos conjectures ne puissent pas remonter à la source de cette liaison. J'ai cité quelques exemples de similitude entre les loix de Moyse & celles des Indoux; mais je n'ai pas écrit la centieme partie de ce qui se présente sur un sujet aussi fertile.

Ce n'est pas seulement aux loix de Moyse que ce Code ressemble d'une maniere frappante; il jette du jour sur d'autres parties de l'Écriture Sainte dont il confirme les assertions. Dans le livre de la Genèse, on voit que Laban s'excuse ainsi, pour avoir donné à Jacob Lia en place de Rachel. « Ce n'est » pas l'usage de notre pays, de marier la fille cadette avant » l'aînée ». Ceci étoit de beaucoup antérieur à Moyse. Suivant ce Code, c'est aussi un crime de marier sa fille cadette avant l'aînée; on y déclare en outre qu'un fils cadet est coupable s'il se marie avant son aîné.

De pareils rapprochemens éclairciront des passages douteux, & de vieilles coutumes méconnues aujourd'hui, auxquelles la Bible fait allusion. Si donc aucune de ces loix n'étoit jugée digne du système de législation que se propose d'établir en Asie le Gouvernement Britannique, le Code que je publie, mériteroit cependant l'attention des Politiques, des Magistrats, des Théologiens & des Philosophes, parce qu'il donne une idée juste d'un grand peuple, florissant à une époque où il ne pouvoit avoir aucune communication avec l'Europe; parce qu'il traite d'ailleurs de différentes matieres qui intéressent tout le genre humain; qu'on y trouve des maximes générales d'administration & de justice, que la diversité des mœurs & des opinions religieuses sont incapables de changer; qu'il peut être cité à l'appui de quelques singularités nationales qui sont dans l'Écriture; & qu'enfin il offre l'histoire du genre humain aux premieres époques de la civilisation.

Fin de la Préface de M. HALHED.

DISCOURS PRÉLIMINAIRE des Brames, Compilateurs de cet Ouvrage.

LEs hommes éclairés & raisonnables qui, en recherchant la vérité, ont balayé la poussiere de malice qui remplissoit leurs cœurs, savent que la diversité des religions & des croyances, source de haine & de jalousie pour les ignorans, est une démonstration manifeste de la puissance de l'Etre suprême; car puisqu'un Peintre, en esquissant une multitude de figures, & en répandant sur des tableaux une grande variété de couleurs, se fait une réputation; puisqu'un Jardinier qui plante différens arbustes, & qui fait naître différentes fleurs, devient recommandable; il faut être inconséquent & avoir une intelligence bornée, pour ne pas considérer sous le même point de vue, celui qui a créé le Peintre & le Jardinier. Les différences & les variétés des choses créées, sont des rayons de l'essence glorieuse du Créateur; & la contrariété des institutions est un type de ses merveilleux attributs: sa puissance infinie a tiré des quatre élémens, du feu, de l'eau, de l'air & de la terre, tous les êtres du regne animal, du regne végétal, & du regne minéral, afin d'orner le monde; & sa bienveillance sans bornes, qui a choisi l'homme pour être le centre des lumieres, lui a confié le domaine & l'autorité: après avoir accordé la raison & l'entendement à cet être privilégié, elle a étendu sa supériorité sur tous les coins du monde. Dieu a assigné ensuite à chaque tribu sa croyance propre, & à chaque secte sa religion particuliere; comme il a introduit un grand nombre de castes, & une multitude de coutumes diverses, il aime dans chaque pays la forme de culte qui y est observée; il écoute dans la Mosquée les dévots qui récitent des prieres en contant des grains sacrés ; il est présent aux Temples, à l'adoration des Idoles ; il est l'intime du Musulman, & l'ami de l'Indoux ; le compagnon du Chrétien, & le confident du Juif ; & les hommes d'un esprit & d'une ame élevés, qui n'ont vu dans les contrariétés des sectes & les différens cultes de religion, que des effets de la puissance du Très-Haut, ont gravé leurs noms d'une maniere immortelle sur les pages de l'Histoire.

Ces esprits tolérans & justes se trouvent particuliérement dans l'empire étendu de l'Indostan, contrée délicieuse qu'habitent des Turcs, des Persans, des Tartares, des Scythes, des Européens, des Arméniens & des Abyssins. Comme ce royaume a été long-tems la résidence des Indoux, & gouverné par plusieurs Rois & Rajahs puissans, la religion des Gentoux y est devenue dominante ; mais depuis que les armées des Musulmans ont ravagé ces provinces, il est survenu une révolution ; des coutumes diverses se sont établies ; tout s'administre suivant les principes de la croyance du parti vainqueur : de-là sont nées des contradictions infinies, & des vicissitudes continuelles dans les Arrêts de la Justice : le Magistrat de chaque canton décide toutes les causes conformément à sa propre religion, & des Indoux se voient soumis aux loix de Mahomet. Le désordre & la terreur se sont répandus parmi le peuple, & la justice ne se rend plus avec équité ; c'est pour cela que le Gouverneur général des établissemens Anglois dans l'Inde, l'honorable *Warren Hastings*, a conçu le projet de remonter aux principes de la religion des Gentoux, de rassembler les coutumes des Indoux, de faire traduire les réglemens religieux & civils en langue persane, &, pour l'instruction de tout le peuple, de compiler un Code qui prévenant à l'avenir toutes les décisions contradictoires, fournisse aux Juges des moyens d'administrer la justice d'une maniere équitable, & sans blesser la religion & la croyance des sectes particulieres. Nous

Brames,

Brames, favans dans le Shafter (dont les noms font écrits plus bas), nous avons été invités de nous rendre, de toutes les parties du royaume, au fort Williams de Calcutta, capitale du Bengale, & de la province de Bahar : après avoir raffemblé les livres les plus authentiques, tant anciens que modernes, le texte original, écrit en langue famskrete, a été traduit fidelement par les Interpretes en Perfan. Nous avons commencé ce travail au mois de Mai 1773 (ce qui répond au mois *Jeyt* 1180, ftyle du Bengale), & nous l'avons fini à la fin de Février 1775 (ce qui répond au mois *phaùgoon*, 1182, ftyle du Bengale.)

NOMS des BRAMES qui ont compilé cet Ouvrage.

RAM Gopaul Neeàyàlunkàr.
Beereeshur Punchanun.
Kishen Juin Neeàyàlunkàr.
Bàneeshur Beedyàlunkàr.
Kerpà ràm Terk Siedhaût.
Kishen Chund Sàreb Bhoom.
Goree Kunt Terk Siedhaût.
Kishen Keifub Terkalùnghàr.
Seetà Ràm Bhet.
Kalee Sunker Beedyàhàgees.
Shàm Sunder Neeày Siedhaût.

NOMS des AUTEURS cités dans cette Compilation.

BEEBA Dur Tunnagurkàz.
Bheb-deeb Bhet.
Chendeefur.
Gerheifur.
Gobind Ràje.
Helayoodeh.
Hurree Hur.
Jeimoot Bahiun.
Jògue Lògue.
Kulp Teroo.
Lukkhee Deher.
Meidhab-Teetee.

Pàeheefputtee Mifr.
Pàlook.
Pàreejaut.
Perkashkàr.
Phàkooree.
Sewàrtheh Behtàehàrige.
Shertee Shàr.
Sirree Kishen Terkhalungàr.
Sirree Kerràchàrige.
Sool Paanee.

LISTE des Livres d'où on a tiré cette Compilation: on les a rangés suivant l'ordre de leurs dates, autant qu'il a été possible.

M<small>UNNOO</small>,
Traité général, par Munnoo.

Jaike Bulk,
Traité général, par Jaike Bulk.

Kirte Kulp-Teroo,
Traité général, écrit par Lukkee-Deer.

Pàreejàt,
Traité général, par Mùddun Pàreejàt.

Bebadrutnàkur,
Traité général, par Chendeefur.

Bebàd Chentàmmunee,
Traité général, par Pàchefputtee Mifr.

Neet Chentàmmunee,
Sur les devoirs du Magistrat, par Pàchefputtee Mifr.

Dherum Rutten,
Sur la propriété dont on peut hériter, par Jeimoot Bahun.

LISTE DES LIVRES, &c.

Bubhàr Màtereekà,
Sur la Justice, *par* Bheb-Deeb Bhet.

Deep Kateekau,
Traité général, *par* Molook Bhet.

Daie-Tutt Unt,
Sur la propriété dont on peut hériter, *par* Achârige Chooràmunnee.

Jaile-Bulkkè Teekà,
Traité général, *par* Beiohroop.

Peràshchut Bebeik,
Sur le Talion, *par* Sool Paanee.

Mirtekherà,
Traité général, *par* Mirtekherà Kàr.

Daie-Tutt,
Sur la propriété dont on peut hériter, *par* Sewàrthe Bethà-Chàrige.

Bubhar-Tutt,
Sur la Justice, *par* Sewàrthe Behtchàrig.

Dàyàdhèe-Kàree-Kerm Shungerah,
Sur la propriété dont on peut hériter, *par* Sirree Kishen Terkhàlungàt.

Dherum Rutten-Teekà,
Sur la propriété dont on peut hériter, *par* Sirre Kishen Terkhàlungàt.

CODE DES LOIX
DES GENTOUX,
OU
RÉGLEMENS
DES BRAMES.

INTRODUCTION.
HISTOIRE DE LA CRÉATION.

E principe de la vérité ayant d'abord formé la terre & les cieux, l'eau, le feu & l'air, produisit un être, appellé *Brahma* (a), qui servit à la création particuliere des différens êtres, & après avoir tiré le Brame de sa propre bouche (b); le *Chehteree*, de ses bras; le *Bice*, de ses cuisses; & le *Sooder*, de ses pieds, l'Etre suprême

---

(a) On donne à Brahma le nom de *Dewtah*, celui à qui tous les hommes offrent un culte.
(*Note du Traducteur François.*)

(b) L'original dit expressément ici. que l'Etre suprême, & non pas *Brahma*, tira le Brame de sa propre bouche; le *Chehtere*, de ses bras; le *Bice*, de ses cuisses; & le *Sooder*, de ses pieds : cependant M. Halhed, le traducteur Anglois, assure, dans son Discours préliminaire, que ces quatre Castes proviennent de quatre différens membres

ordonna à Brahma d'achever la création, & d'assigner des emplois au Brame, au *Chehteree*, au *Bice* & au *Sooder* qu'il venoit de créer : il lui confia le gouvernement de tous les êtres. — Brahma, suivant l'ordre qu'il avoit reçu, produisit dans le monde le reste de l'espece humaine, & une quantité innombrable de quadrupedes, d'oiseaux, de serpens de toute espece, des végétaux, & toutes les choses inanimées ; la piété & la morale ; la justice & la continence ; la concupiscence & la colere ; l'avarice & la folie ; l'arrogance & l'yvrognerie. Comme le Brame vient de la bouche du principe de vérité, son rang pour cela est le plus éminent : le *Chehteree* étant sorti de ses bras, son rang suit immédiatement après ; le *Bice* venant des cuisses, il occupe la troisieme place ; & le *Sooder* ayant été tiré du pied, est le dernier de tous.

Brahma ordonna aux Brames de lire les *Bedas* & tous les *Shasters* ; d'enseigner les Ecritures, d'accomplir le *Jugg*, & de faire les autres cérémonies du culte ; de veiller à ce que les différens peuples observent le *Poojeh*, (c'est-à-dire, rendent à *Dewtah* le culte qui lui est dû) & le *Jugg* ; d'avoir soin qu'ils ne manquent pas au *Dan* (on expliquera plus bas, dans le Chapitre de la *propriété dont on peut hériter*, ce que c'est que le *Jugg* & le *Dan*) ; trois de ces occupations des Brames doivent fournir à leur subsistance & à leur entretien, & Brahma leur imposa les trois dernieres pour exercer leur piété : il établit que le *Chehteree* apprendroit les sciences, accompliroit le *Poojeh*, le *Jugg*, & ne manqueroit pas au *Dan*, & qu'il s'armeroit pour la défense & la sûreté des *Ryots* : les trois premiers de ces devoirs ont la piété pour motif, & le quatrieme a été prescrit comme un moyen de subsistance : il enjoignit au *Bice* d'apprendre les sciences, & d'accomplir le *Dan* & le *Jugg* ; il leur permit de s'occuper du commerce, de la nourriture du bétail, & de l'agriculture : la

---

de Brahma ; il y a sûrement une faute d'impression dans l'un des deux endroits, mais je ne puis pas la corriger, parce que je ne sais pas si c'est des membres de Brahma ou des membres de l'Etre suprême, que viennent ces quatre Castes. Il y a dans l'Original Anglois d'autres fautes d'impression qui forment des contre-sens ; je me suis permis de les rectifier ailleurs : au reste, il ne faut pas s'étonner de ces petites inexactitudes ; on a imprimé l'Ouvrage à Londres, tandis que celui qui l'a composé étoit dans le Bengale.

science & l'accomplissement du *Dan* & du *Jugg*, sont pour lui des moyens d'arriver au bonheur éternel ; & le commerce, l'éducation du bétail, & l'agriculture, sont des moyens de subsistance. La tribu de *Sooder* reçut ordre de servir le *Brame*, le *Chehteree* & le *Bice*.

Si un Brame ne peut pas pourvoir à sa subsistance par l'exercice des travaux de sa Caste, il doit gagner sa vie en se livrant à ceux du *Chehteree* ; si cet expédient ne réussit point, il se livrera à ceux du *Bice* ; mais parmi ces derniers, il s'occupera d'abord de la nourriture du bétail & du commerce : quand ces moyens seront insuffisans, il s'adonnera à l'agriculture. Le *Brame* qui fait le commerce, ne vendra ni sel, ni viande, ni ce qui est compris sous la dénomination de doux, d'amer, d'astringent ou d'acide, ni vivres, ni pierres, ni fer, ni animaux, ni hommes, ni étoffes de coton rouge, ni pieces de soie, ni couvertures, ni rien de la même espece qui soit fait de laine ; ni camphre, ni autres aromates ; ni miel, ni eau, ni poisson, ni chair, ni lait, ni *tyer* (de la crême aigre), ni *ghee* (huile amere), ni *sesamum*, ni herbe de *koso* (espece particuliere d'herbe), ni oiseaux, ni vin, ni poisson, ni cire ; il pourra cependant vendre le *sesamum* le même jour qu'il est séparé de la gousse, s'il est venu dans un champ qui lui appartient. Si le *Chehteree* & le *Bice* ne peuvent pas subsister en exerçant les travaux qui leur sont propres, ils se livreront à ceux du *Sooder* ; & si le *Sooder* manque de ce qui lui est nécessaire, il s'adonnera à la peinture, aux ouvrages de l'aiguille, & à quelque autre emploi pareil ; tels sont les ordres de Brahma.

Dans les premiers tems de la création du monde, il n'y eut ni Magistrat, ni châtiment : personne ne commettoit de crimes ; on ne se rendoit point coupable d'injustice ou d'oppression à l'égard des autres hommes : les *Ryots* avoient de la piété & de la morale ; mais par la suite, la concupiscence & la colere, l'avarice & la folie, l'arrogance & l'ivrognerie, se répandirent tellement, que ces passions arrêtant les bonnes œuvres, elles conduisirent à toute sorte de méchancetés : les peuples se livrerent à la débauche & à l'iniquité, ils oserent manger des alimens, & prononcer des paroles défendues ; aucun ne régla ses actions suivant les *Bedas*,

& chacun marcha dans le fentier du péché : à la vue de ces défordres, *Brahma* réfléchit en lui-même & écrivit dans le *Shafter*, les moyens de fe corriger ; & après avoir enfeigné les devoirs particuliers du *Brame*, du *Chehteree*, du *Bice* & du *Sooder*; les châtimens divers que le Magiftrat doit infliger aux coupables, ainfi que tout ce qui regarde les différentes affaires qui fe paffent entre les humains ; il ordonna à *Beirojâ* (un *Chehteree*), de prendre la magiftrature, de protéger les *Ryots*, & de punir les coupables, fuivant les réglemens du *Shafter* : *Beirojâ* ne voulant pas accepter la magiftrature, la laiffa à fon fils *Keiroot-Màn*, & il s'enfuit dans le défert pour y adorer l'efprit de vérité : *Keiroot-Màn* abandonna également ce fardeau à fon fils *Kerdum*, & fuivit fon pere dans le défert. *Kerdum* ayant auffi un fils, nommé *Anung*, s'empreffa de prendre le chemin de la vérité ; *Anung*, fils de *Kerdum*, devenu Magiftrat, régla fes actions pendant quelque tems fuivant le *Shafter* : *Neitmàn*, fon fils, lui fuccéda bientôt dans la magiftrature & le gouvernement : *Neitmàn* avoit un fils, appellé *Bein*, en qui tout annonçoit un caractere cruel : par exemple, dès fon enfance il lioit fes camarades par les pieds & les mains, & il les jettoit dans de profondes rivieres ; il brifoit les cruches & les meubles qu'il trouvoit, & il fe livroit à toute forte de baffeffes & extravagances : les *Ryots* du royaume, accablés fous le poids de fes injuftices & de fes oppreffions, fe préfenterent devant fon pere, & demanderent vengeance ; le pere apprenant l'iniquité & le defordre de la conduite de fon fils, fans pouvoir les arrêter, s'enfuit dans le défert : le royaume étant alors fans chef, les Brames conférerent la magiftrature à *Bein*; cet indigne perfonnage, devenu Souverain, publia dans tout fon royaume une proclamation, qui défendoit d'accomplir le *Jugg* ou le *Poojeh*, & de faire aucune autre œuvre de piété ; & il menaça d'un châtiment févere, quiconque adminiftreroit la juftice : à cette trifte nouvelle, les Brames fe rendirent près de lui, pour lui donner des confeils & des avis, & ils lui dirent : « Le devoir d'un Magiftrat eft d'encourager les œuvres
» de piété dans fes états ; celui qui met des obftacles à la pratique
» des bonnes œuvres, ira en enfer ; fi le Magiftrat ne protege &
» ne fecoure pas les *Ryots*, il attirera toute forte de malheurs
» fur fon royaume ; en effet, s'il renonce à l'exercice de la piété,
» comment

DES GENTOUX.

» comment les *Ryots* pourroient-ils faire de bonnes actions ? qui
» empêchera les hommes de s'enlever mutuellement leurs femmes ?
» Un état gouverné par un Magistrat inique, où l'on s'abandonne à
» des œuvres d'iniquité, où l'on n'accomplit ni le *Poojeh*, ni les
» cérémonies du culte, est comme s'il se trouvoit privé d'un
» Magistrat. Au milieu de ce désordre, un homme de la Caste des
» *Chehteree* peut commettre un adultere avec une femme de la
» Caste des *Brames*, & un *Brame* avec la femme d'un *Chehteree* :
» toutes les Castes s'uniront aussi indifféremment l'une avec l'autre :
» vous savez que de l'union de deux différentes Castes provient
» la tribu de *Burrun-Sunker*, & c'est un crime qu'il y ait des
» *Burrun-Sunker* ». *Bein* répondit : « Je n'ai pas besoin de vos
» avis, & je n'approuve point de pareils discours, puisque la
» tribu de *Burrun-Sunker* existe, voyons quelles doivent être sa
» religion & ses mœurs ». Les Brames affligés s'en retournerent
sans espoir, & le Tyran envoya chercher une femme de la Caste
des Brames; il habita avec elle, & il en naquit un fils : de même
de l'union des hommes d'une tribu, avec les femmes d'une tribu
différente, provinrent un grand nombre de garçons & de filles :
on appella *Kerum* ou *Koit* la tribu de l'enfant qui naquit de
l'union d'un *Bice* avec une *Sooder* ; d'un Brame & d'une femme
de la Caste des *Bice* sortirent la Caste d'*Ambusht* ou de *Bade*,
de *Kundeh-Beneik* ou des Droguistes; celle de *Kunkar* ou des
Ouvriers en *kàseh* (le *kàseh* est un mêlange de cuivre & d'*arzeez*);
& celle de *Sunkàhkar* ou des Ouvriers en *sunkah* (en coquilles
de mer), dont les femmes portent des coquilles sur leurs mains :
d'un *Chehteree* & d'une *Sooder* sortirent la Caste d'*Okeree*, & celle
d'*Hejam* (des Barbiers); celle des *Moduck* (ou des vendeurs de
candy) : d'un *Sooder*, & d'une femme *Chehteree* sortirent la Caste
de *Koinbekkar* (ou des Potiers); celle des Tisserands, celle des
Forgerons, & celle de *Dost* : d'un *Bice* & d'une *Chehteree* sortirent la Caste des diseurs de bonne fortune & celle de *Koop* :
d'un Brame & d'une femme *Sooder* sortirent la Caste des *Barjebee* ;
d'un *Chehteree* & d'une femme de la Caste des Brames sortirent la
Caste des *Soot* & des vendeurs de fleurs; d'un *Bice* & d'une
femme de la Caste des *Sooder* sortirent la Caste de *Tawleek* ou de
Tillee, & des vendeurs de meubles ; ces Castes tiennent le premier
rang parmi les tribus de *Burrun-Sunker*.

B

D'un homme de la Caste des *Kerrun*, & d'une femme de la Caste de *Bice*, sortirent la Caste des *Tukkehyah* (des Charpentiers), & celle des *Rujuk* (des Blanchisseurs) : d'un homme de la Caste des *Ambusht*, & d'une femme *Bice*, sortirent les Castes de *Sherrunkar* (ou des Orfevres), & des *Shoberun-Beneik*, ou *Soonar Buneeah* : d'un homme de la tribu des *Koop*, & d'une femme *Bice*, sortirent les Castes des *Teilkar* (ou des vendeurs d'huile) & des *Abheir* : d'un homme des *Koop*, & d'une femme *Sooder*, sortirent la Caste des *Dheiber* ou *Julyâ*, & celle des *Shoondruk* ou *Soondrie* : d'un homme de la tribu de *Màlàkâr*, & d'une femme *Sooder*, sortirent la Caste des *Hatt* ou des danseurs, & celle des *Sharûk* : d'un homme de la tribu des *Màgdeh*, & d'une femme *Sooder*, provinrent les Castes de *Seeker* & de *Jàleik* : ces Castes tiennent un rang moyen parmi les tribus du *Burrun-Sunker*.

D'un homme de la tribu des Orfevres, & d'une femme de la Caste des *Ambusht*, sortirent la Caste des *Mulukerrhee* : d'un homme de la tribu des *Shoberun-Beneik*, & d'une femme de la Caste des *Bades*, sortit la Caste de *Koorooba* : d'un *Sooder* & d'une femme *Brame*, sortit la Caste de *Chendàl* : d'un homme de la tribu des *Abheir*, & d'une femme de la Caste des *Koop*, sortit la tribu de *Beroor* : d'un homme de la tribu des *Abheir*, & d'une femme *Bice*, sortirent la Caste des *Tukkeh* & des *Chermkar* (des Cordonniers) : d'un homme de la tribu des *Nujuk*, & d'une femme *Bice*, sortit la tribu de *Keht-Jeibnee* ou de *Putnee* : d'un homme de la Caste des vendeurs d'huile, & d'une femme *Bice*, sortit la tribu de *Doolà-Bahee* : d'un homme des *Dheiber*, & d'une femme *Sooder*, sortit la tribu de *Mhull* : ces tribus tiennent le dernier rang parmi les tribus du *Burrun-Sunker*.

Keroor est le nom d'un oiseau. *Keroor* ayant apporté un homme du *Shakud-deep*, le jetta sur le *Jumboo-deep*, c'est-à-dire, sur ce monde; cette tribu est appellée *Deiool* : — Il y a sept *deep*, savoir ;

    Jumboo-deep.
    Pulkhoo-deep.
    Shoolmeloo-deep.

Kooshud-deep.
Keroonchud-deep.
Shakud-deep.
Pooshkerud-deep.

Deep signifie terre ; de chaque côté de chaque *deep* est le *Smooder* (ou le grand Océan) : la longueur & la largeur de ce *deep*, qui est appellé *jumboo*, est de cent mille *joojun*, ou de quatre cens mille *cose* : la longueur & la largeur du second *deep* est deux fois aussi grande que celle du premier ; & l'étendue du troisieme *deep* l'est quatre fois autant ; celle du quatrieme huit fois, & celle du cinquieme seize fois ; celle du sixieme trente-deux fois, & celle du septieme soixante-quatre fois autant. D'un homme des *Deiool*, & d'une femme *Bice*, sortirent la tribu de *Gung* ou des Astronomes, & la tribu de *Bàduk* ou de *Bàitee* ; celle de *Poolund*, celle de *Powukkush*, & celle de *Kehsh* ; celle de *Jebun*, celle du *Shoookeh*, & les autres tribus de cette espece, appellées *Muluch* : on donne le nom de *Muluch* aux tribus qui mangent indifféremment des alimens défendus, ou de ceux qui ne le font pas : celles-ci proviennent du sang du Tyran *Bein*.

Les Brames, témoins de tout ce désordre, & vomissans des imprécations contre le Magistrat oppresseur, le mirent à mort. Quand le royaume fut ainsi sans chef, ils frotterent ses deux mains, & de sa droite produisirent un fils, nommé *Pert-hoo*, armé, revêtu d'habits militaires, & tout formé dans la science de la guerre ; & un Brame, savant dans le *Shafter*, d'une taille & d'une figure pareille à celle de *Dewtah* : de sa main gauche ils produisirent une fille ; & après avoir marié cette fille à *Pert-hoo*, ils éleverent *Pert-hoo* à la magistrature : *Pert-hoo* fut très-juste, il protégea ses sujets, il accueillit les hommes pacifiques, il punit les oppresseurs, il eut des égards & du respect pour les Brames ; & conformément au *Shafter*, il fit toute sorte de bonnes actions ; alors tout le peuple, les grands & les petits, s'adonnerent aux œuvres de piété, & l'état fut heureux & tranquille. Les Brames, après avoir donné au Souverain le tribut d'éloges & d'approbation qui lui étoit dû, s'en allerent. *Pert-hoo*, fidele à la droiture, & rempli de bonnes intentions, gouverna le royaume

avec justice & avec équité; mais son esprit tomba dans l'inquiétude & le chagrin, & ayant mandé les Brames, il leur dit : « J'exerce la magistrature, & je protege les *Ryots* suivant le
» *Shaster* ; dites-moi, d'où vient l'inquiétude de mon esprit, &
» pourquoi les *Ryots* de cet état sont dans la pauvreté » ? Les Brames répondirent : « Votre pere a porté l'injustice & l'iniquité
» jusqu'aux derniers excès, il s'est livré à tant de désordres, que la
» tribu des *Burrun-Sunker* provient de lui ; & comme il ne vouloit
» écouter aucun des conseils qu'on lui donnoit, l'énormité de ses
» crimes a poussé enfin le royaume à la désobéissance ; c'est pour
» cela que la terre produit aujourd'hui moins de fruits , que
» la pauvreté accable les *Ryots*, & que le chagrin tourmente
» votre ame généreuse ». *Pert-hoo* repliqua aux Brames ; « com-
» ment donc ferai-je, & quel remede dois-je employer ? mettrai-je
» à mort les tribus de *Burrun-Sunker*, conseillez-moi le parti le meilleur » ? Les Brames, après avoir délibéré, répondirent d'un commun accord : « Les tribus de *Burrun-Sunker*, telles qu'elles
» sont maintenant, doivent subsister ; mais il faut veiller soigneuse-
» ment à ce qu'aucune autre ne s'introduise parmi elles : il n'est pas
» permis de les mettre à mort ; mais assignez-leur différens
» travaux, & dirigez-les à l'exercice de la piété : elles ne désobéi-
» ront point à vos commandemens ; quiconque contredira vos
» ordres sera réputé criminel & digne de mort : faites ce que
» vous indiquera votre raison ». Ce Magistrat équitable convoqua en sa présence toutes les tribus de *Burrun-Sunker*, & il leur dit : « Pourquoi avez-vous un air si bas ? pourquoi vos corps
» sont-ils maigres & dégoûtans ? pourquoi vos vêtemens sont-ils
» si incommodes, si grossiers & si déguenillés » ? Ils répondirent, « que signifie donc ce discours ? Il n'y a point de figures moins
» basses que les nôtres, notre habit est élégant, nos corps sont
» sains, & ils ont de l'embonpoint ; n'avez-vous pas des yeux ?
» Nous tirons notre origine de votre pere ; *Brahma* n'est pas
» d'un rang supérieur au nôtre ». Les Brames qui étoient auprès du Magistrat rirent de ces propos, mais le Magistrat fut irrité, avec raison, du discours de ces misérables, & il ordonna à ses serviteurs de les lier & de les battre : les tribus de *Burrun-Sunker* réduites alors à l'extrêmité, demanderent qu'on eût pitié d'elles, & implorerent le pardon de leurs offenses, en ces termes : « Nous

» obéirons à vos ordres, agiffez comme vous le jugerez conve-
» nable, afin d'ôter à notre vifage & à notre corps ce qu'ils ont de
» dégoûtant & de fale; impofez-nous des travaux, & fixez ce qui
» doit être particulier à nos tribus ». *Pert-hoo* fur cela s'adreffa
aux Brames, & leur dit : « Vous êtes *Pundits*, favans & fages,
» affignez à chacun de ces malheureux, fuivant leurs moyens,
» une occupation & une tribu ». Pour obéir à l'ordre de ce
» Magiftrat équitable, les Brames parlerent ainfi aux *Burrun-
Sunker* : « Vous êtes de la Cafte des *Sooder*, que chacun de vous
» déclare l'emploi qu'il veut exercer ». La tribu de *Kerrun*
s'avança la premiere, & l'un des membres dit : « Nous fommes
» ignorans & fous; quelle demande pourrions-nous faire? Mais
» vous qui êtes *Pundits* prononcez vous-mêmes ». Les Brames
alors dirent au fage Magiftrat : « celui qui vient de parler a un
» jugement fain & des principes de fageffe; il a fort bien parlé :
» cette tribu accomplira ce qui fera prefcrit par le Magiftrat;
» elle aura de la foi aux *Brames* & au *Dewtah*, & elle fera la
» premiere des tribus de la Cafte des *Sooder* ». Les Brames dirent
enfuite aux *Kerrun* : « Votre profeffion fera d'écrire & de lire, &
» vous ferez employés au fervice du Magiftrat ». La tribu d'*Ambusht* s'avança enfuite, & on lui donna le *Shafter* de la Médecine :
celle de *Kundeh-Beneik* vint après, & on la chargea du métier
de vendeur de drogues : celle de *Kunkàr* fuivit, & on lui
enjoignit de faire les vafes d'airain, & de *kàfeh* & de cuivre, &
autres chofes pareilles : vint enfuite la tribu de *Sunkàhkar*, & on
lui donna à travailler les *funkah* ou coquilles de mer : la tribu
d'*Ookeree* parut enfuite, & on lui impofa les travaux de la guerre :
vint enfuite la tribu d'*Hejom*, à qui on donna l'*hejamût* ou la
profeffion de Barbier : la tribu de *Moduk* vint enfuite, & on la
chargea de la compofition des drogues & des confitures : la tribu
de *Koombahkar* vint enfuite, & on la chargea de faire des vafes de
terre : la tribu de *Tunterba* vint enfuite, & on la chargea de tiffer
des étoffes : celle de *Germkàr* parut enfuite, & on la chargea de
faire tous les inftrumens de fer : la tribu de *Màgdet* vint après, &
les Brames lui dirent : « Occupez-vous de la guerre »; ils répondirent : « Nous ne fommes pas capables de nous adonner à la
» guerre; prefcrivez-nous d'ailleurs tout ce que vous jugerez à
» propos ». Les Brames repliquerent : « Vous écrirez donc fur

» le caractere & les bonnes qualités du peuple, & vous porterez
» ces écrits de royaume en royaume, afin d'éclairer le peuple ».
La tribu de *Koop* vint ensuite, & on la chargea de la tenue des
livres de compte : la tribu de *Berree* vint après, & on la chargea
de cultiver le *pâan* ou la plante de betel : la tribu de *Ruscoot*
parut ensuite, & on la chargea du soin des chevaux : la tribu
de *Malakàr* s'approcha ensuite, & on la chargea de vendre des
fleurs : la tribu de *Tawleek* se présenta ensuite, & on la chargea
de vendre les noix de betel : la tribu de *Tumboloe* parut ensuite,
& on la chargea de vendre la plante de betel : la tribu de
Tukkeyàh vint ensuite, & on la chargea de couper du bois, de
le fendre, & de le travailler de toutes les manieres : la tribu de
Rujuk s'avança ensuite, & on la chargea de coudre les habits :
la tribu de *Serrunkar* s'avança ensuite, & on la chargea de faire
les joyaux ou bijoux : la tribu de *Shooberun-Beneik* s'avança
ensuite, & on la chargea du *perrikhaye* ou de l'essai de l'or &
de l'argent : la tribu de *Tailkàr* vint ensuite, & on la chargea
de faire & de vendre de l'huile : la tribu de *Dheibar* parut
ensuite, & on la chargea de la pêche : la tribu de *Hatt* s'avança
ensuite, & on lui donna la profession de danseur : la tribu de
Chandàl parut ensuite, & on la chargea de nourrir les chiens
& les ânes ; on lui enjoignit d'établir sa demeure hors des bourgades, d'enlever les habits des personnes mortes, & de prendre
soin des corps de ceux qui meurent sans héritiers, & de mettre
à mort tous ceux que le Magistrat condamne à une peine capitale : la tribu des *Chermkàr* s'avança ensuite, & on la chargea
de travailler le cuir : la tribu de *Nujooma* s'avança ensuite, &
on la chargea du *Jooteese* ou du *Shaster* de l'astronomie : la tribu
de *Bàduk* s'avança ensuite, & on la chargea de battre du tambour, & de jouer d'autres instrumens de musique : la tribu de
Powukkush s'avança ensuite, & on la chargea de tuer les bêtes
sauvages.

On a rapporté tous ces détails pour faire connoître la premiere
institution du *Shaster*, & la cause de la supériorité d'une tribu sur
l'autre.

Excepté les dénominations des tribus de *Burrun-Sunker*, les différens mots *famskrets* qu'on emploie dans cette Hiſtoire de la création, feront tous expliqués dans les différens Chapitres & les différentes Sections où on s'en ſervira.

Qualités nécessaires a un Magistrat (*a*),

Étendue de ſa Charge.

La Providence a créé le Magiſtrat pour la garde du peuple. Le Magiſtrat ne doit pas être regardé comme un homme ; lors même qu'il eſt enfant, il faut le conſidérer comme un Dieu : le Magiſtrat eſt réellement un Dieu, né dans ce monde ſous la forme humaine. Le Magiſtrat ne doit jamais paſſer pour mépriſable : ſi quelqu'un le croit vil & bas, que le Magiſtrat détruiſe ce coupable, ainſi que ſes biens & ſes propriétés ; que les biens & la propriété de tous ceux à qui le Magiſtrat montre des égards & de la bonté s'accroiſſent : ſi le Magiſtrat ſe met en colere contre quelqu'un, que cette perſonne meure : que celui qui maltraite & qui injurie le Magiſtrat perde la vie. La Providence a créé les châtimens pour la conſervation du Magiſtrat ; ſi le Magiſtrat les inflige ſuivant le *Shaſter*, ſes ſujets obéiront à ſes ordres : s'il ne punit pas ſelon le *Shaſter*, il ruinera ſon royaume.

Le Magiſtrat ne percevra point le tribut ſur ſes ſujets pendant quatre mois ; il leur permettra de diſpoſer à leur gré de ce tems : en travaillant à leur ſatisfaction & à leur contentement, il les excitera à cultiver & à améliorer leurs terres. Durant les autres huit mois, il percevra le tribut établi pour chaque année, & il nommera des *hircarràhs* & des eſpions dans ſon royaume, pour voir à quoi s'occupe chaque individu, & ſi tout eſt tranquille : il ſaiſira ceux qui ſeront coupables de quelque crime ; & auſſi inexorable que le royaume de la mort, il les punira. Que le

---

(*a*) On a donné ici, au terme de Magiſtrat, une étendue beaucoup plus grande que l'acception ordinaire. Le mot de la langue ſamskrete, qu'on a traduit par Magiſtrat, ne ſignifie pas ſeulement celui qui adminiſtre la juſtice, mais celui qui eſt revêtu de l'autorité ſouveraine.

Magistrat fasse de bonnes œuvres; qu'il parle aux peuples en termes tendres & affectueux, afin qu'ils soient heureux & reconnoissans sous son administration; qu'il soit si formidable que ses ennemis n'osent jamais paroître en sa présence; qu'il ait de l'indulgence & de la commisération, & qu'il partage les afflictions & les maux de tout son peuple.

Le Magistrat fera faire pour lui un parasol de plumes de paon.

Le Magistrat se choisira sept ou huit Conseillers parmi ceux qui auront des principes sages, de la pénétration & du jugement, des opinions saines, un rang distingué & du courage, qui seront les défenseurs de ce qui est louable, qui auront mérité l'approbation des *Ryots*, & dont le pere & les ancêtres auront été Conseillers du Magistrat.

Le Magistrat établira pour son *Leekhuk* ou *Moonshi* & Secrétaire, un homme qui ait de la mémoire, qui parle si clairement, qu'on comprenne ce qu'il veut dire, qui soit honnête, qui n'ait point de mauvaises habitudes; qui domine la concupiscence, la colere, l'avarice, la *folie*, l'intempérance, l'ivrognerie & l'orgueil, & qui soit instruit dans la science.

Le Magistrat élira pour son *Doot*, c'est-à-dire, son agent ou *Hircarrah*, celui qui a des principes sages, qui est versé dans tout le Shafter & dans les affaires, qui peut entendre ce que signifient un signe de tête ou un geste, qui peut discerner au mouvement des levres du Magistrat, ou à l'aspect de sa physionomie, le plaisir ou le déplaisir du Magistrat, qui inspire le respect, qui peut achever heureusement tout ce qu'il commence, qui peut retenir tous les discours qu'on prononce devant lui, qui n'est pas dominé par la concupiscence ou la colere, l'avarice ou la *folie*, l'ivrognerie ou l'orgueil, qui connoît la position & l'état de tous les royaumes, qui peut distinguer les tems convenables de ceux qui ne le sont point, qui a de la force, du courage, & qui parle avec aisance.

Le Magistrat construira une forteresse dans le lieu qu'il voudra habiter, & une muraille des quatre côtés de la forteresse avec des

tours

DES GENTOUX.

tours & des crénaux; il l'entourera de toutes parts d'un fossé, auprès duquel il y aura de l'eau, afin que dans les tems de nécessité, lorsque les sources manqueront, le fossé puisse être toujours plein; il plantera des arbres en-dedans de la forteresse; il y entretiendra des troupes de cavalerie & d'infanterie pour la garder, ainsi que de grandes quantités d'armes, d'argent, de provisions de bouche, de chevaux, de foin, d'éléphans, de chameaux, de bétail, & de toute sorte de bêtes de charge, plusieurs Brames, des Peintres, des Forgerons, & toute sorte d'ouvriers. Il y aura aussi dans la forteresse toute sorte d'instrumens de musique & de grands réservoirs : enfin on y rassemblera assez de provisions de différentes especes, pour que jamais on n'y ait besoin de rien.

Le Magistrat dominera sa concupiscence, sa colere, son avarice, sa *folie*, son ivrognerie & son orgueil : comment celui qui ne pourroit pas soumettre ces passions, seroit-il en état de nourrir & de protéger son peuple ? il ne doit pas être séduit par les plaisirs de la chasse, ni adonné au jeu; il ne doit pas s'occuper beaucoup à danser, chanter, jouer des instrumens de musique; il ne doit pas dormir pendant le jour : il n'accusera personne à faux; il ne restera pas caché dans ses appartemens secrets; il ne boira point de vin; il n'ira nulle part sans raison; il ne blâmera personne sans être bien instruit; il ne molestera point les hommes de mérite; il ne fera mourir personne par adresse ou par tromperie; il n'enlevera la propriété de qui que ce soit; il n'enviera pas le mérite supérieur d'un autre; il ne dira point que les hommes de mérite ne sont pas des hommes de mérite; il n'insultera point ses sujets; il ne les jugera point coupables, sans qu'ils aient commis un crime.

Le Magistrat donnera des biens & de l'argent à l'homme bon; il parlera amicalement aux enfans, aux vieillards, aux hommes dans le besoin, & à ceux qui sont en état de faire le service divin, & il leur donnera de l'argent : tous ceux qui chercheront un asyle auprès de lui, il les consolera, il leur accordera sa protection, & il n'en recevra point de présens : il nourrira les *Ryots* de son royaume d'après les réglemens du *Shafter*; il infligera des châtimens à ses ennemis, suivant qu'ils le mériteront; il ne nourrira point le ressentiment dans son cœur contre ses amis ; il aura des intentions pures ; dans tous les cas il épargnera & excusera les Brames : si on vient faire la guerre avec des forces supérieures, égales ou inférieures aux siennes, il ne doit point alors manquer de courage.

Le Magistrat ne fera point la guerre avec des machines perfides, ou des armes empoisonnées, ou avec des canons ou des fusils (*a*), ou aucune autre espece d'armes à feu ; pendant la guerre il ne massacrera point un homme né eunuque, ni celui qui joignant ses mains demande quartier, ni celui qui n'a aucun moyen de s'échapper, ni celui qui est assis, ni celui qui dit, « je suis » devenu de votre parti », ni celui qui est endormi, ni celui qui est nud, ni celui qui ne combattoit point, ni celui qui vient voir la bataille, ni celui dont les armes sont brisées, ni celui qui est blessé, ni celui qui craint de se battre, ni celui qui s'enfuit du champ de bataille.

Si un homme a pris dans un combat des voitures, des éléphans ou des chevaux, des chameaux, des vaches, des buffles, des chevres, des moutons, ou quelque bête que ce soit ; ou du riz, ou du froment, ou de l'orge, &c.; de la graine de moutarde, ou autres choses pareilles, ou des parasols, ou des vêtemens, ou du sel, ou du sucre, il en deviendra le légitime possesseur ; mais l'or, l'argent, les joyaux ou les terres, dont il s'emparera, appartiendront au Magistrat.

Le Magistrat, avant la bataille, apprendra de ses *hircarrâhs* & de ses espions, quelles sont la position & les occupations de l'ennemi : si ses Conseillers & ses autres sujets sont découragés, il leur donnera des biens & de l'argent, il leur parlera amicalement & d'une maniere consolante, afin de relever leur courage.

Le Magistrat tentera d'abord avec l'ennemi des accommodemens de paix, & il ne se préparera pas tout d'un coup à combattre ; si l'ennemi ne fait pas de composition, le Magistrat proposera

---

(*a*) Il y a dans l'Anglois, *With cannon and guns.*

quelqu'argent, comme un moyen de conciliation ; si l'ennemi ne l'accepte pas, le Magistrat enverra parmi ses adversaires, un homme adroit & artificieux, en le chargeant de s'insinuer au milieu d'eux, d'y répandre le mécontentement, afin qu'ils puissent se disputer, se battre, & se détruire eux-mêmes ; si ce moyen ne réussit pas pour obtenir la paix, qu'il se prépare à une bataille.

Lorsque l'armée & les munitions de guerre seront complettes ; lorsque les Conseillers seront contens, & d'un avis unanime, le Magistrat laissera livrer bataille.

Quand les Conseillers du Magistrat & les soldats seront d'accord & pleins de courage ; quand l'ennemi aura fait peu de préparatifs, & que les soldats & les Conseillers de l'ennemi seront mécontens, qu'on choisisse ce moment pour le combat.

Lorsque les préparatifs des ennemis sont formidables, & ceux du Magistrat foibles, il divisera son armée en deux parties ; & en attaquant l'ennemi en deux endroits, il obtiendra la victoire.

Si les ennemis sont victorieux, & le Magistrat défait, il cherchera de la protection auprès de ceux qui ont un jugement sain & des dispositions pacifiques.

Le Général de l'armée veillera de toutes parts, & il ira attaquer l'ennemi de quelque côté qu'il approche.

Quelle que soit la province que le Magistrat réunisse à son autorité, après l'avoir conquise, il rendra un culte au Dieu de ce pays ; il donnera beaucoup de biens & d'argent aux Brames de cette province ; il témoignera du respect & des égards aux hommes honnêtes ; de la clémence & de la bonté à ses nouveaux sujets, & il pourra nommer à la Magistrature de cette province, le premier qui se trouvera descendu du même grand-pere que le Magistrat qu'il aura soumis.

Le Magistrat se levera quatre *gurrhees* (*a*) avant le jour, il fera

---

(*a*) Une *gurrhee* est une espace de tems qui comprend 24 minutes. *Voyez* le Vocabulaire.

ses ablutions, & il adorera son Dieu d'une maniere convenable, il se vêtira d'un habit riche, il se parera de joyaux précieux; & après avoir fait des salutations respectueuses à la Divinité & aux Brames, il s'assiera sur le trône de la Magistrature; il expédiera les différentes affaires du gouvernement; & en tout il se conformera au *Shaster*.

Le Magistrat nommera quelqu'un pour son *Gomastàh* ou Agent dans chaque ville; il établira un Commissaire sur deux villes, un *Ihtimandàr* ou Surintendant pour trois villes, une autre personne pour cinq villes, une autre pour dix, une autre pour vingt, une autre pour cent, & un nouvel *Ihtimandàr* pour mille villes. S'il arrive quelque chose dans une des villes, le *Gomastàh* en avertira l'*Ihtimandàr* de deux villes; celui-ci en donnera avis à l'*Ihtimandàr* de trois; celui-ci à l'*Ihtimandàr* de cinq; l'*Ihtimandàr* de cinq villes à l'*Ihtimandàr* de dix villes; l'*Ihtimandàr* de dix villes à l'*Ihtimandàr* de vingt villes; l'*Ihtimandàr* de vingt villes au Maître de cent villes; le Maître de cent villes au Maître de mille villes; & enfin celui-ci au Magistrat suprême.

Pendant le mois de *Cheyt* (partie de Mars & d'Avril), le Magistrat ne permettra à personne d'apprêter ses alimens pendant le jour; il fera creuser des puits & des réservoirs en différens endroits; il ordonnera qu'on enduise d'argile les maisons du royaume, qu'on jette hors du pays cultivé les amas de bois & d'herbe; qu'on nettoye les puits & les réservoirs, remplis de vase, de ronces & de décombres, & il ne permettra point d'allumer du feu le jour : seulement les Brames pourront accomplir le *Jugg*; & les Forgerons, les Orfevres & les autres Ouvriers de cette espece, avoir du feu dans les boutiques; mais ils auront grand soin que rien ne se brûle. Si quelqu'autre personne durant le mois de *Cheyt*, fait du feu le jour, on le jugera coupable. Le Magistrat prendra garde qu'il n'entre dans son royaume des gens sans aveu & de mauvais principes, ou des hommes qui ne peuvent pas distinguer entre le bien & le mal, ou de ceux qui sont nés eunuques, ou de ceux qui sont accoutumés à s'enivrer, de peur que par hazard ils ne mettent le feu à la maison de quelqu'un.

DES GENTOUX.

Le Magiſtrat conſtruira dans ſes états des édifices remarquables par leur force & leur élégance, & il y placera, avec toute la dignité & le reſpect qui leur eſt dû, dix Brames ſavans dans les *Bedas* du *Shaſter*, & dans le *Shertee* du *Shaſter* (qui ſoient exercés d'ailleurs aux œuvres de piété ; qui ſoient compatiſſans & bons, d'une famille diſtinguée ; inſtruits des affaires, & qui connoiſſent les devoirs de chaque Caſte particuliere) ; afin qu'ils aient l'inſpection & la ſurintendance des affaires religieuſes & autres. S'il ne peut pas y placer dix Brames, il y en placera ſept ou cinq, ou trois, ou deux ; & lorſqu'il s'élevera des doutes en quelque occaſion que ce ſoit, il les propoſera à ces Brames, qui répondront ſuivant le *Shaſter* : le Magiſtrat agira d'après cette déciſion. Si les *Ryots* ont une conteſtation, ils demanderont un réglement aux Brames, & ils obéiront à tout ce que les Brames ordonneront ſuivant le *Shaſter*.

Les Brames d'un état accompliront le *Nut-kerm*, le *Neemtuk-kerm*, le *Santee-kerm*, & le *Pooshtee-kerm*, & autres œuvres néceſſaires & convenables ſuivant le *Shaſter*, pour l'utilité du Magiſtrat & des Sujets.

Le *Nut-kerm* eſt l'exercice journalier du culte qu'on doit rendre à Dieu, du *Jugg*, & des œuvres de piété pareilles.

Le *Neemtuk-kerm*, eſt l'accompliſſement de certains actes religieux, & du *Dan*, ou du *Seradèh* (ou fêtes des Morts), & d'autres œuvres pareilles, pendant les éclipſes du ſoleil & de la lune.

Le *Santee-kerm* eſt l'exercice du culte qu'on doit à Dieu, dans un tems de calamité, ou une année de ſéchereſſe, ou de famine, ou lorſqu'il ſurvient une peſte dans le royaume.

Le *Pooshtee-kerm* eſt l'exercice du culte dû à Dieu, & du *Jugg* ; pour notre conſervation perſonnelle & l'accroiſſement de nos richeſſes.

Le *Chehteree*, le *Bice* & le *Sooder* obéiront aux Brames ; &

quels que soient les ordres que donnent les Brames, suivant le *Shaster*, le Magistrat prendra des mesures en conséquence.

Le Magistrat veillera sur les quatre Castes avec toute la circonspection possible : il fera rentrer dans les devoirs de sa Caste, quiconque en aura oublié les principes ; si le délinquant ne se corrige pas, il le menacera de le punir.

Tout royaume où les Brames ne pourront pas se procurer la nourriture & le vêtement, tombera dans la désolation ; le Magistrat doit toujours pourvoir à leur habillement & à leur subsistance.

Tous ceux que le Magistrat emploiera comme serviteurs, obtiendront un salaire proportionné à leur travail, afin qu'ils ne soient pas réduits au besoin & à la misere.

Le Magistrat veillera à ce que les grands chemins soient libres, afin que les hommes & le bétail aient assez de place pour y passer ; il placera dans quelques endroits retirés ses magasins, les écuries de ses éléphans, ses arsenaux, ses étables, & les barraques de ses soldats.

Le Magistrat entretiendra plusieurs Médecins habiles, des Magiciens (ceux qui guérissent par des charmes), & des Chirurgiens ; & il aura des provisions de médicamens & d'huiles de toute espece ; il aura aussi à son service un grand nombre de bouffons ou de parasites, de farceurs, de danseurs & de lutteurs ; & il contentera tous ses serviteurs, Conseillers & autres gens de sa suite.

Si le Magistrat ne peut pas punir les voleurs & les assassins nocturnes ; s'il est hors d'état de saisir le voleur, & de lui faire rendre ce qui a été dérobé, il donnera à la personne volée la valeur de la chose qu'on lui aura prise.

Il ne s'appropriera, sous aucun prétexte, les choses qui ne lui appartiennent pas, fussent-elles très-peu importantes ; il traitera ses sujets comme ses propres enfans. S'il arrive un malheur au Magistrat, il n'en sera point épouvanté, ni même affligé ; il sera

DES GENTOUX.

tranquille & sans inquiétude, mais il s'abstiendra des divertissemens.

Le Magistrat ne montrera ni impatience, ni colere, en écoutant les plaintes de ses sujets; & s'il est maltraité par quelqu'un, contre lequel il viendra de prononcer, il ne sera point fâché, mais il pardonnera son erreur au coupable; il donnera aux Brames le salaire qui leur est dû pour l'accomplissement du *Jugg*, du *Poojeh*, & des autres cérémonies religieuses; & pour cela il n'exigera rien de qui que ce soit.

Le Magistrat prendra dans son royaume toutes les mesures que lui suggérera la prudence, pour qu'aucun homme ne commette d'adultere avec la femme d'un autre, & pour qu'on n'exerce point de violences : un Magistrat qui punit les coupables est digne d'éloges.

Le Magistrat percevra sur le peuple le tribut nécessaire, & il ne commettra jamais d'injustice : il écoutera dans toutes les affaires l'avis de ceux qui sont doués d'un jugement sain & qui sont instruits.

Si des brigands attaquent le royaume du Magistrat, & molestent le peuple, le Magistrat les punira; s'il ne le fait pas, il est indigne de la Magistrature. Un Magistrat qui perçoit sur ses sujets le tribut accoutumé sans les protéger & sans en prendre soin, ira en enfer.

Le Magistrat veillera sur lui-même, afin qu'on ne puisse jamais découvrir ses foiblesses, & il s'instruira des fautes des autres par ses *hircarràhs* & ses espions.

Si on a établi une fondation religieuse en faveur d'un Brame ou de quelqu'autre personne pour l'accomplissement du *Poojeh* & du *Dewtah*, le Magistrat n'y aura aucun droit : quiconque se rend coupable d'une pareille usurpation, restera, quel qu'il soit, mille ans en enfer.

Un royaume où les hommes d'un certain rang mangent dans les maisons des prostituées, connoissent des prostituées, ou s'accoutument à boire du vin, marche vers sa ruine : il est donc du devoir du Magistrat de chercher à prévenir ces abus.

Si un Magistrat, sans distinguer les bons des méchans, impose des amendes contre le texte du *Shaster*, la désolation s'emparera de son royaume.

Si un voleur ou un perturbateur du repos public, moleste le peuple, & que le Magistrat & ses Conseillers connoissent le coupable, sans le punir, ils doivent être jugés des personnes mortes pendant leur vie.

Lorsque le Magistrat voudra demander l'avis de ses Conseillers, il choisira un lieu retiré au haut d'une maison, ou au sommet d'une montagne, ou au milieu d'un désert, ou quelqu'autre endroit secret, & il y tiendra son conseil ; mais il ne le tiendra pas dans les lieux où il y aura des perroquets ou d'autres oiseaux babillards.

Le Magistrat ne prendra pas conseil d'un vieillard foible, ou d'une femme, ou d'une personne étrangere aux œuvres de piété : la magistrature ne sera pas de longue durée, lorsqu'outre les Conseillers du Magistrat, d'autres seront instruits de ses desseins.

TRADUCTION

TRADUCTION
D'UNE COMPILATION
DES RÉGLEMENS DES BRAMES.

CHAPITRE PREMIER.
Du Prét et de l'Emprunt.

IL est permis aux hommes de prêter de l'argent, mais ils ne doivent pas en prêter aux femmes, aux enfans & aux serviteurs; s'ils font un prêt, ce sera sur un gage, sur une caution, sur un billet, devant des témoins, & non autrement : le gage & la caution répondent du paiement de la dette; le billet & les témoins en prouvent l'existence.

  Section I. *De l'Intérét.*
  Section II. *Des Gages.*
  Section III. *Des Cautions.*
  Section IV. *De l'acquittement des Dettes.*
  Section V. *De la maniere de recouvrer ce qui est dû.*

SECTION PREMIERE.

De l'Intérêt.

SI on prête sur gage à un homme de la tribu des Brames, l'intérêt par mois sera d'un sur quatre-vingt du principal; si le principal est de quatre-vingt roupies, l'intérêt sera d'une roupie par mois.

Celui qui prête sur caution à un Brame, peut prendre un pour quatre-vingt du principal, & en outre un huitieme du quatre-vingtieme du principal, ce qui sur quatre-vingt roupies monte à deux annas : ces deux sommes ajoutées ensemble formeront l'intérêt de chaque mois ; de sorte que sur un emprunt de quatre-vingt roupies, tout l'intérêt sera d'une roupie deux annas par mois.

Si on prête à un Brame sans gage ou sans caution, l'intérêt sera de deux pour cent par mois.

Si on prête à un homme de la Caste des *Chehteree*, dans le cas où un Brame paie l'intérêt d'une roupie, le *Chehteree* le paiera d'une roupie & de deux annas ; si un Brame paie une roupie deux annas, le *Chehteree* paiera une roupie & quatre annas ; & lorsque le Brame donnera deux roupies, le *Chehteree* en donnera trois.

Si on prête à un homme de la Caste des *Bices*, on lui imposera un intérêt double de celui d'un Brame.

Si on prête à un homme de la Caste des *Sooders*, dans les cas où un Brame paiera une roupie d'intérêt, le *Sooder* en paiera deux & huit annas : au lieu de donner une roupie & deux annas comme le Brame, il donnera deux roupies & treize annas ; & au lieu de deux roupies il en paiera cinq.

La tribu des *Bices* peut exiger l'intérêt au taux qu'on vient de spécifier, dans les tems de calamité publique ou de prospérité publique.

Il est permis aussi au Brame, au *Chehteree* & au *Sooder*, d'exiger l'intérêt ci-dessus dans les tems de calamité.

Mais dans les tems de prospérité, c'est un crime au Brame, au *Chehteree*, & au *Sooder*, d'imposer un pareil intérêt.

EXPLICATION de six différentes sortes d'intérêt.

Le premier est appellé *kau-ee-kau*, lorsque l'intérêt de l'argent est stipulé, avec la convention qu'il sera payé annuellement.

Le second, *kau-lee-kau*, lorsque, suivant le taux de la convention, l'intérêt se paie chaque mois.

Le troisieme, *chickerberdehee*, quand le débiteur ne pouvant payer l'intérêt de la dette primitive, le principal & les arrérages de l'intérêt sont ajoutés ensemble, & que l'intérêt commence sur les deux sommes ainsi réunies.

Le quatrieme, *cortee-au*, quand, dans les tems de calamité, l'emprunteur s'engage volontairement à avancer le montant de l'intérêt.

Le cinquieme, *seekhauberdehee*, lorsque suivant la convention, l'intérêt se paie chaque jour.

Le sixieme, *bhook-làbheh*, lorsqu'un créancier fait un bénéfice sur ce qu'on lui donne en gage ; comme, par exemple, quand un homme met en gage auprès d'un autre, des animaux domestiques, tels que des vaches, des buffles, des chevres, des chevaux, des chameaux, des éléphans, &c. ou des arbres fruitiers, tels que des mangos, des cocotiers, des arbres de Betel, &c. ou des maisons & des terres labourées, ou des ornemens de femmes, ou des habits, ou des nattes, des tapis, &c. dès que le prêteur les emploie à son usage, l'usufruit lui tient lieu d'intérêt, si toutefois cela est convenu.

Dans les tems de calamité publique, l'une ou l'autre des quatre tribus des *Brames*, des *Chehteree*, des *Bices* & des *Sooders*, pourra recevoir l'intérêt d'un sur quatre-vingt, par l'une ou l'autre des trois manieres de *kau-ee-kau*, *kau-lee-kau*, & *chickerberdehee*.

Dans les tems de prospérité ou de calamité, c'est un crime pour les quatre Castes, excepté pour celle des *Bices*, d'exiger un intérêt par l'une ou l'autre des trois méthodes de *cortee-au*, *seekhauberdehee*, ou *bhook-làbheh*.

Il est permis à la Caste des *Bices*, de recevoir un intérêt dans les tems de calamité, par l'une des trois méthodes dont on vient de parler; mais dans un tems prospere cela est criminel.

Si un prêteur n'a point reçu l'intérêt de son argent pendant cinquante mois, & si même il s'écoule un tems encore plus long, les arrérages de l'intérêt ne s'éleveront pas à plus du double du principal; mais il pourra percevoir l'intérêt de ce principal ainsi doublé, des quatre manieres de *cortee-au*, *kau-ee-kau*, *kau-lee-kau*, & *chickerberdehee*.

Quoique l'intérêt, suivant la cinquieme & la sixieme maniere, ait été payé pendant un tems très-considérable, le débiteur n'obtiendra point de diminution de cet intérêt, à moins qu'il n'acquitte le principal.

Aucune des trois tribus des *Brames*, des *Chehteree*, ou des *Sooders*, ne recevra un intérêt des six manieres dans les tems de prospérité; la seule Caste des *Bices* en a le droit.

Il y a une Caste, nommée *Burrun-sunker*, composée de ceux qui sont nés d'un pere & d'une mere de deux Castes différentes: si un homme de cette Caste emprunte de l'argent, il paiera un sur seize du principal; suivant ce taux l'intérêt d'une roupie est d'un anna.

Si un créancier emploie la violence pour faire promettre un accroissement d'intérêt à son débiteur, la convention ne sera pas valide.

Si un homme emprunte de l'argent sans donner de gage, le fils de son petit-fils ne paiera pas la dette.

Si un homme emprunte de l'argent sur un gage qu'il dépose, le fils de son petit-fils doit payer la dette.

Si un homme emprunte de l'argent sans stipuler l'intérêt; & si lorsque le créancier demandera à être payé, le débiteur fait un voyage sans une raison suffisante, ou s'il se cache secretement dans sa maison, & qu'il trouve frauduleusement des moyens de différer & de refuser le paiement, après trois mois expirés, l'intérêt de la dette courra depuis le commencement du quatrieme mois; mais si le débiteur fait un voyage, & que réellement il y soit obligé, il ne paiera l'intérêt qu'après l'expiration d'une année.

Si un homme emprunte des joyaux, des perles, du corail, de l'argent, de l'or, du coton, ou des vêtemens de soie, ou du poil de chevres, & qu'il paffe un tems confidérable fans les rendre, l'intérêt ne montera jamais à plus du double du principal.

Si un homme, après avoir acheté des marchandifes à crédit, va frauduleufement faire un voyage fans les payer, ou qu'il fe cache dans fa maifon, & que par des excufes & des délais, il continue à retenir le prix des chofes ainfi achetées, au-delà de fix mois, l'intérêt courra dès le commencement du feptieme. Si des affaires le forcent à entreprendre un voyage, il paiera l'intérêt quand une année fera révolue.

Si un homme ayant commis une chofe à la charge d'un autre, la redemande, & que celui-ci prétexte frauduleufement un voyage, quitte fa maifon, &, fous de mauvaifes excufes, retienne le dépôt, fix mois après qu'on l'aura redemandé, l'intérêt courra dès le commencement du feptieme.

Suppofé qu'un homme emprunte une certaine quantité de grains, avec cette convention, qu'au tems de la récolte il les rendra : fi au tems du paiement le grain eft à un peu meilleur marché que lorfqu'il l'a emprunté, l'emprunteur rendra une quantité double ; s'il a beaucoup diminué de prix, il en rendra trois fois autant ; s'il eft confidérablement diminué, il en rendra quatre fois autant ; & cinq fois autant, fi fa valeur eft exceffivement réduite ; mais jamais l'accroiffement n'excedera ce dernier terme. Si au contraire le prix eft augmenté au tems du paiement, le Brame paiera, pour l'intérêt, deux pour cent ; le *Chehteree* trois, le *Bice* le double du Brame, & le *Sooder* cinq pour cent.

Si un homme emprunte de l'huile de cocos, ou des liqueurs fpiritueufes, ou du *ghee*, & qu'il ne les rende pas en cinquante mois, il rendra huit fois la quantité qu'il aura reçue.

DES GENTOUX.

Si un homme emprunte du lait, des étoffes de laine, des tapisseries, & des tapis, de quelque poil qu'ils soient, excepté de celui de mouton, & qu'il ne les rende pas en cinquante mois, il paiera cinq fois la quantité qu'il aura reçue.

Si un homme emprunte des étoffes (excepté celles de soie), du fer, du cuivre, du talc, de l'airain, du cuivre blanc, du fer blanc, de l'étain & autres métaux (excepté l'or & l'argent), & qu'il ne les rende pas en cinquante mois, il en rendra trois fois autant qu'il en aura reçu.

Si un homme emprunte des grains, de quelque espece qu'ils soient, excepté du riz, tels que du froment, de l'orge, des lentilles, & autres productions pareilles de l'agriculture, & qu'il ne les rende pas en cinquante mois, il en rendra quatre fois autant.

Si un homme emprunte des légumes, tels que des choux, des laitues, &c., & qu'il ne les rende pas en cinquante mois, il en rendra cinq fois autant.

Si un homme emprunte des cannes à sucre, & qu'il ne les rende pas en cinquante mois, il en rendra six fois autant.

Si un homme emprunte le suc de la canne de sucre, les meilleures especes de fleur ou de fruit, du gingembre, des navets, des patates ou des ignames, &c., ou d'autres, dont on emploie communément la racine; quelle que soit la quantité qu'il aura empruntée, il en rendra trois fois autant.

Si on emprunte de l'herbe seche, du bois à brûler, des briques ou des feuilles, ou des ouvrages de cuir ou d'os, ou des cimeterres, des piques, des dagues, des mousquets (*a*), ou autres

---

(*a*) Il y a dans l'Anglois *Musquets*.

inftrumens de guerre, ou des fleurs feches, ou de mauvais fruits, & qu'on ne les rende pas en cinquante mois, on n'en paiera point d'intérêt, à moins qu'originairement on n'en ait ftipulé un.

Si un homme vend une chofe fans être payé fur le champ, & que lors de la demande de fon argent, l'acheteur emploie des délais frivoles en reftant dans fa maifon, ou en allant faire un voyage fans une raifon fuffifante, l'intérêt de la dette courra dès le commencement du quatrieme mois.

Si un ferviteur a été long-tems fans recevoir fes gages, il ne pourra pas en demander l'intérêt, à moins que cela n'ait été originairement ftipulé ainfi.

Si un homme a promis de payer à un autre un droit, & qu'il s'écoule un long tems fans l'acquitter, il ne paiera point l'intérêt, à moins que ce ne foit une partie de la convention.

Si un homme a offert amicalement quelque chofe à un autre, & que celui-ci n'emporte pas le préfent dans fa maifon, au tems qu'on le lui donne, le donateur ne paiera point d'intérêt fur ce don, à moins qu'il n'y ait pour cela une convention particuliere.

Si un homme a donné une chofe à un autre par maniere de récompenfe, & que cette chofe, après avoir été acceptée par la perfonne à qui elle eft offerte, refte à la maifon du donateur, celui-ci en paiera l'intérêt, s'il ne la donne pas quand on la demandera.

Si un homme a, fans violence, employé à fon ufage la propriété particuliere de fa femme, lorfqu'il la rendra, il joindra un intérêt au principal; & s'il a pris de force une chofe appartenant à fa femme, & qu'il ne paie, ni le principal, ni l'intérêt, le Magiftrat
l'obligera

l'obligera à payer l'intérêt & le principal ; & en outre, il le condamnera à une amende.

Si un homme a dépensé, sans violence, une partie de la propriété de sa femme, & qu'il meure sans la rendre, son fils paiera le principal de cette somme, mais non pas l'intérêt.

Si un homme offre d'acquitter une dette, dont le créancier ne veut pas accepter le paiement, il ne paiera point l'intérêt de la dette après cette offre, à moins que le contraire n'ait été stipulé.

Si un homme qui a promis de débourser une certaine somme pour les dépenses d'un mariage, des noces, passe un tems considérable sans l'acquitter, il ne paiera point l'intérêt de cette somme, à moins qu'il n'y ait sur cela une convention antérieure.

Si un homme a déposé quelque chose en gage, & que le créancier possédant ce gage, l'emploie à son usage, ou qu'il le détériore, ou qu'on le lui vole, il n'en paiera point l'intérêt, à moins que cela ne soit convenu.

Si un homme dépose un gage chez un autre, & qu'il n'y ait point de convention qui permette au créancier d'en faire usage, dans ce cas, si le dépositaire (*a*) approprie à son usage les choses ainsi engagées, il paiera la moitié de l'intérêt suivant les taux qu'on a déja spécifiés.

Si un gage déposé dans les mains d'un créancier, se gâte, se perd, ou se brise par un accident imprévu, le créancier recouvrera le principal & l'intérêt de sa dette, sans que le débiteur puisse réclamer la valeur de son gage.

(*a*) On traduit ici très-littéralement : ce paragraphe ne paroît pas trop d'accord avec le précédent.

Un homme peut prêter de l'argent à un autre homme de la même tribu, à ses parens ou à ses amis particuliers, sur un gage seulement; mais il doit exiger de tous les autres un billet & une caution.

Si un homme prête de l'or à un autre, il nommera à son gré un jour fixe de paiement; mais il est le maître d'omettre ou de fixer ce jour.

Si un homme emprunte du riz, du froment, de l'orge, du *gràm*, du petit *gràm*, des lentilles ou du *doll*, ou de la graine de moutarde, ou du sel, ou du miel, du sucre, ou du sucre candi, ou du poivre rond, ou du *peepul*, du gingembre sec, du *kureelah*, ou de l'*inderjo*, ou des prunes aigres, ou des limons de l'espece des acides, ou des *hurreh*, ou des *beheerreh*, ou des *oulàh*, de l'espece des *affus*; il doit fixer un jour de paiement.

Si plusieurs hommes sont créanciers du même débiteur, on réunira leurs différentes créances, & ils recevront leur part respective de chaque paiement. Si un créancier refuse d'accéder à cette convention, il perdra sa part de l'intérêt.

Si un homme a vendu du riz ou du bled, de la graine de moutarde, de la graine de coton, ou de *Kureelah*, ou de citrouilles, ou de melons d'eau, ou de concombres, pour les semer, & que ces différens fruits ne poussent pas, le vendeur de la graine sera obligé de payer la récolte.

SECTION II.

DES GAGES.

Si un homme emploie à son usage les choses qu'on a déposées en gage chez lui, & qu'il les gâte, il en paiera la valeur à celui qui les a déposées, ou il lui en rendra d'autres de la même espece.

Si un homme qui a déposé un gage chez un autre pour dette, offre de payer sa dette, & redemande son gage, & que le créancier le retienne frauduleusement, le Magistrat exigera une amende du créancier; il fera rendre le gage au légitime propriétaire, & il annullera la dette.

Si un homme engage auprès d'un autre une quantité de terre suffisante à la nourriture d'un homme pendant un an, & qu'ensuite il engage la même terre à une seconde personne, il sera puni de mort; & si on lui fait grace de la vie, il sera condamné à cent *ashrufées*; & si le coupable est un Brame (cette tribu exempte de peines capitales), il paiera une amende de cent *ashrufées*.

Si un homme engage une quantité de terre moindre que celle qui est nécessaire pour la subsistance d'un homme pendant une année, & qu'ensuite il engage la même terre à un second, le Magistrat le condamnera à seize *ashrufées*.

Si un homme a déposé un gage chez un autre, & qu'il l'y laisse un tems considérable sans le racheter, le créancier n'emploiera pas le dépôt à son usage, il ne le vendra point, il ne le gâtera point, il ne l'engagera point, comme s'il étoit à lui; s'il contrevient à ces regles, il sera obligé de représenter le gage.

Si un homme ayant engagé une chofe auprès d'un autre, vient à bout par fraude de la mettre en gage chez un fecond, le premier engagement fera réputé valide, & non pas le fecond : cependant le fecond créancier recevra le principal & l'intérêt de fon argent ; & le coupable fera puni comme un voleur.

Si un homme engage la même chofe à deux perfonnes, & qu'on ne connoiffe pas laquelle des deux tranfactions eft la premiere en date, l'engagement eft réputé valide par rapport à celui des deux créanciers qui fe faifit du gage fans réclamation de l'autre engagifte ; s'il s'éleve une difpute, les deux créanciers fe partageront le dépôt.

Si une tranfaction fe paffe entre deux perfonnes devant des témoins feulement, & qu'un troifieme produife un acte par écrit de la même tranfaction, attefté auffi par des témoins, l'écrit ainfi attefté fera réputé valide.

Si un homme engage une chofe auprès d'un autre fans une convention par écrit, & qu'enfuite il dépofe le même gage chez une feconde perfonne, en ajoutant, fuivant les loix, un acte par écrit pour attefter la validité de ce fecond engagement, le fecond engagement fera bon, & l'emprunteur rendra l'argent que lui aura prêté le premier créancier.

Si un homme engage auprès d'un autre une certaine quantité de terrein, & que l'engagifte emploie de force à fon ufage plus de terrein que n'en énonce la convention, le Magiftrat, fans faire acquitter la dette, rendra le terrein engagé au légitime propriétaire, & jugera l'engagifte criminel.

SECTION III.

DE LA CAUTION.

Il y a quatre especes de cautions.

1°. Lorsqu'un homme voulant emprunter de l'argent, essuie un refus de celui à qui il s'adresse, parce qu'on ne le croit pas en état de payer ; si sur ces entrefaites un troisieme conseille de prêter l'argent, & promet que si le débiteur se cache le jour du paiement, il le fera retrouver, celui qui par cette promesse engage à prêter l'argent, se constitue lui-même caution ; & s'il ne produit pas l'emprunteur pour l'acquit du paiement, il doit payer le principal & l'intérêt de la dette : s'il meurt, cette obligation ne passe point à son fils.

2°. Quand un homme à qui on demande de l'argent à emprunter, doute du caractere de l'emprunteur, & qu'il s'en informe auprès d'un tiers ; si ce tiers répond du caractere de celui qui demande l'argent, & qu'affirmant qu'à sa connoissance, on peut se fier à lui, il excite ainsi à prêter de l'argent, il faut le regarder comme une caution. Quiconque en attribuant un caractere d'honnêteté à un homme méchant, le met en état d'emprunter de l'argent, & certifie sa probité, répond du principal & de l'intérêt de la dette ; mais s'il meurt, son fils ne répond pas de l'argent.

3°. Lorsqu'un homme voulant emprunter de l'argent, essuie un refus, parce que celui à qui il en demande n'a pas bonne opinion de ses facultés, si un tiers dit : Prêtez-lui ce qu'il desire, & j'en réponds pour lui ; c'est aussi une espece de caution ;

& si l'emprunteur refuse de payer, la caution doit acquitter le principal & l'intérêt de la dette : s'il meurt, son fils acquittera le principal.

4°. Quand un homme voulant emprunter quelque chose pour un tems, promet de la rendre dès que l'affaire pour laquelle il en a besoin sera finie, si un tiers conseille de prêter, & promet de faire rendre ce qu'on demande, c'est aussi une espece de caution ; & si l'emprunteur ne rend pas ce qu'on lui a prêté, la caution en répondra, ainsi que de l'intérêt de la valeur : s'il meurt, son fils répondra du principal.

Si un malheur ou l'obligation d'assister à une Cour de Justice empêchent un débiteur de paroître le jour convenu pour acquitter sa dette, cette absence ne sera pas reputée faute pour l'homme qui est devenu sa caution : mais dès que le débiteur n'aura plus de cause raisonnable de délai, la caution doit le reproduire, & s'il y manque, il est responsable de tout.

Si un homme meurt après avoir déposé un gage, & être devenu caution personnelle pour un autre, son fils acquittera le principal de la dette.

Si un homme qui est caution pour un autre meurt, son petit-fils & son arriere petit-fils ne répondent de rien.

Si plusieurs hommes se font caution d'un débiteur qui manque d'acquitter ses dettes, les différentes cautions doivent payer par égales parts.

Lors du prêt, le prêteur disant aux cautions : « Vous êtes en-
» gagés plusieurs, mais je compte que le premier d'entre vous
» que je trouverai au tems de l'échéance, acquittera la dette »,
si les cautions consentent à cet arrangement, & que l'emprunteur

manqué de remplir ses engagemens, le créancier se fera payer, de la premiere des cautions qu'il rencontrera, suivant la convention.

Si un débiteur est absent, & que la caution desire de le reproduire, le créancier donnera à la caution un tems raisonnable pour son départ & son retour, & il lui permettra d'aller à la recherche du débiteur.

Si un homme est absolument destitué de moyens pour payer la somme pour laquelle il s'est établi caution, & que le créancier intente une action contre lui dans une Cour de Justice, le Magistrat, sans être trop dur ou trop sévère à l'égard de la caution, lui donnera du tems pour payer la dette par parties, suivant ses moyens, & il ne permettra point au créancier qui voudra exiger ce qui lui est dû, de traiter la caution avec une rigueur déraisonnable.

Si un créancier, de son propre mouvement, traite durement la caution, & que par des moyens violens il en extorque de l'argent, un mois & demi après, le Juge fera restituer à la caution le double de la somme ainsi extorquée ; & si ces exactions arrivent dans l'intervalle d'un mois & demi, quelle que soit la somme que le créancier ait reçue, le Juge la fera restituer à la caution.

(*Suivant Chendeesur.*)

Si une caution incapable de satisfaire aux demandes ameres & importunes d'un créancier, lui offre quelque chose par maniere de corruption, afin de le contenter pour un moment, & qu'ensuite il se plaigne à une Cour de Justice, si cette plainte se fait un mois & demi après, le Juge obligera le créancier à rendre au plaignant le double de ce qu'il aura ainsi reçu : si la plainte se fait dans l'intervalle d'un mois & demi, le Juge obligera le créancier à payer une somme égale à celle qu'il aura ainsi reçue.

(*Suivant Gerheisur.*)

Un homme incapable de payer ses dettes & les frais d'une Cour de Justice, ne sera pas reçu caution.

Un homme n'acceptera pour caution ni une personne qui lui est entierement inconnue, ni son maître, ni un ennemi, ni un prisonnier, ni un vieillard, ni celui avec lequel il vit en communauté dans la même famille, ni un ami, ni un pupille.

SECTION IV.

DE L'ACQUITTEMENT DES DETTES.

Si un homme paie les dettes de son grand-pere, on ne pourra pas exiger de lui l'intérêt de ces dettes.

Si un homme prête de l'argent en stipulant expressément qu'on le rendra un certain jour, & que l'emprunteur consente à cette condition, l'argent doit être payé au tems ainsi fixé.

Si un homme prête de l'argent en stipulant qu'on le paiera dès qu'il voudra le redemander, l'emprunteur qui consent à cette condition devra payer, lorsqu'il en sera requis.

Si un homme meurt endetté, ses fils fourniront chacun leur part pour acquitter ses dettes.

Si un homme meurt endetté, ses petits-fils contribueront respectivement à payer.

Si

Si un homme meurt endetté, ſes arriere-petits-fils ne paieront pas ſes dettes.

Si un homme renonce au monde, & ſe fait fakir, ſes fils & ſes petits-fils acquitteront ſes dettes.

Les dettes d'un biſaïeul n'obligent pas un arriere-petit-fils; mais celui qui n'eſt arriere-petit-fils que par adoption, les payera.

Si un homme endetté quitte ſon pays, ſon fils paiera ſes dettes, après que le pere aura été abſent 20 ans. Un petit-fils acquittera auſſi les dettes de ſon grand-pere, après 20 ans d'abſence : dans l'intervalle des 20 ans, le fils & le petit-fils ſeront les maîtres d'acquitter les dettes du pere & du grand-pere, s'ils le jugent à propos ; mais le créancier avant cette époque ne pourra pas les y contraindre.

Si un homme meurt après avoir dépoſé, pour gages d'un argent emprunté, des arbres fruitiers, des terres labourées, des maiſons, des vaches, des buffles, des chevres, des chevaux, des éléphans & autres animaux utiles, ou des vaſes, des habits, des nattes & autres choſes utiles, ſon arriere-petit-fils acquittera cette dette.

Si un homme endetté eſt abſent de chez lui, & qu'on ne s'attende pas à le voir jamais revenir, ſon fils & ſon petit-fils paieront ſes dettes dans l'intervalle de 20 ans.

Si un homme endetté eſt malade, ſans eſpérance de guérir, le fils, dans ce cas, paiera les dettes du pere.

Si un homme eſt aveugle dès le berceau, ou imbécille, ou accablé par les infirmités de la vieilleſſe, ou affligé d'un crachement de ſang, de phlegmes, ou d'une lepre, & qu'il vive dans la famille de ſon fils, ce fils acquittera ſes dettes ; mais s'il vit ſéparé de son fils, & qu'il contracte des dettes, il les acquittera lui-même : alors le fils n'a pour cela aucun rapport avec lui.

Si un homme prête de l'argent sur la caution de deux personnes, avec convention que la premiere des deux qu'il pourra trouver à l'échéance du paiement répondra de la dette ; si une des cautions meurt ensuite, & ne laisse point d'enfans, & que l'autre soit absente, le fils de cette derniere paiera : si les deux cautions meurent, & que l'une ou l'autre laissent des enfans, les fils paieront les dettes du pere.

Avant la dissolution d'une communauté, si l'un des membres ayant des dettes quitte son pays ou meurt, celui de ses co-associés que le créancier trouvera sur les lieux, paiera la dette.

Si un serviteur, en l'absence du maître d'une famille qui voyage en pays étranger, ou qui n'est pas sorti de son propre pays, emprunte de l'argent pour satisfaire aux premiers besoins de la famille & des dépendances de son maître, le maître à son retour est responsable de la dette.

Si un homme meurt endetté, & que son fils & son petit-fils, à sa mort, soient très-jeunes & incapables d'administrer leurs propres affaires, ils ne paieront pas ses dettes, avant d'arriver à l'âge de raison, mais alors ils les acquitteront suivant leurs facultés.

Un pere ne sera pas contraint à payer les dettes de son fils; mais cela lui est permis, s'il y est porté par un mouvement d'attachement paternel. Si un pere s'offre pour caution à un homme qui a refusé de prêter de l'argent à son fils, dans ce cas le pere est obligé de payer ce qu'emprunte le fils.

Si un homme a desiré de faire un présent à un autre sans aucune raison suffisante, & qu'à sa mort, il n'ait pas accompli son intention, son fils ne la remplira pas.

Si un homme, ayant pour cela des raisons convenables, desire de faire un présent à un autre, & meurt sur ces entrefaites, le fils remplira les intentions de son pere.

Si un homme meurt après avoir contracté des dettes au jeu, ou en buvant des liqueurs spiritueuses, son fils ne les acquittera point (cette loi est faite pour ceux à qui le jeu & l'usage des liqueurs spiritueuses ne sont pas réputés une offense morale).

Si un homme qui doit une amende à une Cour de Justice, meurt sans l'avoir payée en entier, son fils ne payera pas ce reste; si aucune partie de l'amende n'a été payée pendant la vie du pere, le fils n'en est point du tout responsable.

Si un homme, dominé par la concupiscence, a promis un présent, & meurt sans tenir sa promesse, le fils ne la remplira point.

Si un homme par inimitié ayant promis d'abandonner une chose, & meurt sans remplir sa promesse, le fils n'est pas obligé de la remplir.

Si une femme dans les tems de calamité, ou pour le soutien de son ménage, de ses parens & de ses serviteurs, emprunte de l'argent, son mari & son fils doivent acquitter la dette; mais si elle contracte des dettes pour quelqu'autre raison, le mari & le fils ne les paieront point.

Si la femme d'un homme de la Caste des Pottiers, ou des Blanchisseurs, ou des Gardeurs de troupeaux, ou des Danseurs, ou des Chasseurs, contracte une dette, son mari & ses fils en font responsables : si un homme ou son fils de l'une ou l'autre de ces Castes contracte des dettes, la femme doit aussi les payer.

Si une femme emprunte de l'argent, du consentement de son mari & de son fils, le mari & le fils doivent le payer.

Si un homme, à l'article de la mort, prie sa femme d'acquitter ses dettes ; si elle hérite de la propriété & des biens de son mari, elle en paiera les dettes.

Si un homme meurt endetté, son héritier acquittera ses dettes, mais sans en payer l'intérêt.

Si un homme meurt sans enfans, celui de ses parens qui deviendra son héritier, paiera ses dettes : s'il n'a point de parens, les Brames du village où il résidoit, administreront ses biens, & paieront ses dettes : si aucun Brame n'habite ce canton, le Magistrat paiera les dettes du montant des effets du Brame défunt, & il jettera le surplus dans la riviere ou dans la mer.

Si un *Chehteree* meurt sans enfans, & sans laisser de parens ou d'alliés, le Magistrat prendra l'administration de ses effets, il paiera de leur valeur les dettes du défunt, & il gardera le surplus.

SECTION V.

DES MANIERES DE RECOUVRER DES DETTES.

Si un créancier au jour nommé pour le paiement demande de l'argent au débiteur, qui refuse d'acquitter la dette, il parlera d'abord aux parens & aux alliés du débiteur, & il les engagera à solliciter son paiement : ensuite il ira en personne demander son argent avec importunité, & il restera quelque tems dans la maison du débiteur, mais sans manger, ni boire : si ces expédiens ne réussissent pas, il emmenera le débiteur dans sa propre maison, & après l'avoir fait asseoir devant des hommes d'une probité & d'une réputation reconnues, il l'y renfermera ; si ce moyen n'a pas de succès, il tâchera, par des prétextes feints, de recouvrer quelques-uns de ses effets ; ou si le débiteur, en recevant l'argent, a déposé des marchandises en gage, le créancier portera les marchandises au Magistrat, qui fera rendre le dépôt, & payer ce qui est dû au créancier, avec l'intérêt ; s'il ne peut pas venir à bout par adresse de prendre les effets du débiteur, & s'il n'a point de gage en sa possession, il saisira & tiendra en sequestre la femme du débiteur, ses enfans, son bétail, ses buffles, ses chevaux & autres animaux utiles ; ainsi que ses vases, vêtemens, nattes & meubles, & s'asseyant ensuite à la porte du débiteur, il y recevra son argent, quand on le lui offrira : si ces expédiens ne réussissent pas non plus, il saisira & liera la personne du débiteur, & il se procurera de force le paiement de ce qui lui est dû.

Si les hommes des dernieres Castes, des *Coolies* & des Artisans doivent de l'argent, ils seront saisis, détenus, & contraints par force de payer.

Si un homme prête de l'argent à un Magistrat, à son propre maître, ou à un Brame, il ne sera ni grossier, ni malhonnête, lorsqu'il en exigera le paiement.

Si quelqu'un a prêté de l'argent à une personne de la même famille, ou à un homme de mauvais principes, il s'emparera par adresse des effets du débiteur, & de cette maniere il recouvrera ce qui lui est dû.

Si un homme de la Caste d'*Arzal* est incapable de payer ses dettes, il fera obligé de travailler journellement jufqu'à ce qu'il les ait acquittées.

Si un Brame eft hors d'état de payer fes dettes, le Magiftrat les lui fera acquitter peu-à-peu & fuivant fes facultés.

Si le débiteur & le créancier font tous les deux de la Cafte des Brames, le créancier ne pourra pas obliger le débiteur à acquitter fa dette par un travail journalier.

Si un homme de la Cafte des *Chehteree*, des *Sooder* ou des *Bice* eft trop pauvre pour payer fes dettes, le créancier pourra l'obliger à travailler dans les affaires ou les métiers qu'il connoîtra. La Cafte plus élevée peut faire payer ainfi ceux qui font d'un rang inférieur, & les Caftes d'un rang égal peuvent ainfi fe traiter mutuellement l'une & l'autre ; mais une Cafte inférieure ne peut pas forcer ceux d'une Cafte fupérieure à acquitter leurs dettes par le travail : cependant le créancier d'une de ces Caftes inférieures fera payé par parties, lorfque le débiteur fera incapable d'acquitter la dette tout-à-la-fois.

Si un créancier, fans une demande antérieure, faifit fon débiteur par force, & l'oblige à travailler à quelque chofe qu'il ne connoît pas, le Magiftrat condamnera le créancier à l'amende, & renverra le débiteur fans l'obliger à payer.

Si un homme qui depuis long-tems a dépofé un gage dans les mains d'un autre, fe cache ou meurt, le créancier en préfence des amis du débiteur produira le gage, & en déterminera la valeur ; enfuite il le gardera dix jours ; fi le plus proche héritier du débiteur ne fe préfente pas, durant cet intervalle, le créancier vendra l'effet ainfi engagé : il prendra fur la valeur fon argent avec l'intérêt ; s'il y a du refte, il ne doit pas le garder.

Si un homme se reconnoissant le débiteur d'un autre, refuse de le payer, le créancier emploiera les moyens énoncés ci-dessus pour recouvrer son argent, sans que le Magistrat puisse l'en empêcher : si le débiteur porte une plainte, le Juge le condamnera à une amende, & lui fera payer ce qui est dû au créancier.

Si un homme devant de l'argent à un autre, nie positivement la dette, lorsqu'on lui en demande le paiement, le créancier ne pourra pas le saisir, il le traduira devant un Magistrat ; & là, après avoir prouvé la dette d'une maniere incontestable, il fera confirmer son droit : si le créancier saisit & emprisonne son débiteur sans la connoissance du Juge, il fera condamné à l'amende.

Si un homme ayant prêté quelques *ashoufies*, l'emprunteur reconnoît avoir reçu quelques roupies en somme moindre que celle que réclame le créancier ; si le prêteur demande l'intérêt de ce qu'il a prêté, & que l'emprunteur affirme en avoir déja payé l'intérêt ; ou si le créancier affirme avoir prêté l'argent sur la simple bonne foi, & que le débiteur dise qu'il a déposé un gage pour le prêt, dans une dispute de cette espece, le créancier n'arrêtera point la personne du débiteur sans l'aveu du Magistrat : s'il manque à cette loi, il sera condamné à l'amende.

Si un homme très-riche, d'un entendement foible, & d'une Caste très-basse, par fraude ou par opiniâtreté, refuse d'acquitter ses dettes, le Magistrat l'obligera à payer l'argent réclamé par le créancier, & il le condamnera au double de la somme.

Si un homme doit de l'argent à plusieurs créanciers, il acquittera d'abord la dette contractée la premiere, & ainsi de suite chacun dans leur ordre d'ancienneté.

Si un homme très-riche, d'une excellente éducation & d'une

Caſte ſupérieure, par fraude ou par opiniâtreté refuſe d'acquitter ſes dettes, & que le créancier commence une action contre lui, le Magiſtrat fera payer la ſomme en litige, & il condamnera en outre le débiteur à un tiers du principal.

Si un homme a emprunté de l'argent de pluſieurs perſonnes en un jour, & que l'ordre des emprunts ne puiſſe pas être préciſément déterminé, les créanciers feront tous payés par égales parts.

Si un créancier ſe procure le paiement de ce qui lui eſt dû en s'adreſſant au Magiſtrat, il lui donnera un vingtieme de la ſomme recouvrée par ſon intervention.

Quand un débiteur acquitte ſa dette par parties, il notera avec ſoin ſur le dos des billets les différentes ſommes ainſi payées : le créancier en donnera auſſi un reçu ſéparé à chaque paiement : ſi le débiteur omet cette précaution, & que le créancier ne donne pas un reçu pour quelques-uns des paiemens particuliers, les ſommes ainſi omiſes n'entreront pas dans la liquidation du compte.

CHAPITRE

CHAPITRE II.

DE LA DIVISION DES PROPRIÉTÉS DONT ON PEUT HÉRITER.

QUAND un pere, un grand-pere (*a*), un arriere-grand-pere & d'autres parens en ligne directe meurent, perdent leur Caste, ou renoncent au monde, ou desirent de renoncer à leur propriété ; leurs fils, petit-fils, arriere-petit-fils & autres héritiers naturels peuvent partager, & s'approprier la terre de glebe, les vergers, les joyaux, le corail, les habits, meubles, bétail, oiseaux, & tous les biens réels & personnels : ce qu'on peut ainsi léguer ou transférer par héritage, s'appelle *Dàie*.

SECT. I. *De la maniere d'hériter d'un pere, d'un grand-pere, d'un arriere-grand-pere, &c.*

SECT. II. *De la division des propriétés des* Berhemcharry, *des* Sinassee, *& des* Ban-Perust.

SECT. III. *De la propriété d'une femme.*

SECT. IV. *De la maniere d'hériter de la propriété d'une femme.*

SECT. V. *Des personnes incapables d'hériter.*

SECT. VI. *De la propriété susceptible de division.*

(*a*) Un grand pere dans cette traduction, signifie toujours le pere du pere ; un petit-fils, signifie le fils du fils, & tous les termes d'affinité qu'on emploie sans aucune restriction, doivent s'appliquer à la ligne mâle. Lorsque la ligne femelle intervient, on l'énonce d'une maniere particuliere.

Sect. VII. *De la division d'une propriété gagnée par l'exercice d'une science ou d'un art.*

Sect. VIII. *De la division de la propriété gagnée par des enfans.*

Sect. IX. *Des possessions indivisibles.*

Sect. X. *De la maniere dont un pere doit partager entre ses enfans la propriété qu'il a gagnée.*

Sect. XI. *De la maniere dont un pere doit partager entre ses enfans la propriété que lui ont transmise son pere & son grand-pere.*

Sect. XII. *Des enfans partageant la propriété qu'a laissée leur pere.*

Sect. XII. *De la division des biens réunis des personnes qui consentent à vivre ensemble, après la séparation & la dispersion primitive des membres de la famille.*

Sec. XIV. *D'un membre de communauté* (a) *qui reçoit sa part des biens en communauté, après qu'un long espace de tems s'est écoulé: de la maniere d'hériter des fils qu'a eus de deux maris une femme de la Caste des* Sooder *; & des fils adoptifs.*

Sect. XV. *De la division des effets cachés ; de la maniere de rétablir les partages inégaux ; de la maniere de terminer les disputes qui surviennent pour les partages entre les membres d'une communauté.*

Sect. XVI. *De la maniere d'acquérir par usufruit le droit de possession sur la propriété d'un autre.*

(*a*) Il y a deux sortes de communauté dans l'Orient ; la premiere se nomme *sherakut-i-braderee* ; la seconde *sherakut-i-tejarutee* ; la premiere est une communauté de parentage, lorsque tous les freres ou membres d'une même famille vivent ensemble, ont des biens réunis, & sont cohéritiers dans tout l'héritage transmis par la famille : c'est la communauté dont on parle toujours dans ce Chapitre ; il n'est pas besoin de traiter de la seconde, qui est la société de commerce.

SECTION PREMIERE.

DE L'HÉRITAGE QUE LAISSENT UN PERE, UN GRAND-PERE ET UN ARRIERE-GRAND-PERE.

Si un homme meurt ou renonce au monde, ou qu'il soit chassé de sa Caste, de la société de ses parens & de ses alliés pour quelque délit, ou qu'il veuille leguer sa propriété, tous ses biens, soit en terres, argent, effets, bétail ou oiseaux, passent à son fils : s'il y a plusieurs fils, ils partageront par égales parts.

Si le fils est mort, ces biens passent aux petits-fils : s'il n'y a qu'un petit-fils, il héritera de tout ; s'il y en a plusieurs, ils partageront par égales parts.

S'il n'y a point de petit-fils, ces biens passent à l'arriere-petit-fils : s'il n'y en a qu'un, il héritera de tout ; & s'il y en a plusieurs, ils partageront par égales parts.

Si l'homme dont on a parlé plus haut a eu deux, trois, &c. fils, & que l'un d'eux meure en laissant des fils, ces fils recevront de leurs oncles la part du pere : si les oncles sont morts, ils la recevront des fils de ces oncles.

Un homme dont le pere & le grand-pere sont morts, recevra la part de son grand-pere des mains des freres de son grand-pere, dans la même proportion qu'eux : s'il n'y a aucun frere vivant de son grand-pere, il recevra sa part des enfans de ce frere.

Si un homme n'a ni fils, ni petit-fils, ni arriere-petit-fils, toute sa propriété passera à son fils adoptif : s'il n'y a point de fils adoptif, elle passe au fils du fils adoptif ; & s'il n'y a point de fils du fils adoptif, elle passe au petit-fils du fils adoptif : si, lorsqu'il n'y a pas de petit-fils du fils adoptif, la propriété a déja été partagée entre les héritiers, elle passe à la femme : si elle n'a point été partagée, elle passe au frere ; mais la femme sera nourrie & vêtue.

Ce réglement est suivant les Brames de *Meet - Hul ;* mais *Sewarteh*, *Behtà - Chàrigé*, *Jeimoot - Bahun*, *Sirrèe - Kishen-Terkhàlungar* & d'autres, disent que s'il n'y a point de fils, ni de petit-fils, ni d'arriere-petit-fils, la part de la propriété du mari, soit qu'elle ait été divisée, ou non, parmi les héritiers, passera à sa femme ; s'il a plusieurs femmes, elles partageront par égales parts ; s'il n'y en a qu'une, elle héritera de tout.

Ce réglement est sage & approuvé : si la femme est chaste, si elle reste dans la maison de son mari, elle héritera des effets de son mari ; si elle n'est pas chaste, & qu'elle ne reste point dans la maison de son mari, ou qu'elle y reste, malgré son incontinence, elle n'obtiendra pas les biens de son mari.

Une femme peut donner aux Brames une partie des biens dont elle hérite de son mari ; si elle donne le tout, la donation est valide, mais elle est blâmable ; elle peut aussi les vendre, ou les engager, afin de se procurer ce qui est nécessaire à sa subsistance.

S'il n'y a point d'épouse, la propriété passe à la fille qui n'est pas mariée ; s'il n'y a qu'une fille non mariée, elle héritera du tout ; s'il y a plusieurs filles qui ne soient pas mariées, elles partageront par égales parts.

Si une fille non mariée qui hérite des biens de son pere, se marie enfuite & meurt, laiffant un fils, ce fils héritera de toute la propriété ; fi elle meurt laiffant une fille, cette fille n'obtiendra rien.

Si elle meurt fans avoir eu d'enfans, cette propriété ne paffe pas à fon mari, mais elle retourne par égales parts à fes fœurs qui ont des enfans, ou qui font capables d'en avoir (les femmes font réputées capables d'avoir des enfans, jufqu'à ce que leurs infirmités périodiques ceffent entiérement ; une fœur, qui n'y eft plus fujette, ne recevra aucune part dans la fucceffion) : s'il n'y a qu'une fœur, elle héritera de tout ; s'il y en a plufieurs, elles partageront par égales parts.

Si elle meurt fans laiffer de fille non mariée, la fille qui a eu des enfans, & la fille capable d'en avoir, partagent par égales parts : s'il n'y a qu'une fille qui fe trouve dans ce cas, elle héritera de tout ; la fille ftérile & celle qui eft veuve fans enfans, ne recevront rien : mais s'il n'y a perfonne appartenant à la famille du mari de la fille ftérile, ou à celle de la veuve fans enfans, ou que la fille ftérile & la veuve fans enfans fe trouvent dans le befoin, elles feront nourries & vêtues. Quand il eft sûr que la fille ftérile ne peut plus avoir d'enfans, elle partagera l'héritage, fuivant le réglement de *Jeimoot-Bahun*, & de *Sirree-Kishen-Terkàlungàr* & d'autres : ce réglement eft fage & approuvé (ou plutôt il eft obfervé dans ce Royaume) : mais *Pàcheshputtee-Mifr* dit que s'il n'y a point de fille qui ait des enfans, ou qui paroiffe fufceptible d'en avoir, la propriété paffe en égales parts à la fille ftérile & à la fille qui eft veuve fans enfans : fi de ces filles ftériles & veuves il n'y en a qu'une en vie, elle héritera de tout : s'il y en a plufieurs, elles partageront par égales parts.

S'il n'y a point de fille, le bien paffe au fils de la fille : s'il n'y a qu'un seul fils de la fille, il héritera de tout; s'il y en a plusieurs, ils partageront par égales parts: ce réglement est suivant *Sewàrteh-Behtàchàrige, Jeimoot-Bahun, Sirree-Kishen-Terkàlungkàr* & *Gopaul-Punchanun*, & il est approuvé. *Gobind-Raje* dit, que même pendant la vie de la fille, le bien doit passer au fils de la fille.

Si les filles qui ont reçu des portions égales d'un héritage, meurent, & laissent des enfans, & que l'une ne laisse qu'un fils, tandis que la seconde en laisse deux ou davantage, tous ces fils partageront la propriété par égales parts, comme s'ils étoient freres.

S'il n'y a point de fils de la fille, le bien passe au pere; s'il n'y a point de pere, il passe à la mere; s'il n'y a point de mere, il passe au frere germain: s'il n'y a qu'un frere, il héritera de tout; s'il y a plusieurs freres, ils partageront par égales parts.

S'il n'y a point de frere germain, le bien passera au frere consanguin: s'il n'y a qu'un frere, il héritera de tout; s'il y en a plusieurs, ils partageront par égales parts.

S'il y a trois, quatre, cinq, &c. freres, & que parmi eux il y en ait deux de germains, & que les autres soient freres consanguins, & qu'après s'être tous séparés l'un de l'autre, le demi-frere revienne vivre dans la communauté, & que le frere germain continue à vivre séparé, alors le demi-frere qui est le membre de la communauté, & le frere germain qui est séparé, partageront par égales parts: si le frere germain & le demi-frere, après la séparation, rentrent dans la communauté, la propriété passe au frere germain, & non pas au demi-frere: si un des freres germains revient dans la communauté après la séparation, & que les autres

DES GENTOUX.

freres germains continuent à vivre séparés, la propriété passe au frere qui est rentré dans la communauté, & ceux qui n'y sont pas rentrés, ne recevront rien.

Si une portion de terre n'a pas été divisée parmi les freres, le frere germain & le demi-frere, qui après la séparation se sont tous réunis pour vivre ensemble de nouveau, partageront cette terre par égales parts : si après la séparation, ils ont tous continué à vivre séparés, ils recevront tous des parts égales. Ce réglement sur la séparation & la réunion des freres, & les partages en conséquence, a lieu aussi par rapport aux descendans d'un frere germain & aux descendans d'un demi-frere.

S'il n'y a point de frere, la propriété passe aux fils du frere-germain : s'il n'y a qu'un fils du frere-germain, il héritera de tout; s'il y a plusieurs fils, ils recevront des parts égales.

S'il n'y a point de fils du frere-germain, le bien passe au fils du demi-frere : s'il n'y a qu'un fils du demi-frere, il héritera de tout ; s'il y en a plusieurs, ils recevront tous d'égales parts.

S'il n'y a point de fils du demi-frere, le bien passe au petit-fils du frere-germain, & au petit-fils du demi-frere par égales parts ; s'il n'y a qu'un petit-fils, soit qu'il descende du frere-germain ou du demi-frere, il héritera de tout le bien : s'il y a plusieurs petits-fils, par le frere-germain ou le demi-frere, ils recevront d'égales parts : ce réglement est suivant *Sewarthèh-Behtàchàrige*, *Jeimoot-Bahun*, & *Gopaul-Punchanun*, & il est approuvé (ou suivi dans ce royaume) : *Sirre-Kishen-Terkàlungkàr*, dit : « Que si » le petit-fils d'un frere-germain est vivant, le petit-fils d'un demi-» frere ne recevra aucune part de la propriété ».

S'il n'y a point de petit-fils du frere, le bien passe au fils de la fœur; s'il n'y a qu'un fils de la fœur, il héritera de tout; s'il y en a plufieurs, ils partageront par égales parts.

S'il n'y a point de fils de la fœur, le bien paffe au grand-pere; s'il n'y a point de grand-pere, il paffe à la mere du pere; s'il n'y a point de mere du pere, il paffe à l'oncle paternel; s'il n'y a qu'un oncle paternel, il héritera de tout; s'il y en a plufieurs, ils obtiendront tous d'égales parts.

S'il n'y a point d'oncle paternel, le bien paffe au fils de l'oncle paternel; s'il n'y a qu'un fils de l'oncle paternel, il aura le tout; s'il y en a plufieurs, ils recevront d'égales parts.

S'il n'y a point de fils de l'oncle paternel, le bien paffe au petit-fils de l'oncle paternel; s'il n'y a qu'un petit-fils de l'oncle paternel, il héritera de tout; s'il y a plufieurs petits-fils de l'oncle paternel, ils partageront par égales parts.

S'il n'y a point de petit-fils de l'oncle paternel, le bien paffe au fils de la fille du grand-pere; s'il n'y a qu'un fils de la fille du grand-pere, il héritera de tout; s'il y en a plufieurs, ils partageront par égales parts.

S'il n'y a point de fils de la fille du grand-pere, le bien paffe au fils de la fille de l'oncle paternel; s'il n'y a qu'un fils de la fille de l'oncle paternel, il héritera de tout; s'il y a plufieurs fils de la fille de l'oncle paternel, ils partageront par égales parts.

S'il n'y a point de fils de la fille de l'oncle paternel, le bien paffe au pere du grand-pere; s'il n'y a point de pere du grand-pere, il paffe à la mere du grand-pere; s'il n'y a point de mere du grand-pere, au frere du grand-pere; s'il n'y a qu'un frere du grand-pere, il héritera de tout; s'il y a plufieurs freres du grand-pere, ils partageront tous par égales parts.

S'il

DES GENTOUX.

S'il n'y a point de frere du grand-pere, le bien passe au fils du frere du grand-pere; s'il n'y a qu'un fils du frere du grand-pere, il héritera de tout; s'il y en a plusieurs, ils partageront par égales parts.

S'il n'y a point de fils du frere du grand-pere, le bien passe au petit-fils du frere du grand-pere; s'il n'y a qu'un petit-fils du frere du grand-pere, il héritera de tout; s'il y en a plusieurs, ils recevront tous des parts égales.

S'il n'y a point de petit-fils du frere du grand-pere, le bien passe au fils de la fille du pere du grand-pere; s'il n'y a qu'un fils de la fille du pere du grand-pere, il héritera de tout; s'il y en a plusieurs, ils recevront tous des parts égales.

S'il n'y a point de fils de la fille du pere du grand-pere, le bien passe au pere de la mere; s'il n'y a point de pere de la mere, il passe à l'oncle maternel; s'il n'y a qu'un oncle maternel, il héritera de tout; s'il y a plusieurs oncles maternels, ils recevront tous des parts égales.

S'il n'y a point d'oncle maternel, le bien passe au fils de l'oncle maternel; s'il n'y a qu'un fils de l'oncle maternel, il héritera de tout; s'il y en a plusieurs, ils partageront par égales parts.

S'il n'y a point de fils de l'oncle maternel, le bien passe au petit-fils de l'oncle maternel; s'il n'y a qu'un petit-fils de l'oncle maternel, il héritera de tout; s'il y en a plusieurs, ils obtiendront tous d'égales parts.

S'il n'y a point de petit-fils de l'oncle maternel, le bien passe au petit-fils du petit-fils; s'il n'y a qu'un petit-fils du petit-fils, il héritera de tout; s'il y en a plusieurs, ils recevront tous d'égales parts.

H

S'il n'y a point de petit-fils du petit-fils, le bien passe au fils du petit-fils du petit-fils ; s'il n'y a qu'un fils du petit-fils du petit-fils, il héritera de tout ; s'il y en a plusieurs, ils recevront tous d'égales parts.

S'il n'y a point de fils du petit-fils du petit-fils, le bien passe au petit-fils du petit-fils du petit-fils ; s'il n'y a qu'un petit-fils du petit-fils du petit-fils, il obtiendra le tout ; s'il y en a plusieurs, ils obtiendront tous d'égales parts.

S'il n'y a point de petit-fils du petit-fils du petit-fils, le bien passe au grand-pere du grand-pere ; s'il n'y a point de grand-pere du grand-pere, il passe à l'oncle paternel du grand-pere ; s'il n'y a qu'un oncle paternel du grand-pere, il obtiendra le tout ; s'il y y en a plusieurs, ils partageront par égales parts.

S'il n'y a point d'oncle paternel du grand-pere, le bien passe au fils de l'oncle paternel du grand-pere ; s'il n'y a qu'un fils de l'oncle paternel du grand-pere, il héritera de tout ; s'il y en a plusieurs, ils partageront par égales parts.

S'il n'y a point de fils de l'oncle paternel du grand-pere, le bien passe au petit-fils de l'oncle paternel du grand-pere ; s'il n'y a qu'un petit-fils de l'oncle paternel du grand-pere, il héritera de tout ; s'il y en a plusieurs, ils partageront par égales parts.

S'il n'y a point de petit-fils de l'oncle paternel du grand-pere, le bien passe au fils de la fille du grand-pere du grand-pere ; s'il n'y a qu'un fils de la fille du grand-pere du grand-pere, il héritera de tout ; s'il y en a plusieurs, ils partageront par égales parts.

S'il n'y a point de fils de la fille du grand-pere du grand-pere, le bien passe au pere du grand-pere du grand-pere ; s'il n'y a point de pere du grand-pere du grand-pere, il paſſe au frere du grand-pere du grand-pere; s'il n'y a qu'un frere du grand-pere du grand-pere, il héritera de tout; s'il y en a pluſieurs, ils partageront par égales parts.

S'il n'y a point de frere du grand-pere du grand-pere, le bien paſſe au fils du frere du grand-pere du grand-pere; s'il n'y a qu'un fils du frere du grand-pere du grand-pere, il recevra le tout; s'il y en a pluſieurs, ils partageront par égales parts.

S'il n'y a point de fils du frere du grand-pere du grand-pere, le bien paſſe au petit-fils du frere du grand-pere du grand-pere; s'il n'y a qu'un petit-fils du frere du grand-pere du grand-pere, il héritera de tout; s'il y en a pluſieurs, ils partageront par égales parts.

S'il n'y a point de petit-fils du frere du grand-pere du grand-pere, le bien paſſe au fils de la fille du pere du grand-pere du grand-pere; s'il n'y a qu'un fils de la fille du pere du grand-pere du grand-pere, il héritera de tout; s'il y en a pluſieurs, ils partageront par égales parts.

S'il n'y a point de fils de la fille du pere du grand-pere du grand-pere, le bien paſſe au grand-pere du grand-pere du grand-pere; s'il n'y a point de grand-pere du grand-pere du grand-pere, il paſſe au frere du pere du grand-pere du grand-pere; s'il n'y a qu'un frere du pere du grand-pere, il héritera de tout; s'il y en a pluſieurs, ils recevront tous d'égales parts.

S'il n'y a point de frere du pere du grand-pere du grand-pere, le bien paſſe au fils du frere du pere du grand-pere du grand-pere: s'il n'y a qu'un fils du frere du pere du grand-pere du grand-pere, il héritera de tout; s'il y en a pluſieurs, ils partageront par égales parts.

S'il n'y a point de fils du frere du pere du grand-pere du grand-pere, le bien passe au petit-fils du frere du pere du grand-pere du grand-pere : s'il n'y a qu'un petit-fils du frere du pere du grand-pere du grand-pere, il héritera de tout ; s'il y en a plusieurs, ils partageront par égales parts.

S'il n'y a point de petit-fils du frere du pere du grand-pere du grand-pere, le bien passe au fils de la fille du grand-pere du grand-pere du grand-pere ; s'il n'y a qu'un fils de la fille du grand-pere du grand-pere du grand-pere, il héritera de tout ; s'il y en a plusieurs, ils recevront des parts égales.

S'il n'y a point de fils de la fille du grand-pere du grand-pere du grand-pere, le bien passe à celui de la famille qui se trouve le plus proche parent ; s'il n'y a point de proche parent, il va à quelqu'un d'une affinité éloignée ; s'il n'y a personne même d'une affinité éloignée, le Magistrat héritera des biens du *Chehteree*, du *Sooder* & du *Bice* ; & la propriété du Brame passera à celui qui a donné le *Goiteree* au défunt (le *Goiteree* signifie un charme, ou un enchantement qu'on apprend au Brame au moment où on l'initie).

A son défaut, le bien passe au pupille que le défunt instruisoit dans la science des *Bedas* : s'il n'y a qu'un pupille, il héritera de tout ; s'il y en a plusieurs, ils recevront des parts égales.

S'il n'y a point de pupille, le bien passe au compagnon d'étude avec lequel le défunt apprenoit la science sous le même maître ; s'il n'y a qu'un compagnon d'étude, il héritera de tout ; s'il y en a plusieurs, ils recevront des parts égales.

S'il n'y a point de compagnon d'étude, le bien passe au savant Brame du village où résidoit le Brame défunt ; s'il n'y a point de favant Brame, les Brames non favans de ce village en hériteront; s'il n'y a point du tout de Brames dans ce village, ceux des environs de ce village le recevront.

Le Magiftrat n'héritera jamais des effets d'un Brame.

SECTION II.
DE LA DIVISION DE LA PROPRIÉTÉ DES BERHEM-CHARRY, DES SINNASSEE, ET DES BAN-PERUST.

SI un *Berhem-chàrry* meurt, celui qui a appris au défunt l'enchantement *Goiteree* héritera des effets : à fon défaut, ils paffent à un autre *Berhem-chàrry*. Celui qui après s'être fait Brame refte 12 ans dans le défert fous les yeux de fon Maître de Théologie, s'applique à l'étude de la fcience des Bedas, & qui, durant tout ce tems, ne voit le vifage des hommes d'aucune autre Cafte que celle des Brames, & qui emploie fon loifir au culte de Dieu, eft appellé *Berhem-chàrry*.

Si un *Sinnaffee* meurt, fes biens paffent au pupille qu'il inftruifoit dans la religion; s'il n'en a point, ils paffent à un autre *Sinnaffee*.

On donne le nom de *Sinnaffee* à celui qui après s'être fait Brame, coupe ou rafe tous les cheveux de fa tête, brûle le cordon de Brame, & fe revêtant de deux étoffes rouges, & portant à fa main droite un bâton de bambou de fa hauteur, & un vafe de terre à fa gauche, abandonne fa femme & fes enfans, & devient *Fakir*.

Si un *Bàn-Perùft* meurt, celui qui faifoit avec lui le fervice divin fur le même terrein confacré, hérite de fa propriété; & à fon défaut, elle paffera à un autre *Bàn-Perùft*.

Celui-là eſt *Bàn-Peruſt* qui, après 50 ans, renonce au monde, & ſe dévouant entiérement au culte de Dieu au milieu d'un déſert, ne rentre plus dans ſa maiſon.

SECTION III.

DE LA PROPRIÉTÉ D'UNE FEMME.

D'ABORD on appelle propriété d'une femme, tout ce qu'elle reçoit durant l'*Ayàmmi-Shàdee* (ou les jours de mariage).

L'*Ayàmmi-Shàdee* commence avec le *Nandee-Mookheh* (le *Nandee-Mookheh* eſt lorſque l'époux, avant qu'on prononce l'exhortation du mariage, accomplit le *Fateheh-Buzurgwar* (*a*), & finit avec le *Puntubbee-badern*, c'eſt-à-dire, le ſalut de reſpect que fait l'épouſe à ſon mari; l'eſpace de tems ainſi circonſcrit s'appelle *Ayàmmi-Shàdee*.

Tout ce qu'elle peut recevoir de différentes perſonnes, lorſqu'elle va à la maiſon de ſon mari, ou qu'elle en vient.

Tout ce que ſon mari lui a donné en différens tems; tout ce qu'elle a reçu d'un frere en différens tems, & tout ce que ſon pere & ſa mere lui ont donné.

Tout ce que ſon mari, en contractant un ſecond mariage, lui a donné pour l'appaiſer.

Tout ce qu'on lui a donné pour ſes vêtemens & ſa nourriture.

(*a*) C'eſt une offrande que fait l'époux aux Prêtres, pour le repos des ames de ſon pere, de ſon grand-pere, &c.

DES GENTOUX.

Tous les joyaux ou ajuſtemens qu'elle a reçus de quelqu'un.

Tout ce qu'elle a trouvé par hazard.

Tout ce qu'elle peut gagner en peignant, filant, travaillant à l'aiguille, &c.

Tout ce qu'elle a reçu d'autres perſonnes, excepté de celles de la famille de ſon pere, de la famille de ſa mere, ou de celle de ſon mari.

Si le pere & la mere d'une fille, donnent quelque choſe à leur gendre, en diſant : « ceci paſſera à notre fille » & même ſans rien dire de pareil au moment du préſent, ſi c'eſt leur intention que la choſe auſſi donnée ſoit réverſible ſur leur fille, tous, & chacun de ces articles ſont appellés *la propriété d'une femme*.

Si parmi ces articles dont on vient de faire mention, le mari d'une femme lui a donné une terre, des vergers, ou des maiſons ; ſi la femme a gagné quelque choſe par ſa propre induſtrie, en peignant, filant, travaillant à l'aiguille, &c., & ſi, excepté la famille de ſon pere, de ſa mere & de ſon mari, elle a reçu des préſens de quelqu'autre perſonne, ces choſes, ainſi reçues, ne ſont pas à ſa diſpoſition : elle peut diſpoſer, comme elle voudra, de ſes autres effets ; mais elle n'a pas le droit de diſpoſer de la terre, des vergers & des maiſons, de l'argent gagné par la peinture & par d'autres travaux pareils, ni des préſens que lui ont donnés des étrangers ; & ſi une femme ne laiſſe pas la propriété qu'elle a acquiſe de l'une de ces trois manieres à ſon pere, ſon frere ou ſon fils, ils n'auront aucun droit d'y prétendre.

Si pendant une famine, ou pour une bonne œuvre religieuſe, ou à raiſon de maladie, ou pour ſatisfaire à l'importunité d'un créancier, qui en est venu jusqu'à saisir son débiteur, le mari s'approprie les biens de sa femme sans sa permission, il est excusable, & il n'est pas obligé de rendre ou de payer ce qu'il s'est ainsi approprié; mais dans les tems d'abondance & de prospérité il ne peut pas prendre ainsi cette propriété : & si dans ce dernier cas il s'en empare sans la permission de sa femme, il doit payer le principal & l'intérêt : s'il s'en empare du consentement de la femme, il rendra seulement le principal.

Si un homme s'empare de la propriété d'une de ses femmes, & reste attaché à une seconde, sans traiter la premiere avec les égards convenables, le Magistrat fera rendre à la premiere la propriété qui lui a été enlevée.

Si un mari néglige de donner à sa femme les alimens & les ajustemens nécessaires, elle pourra se les procurer par tous les moyens qui seront en son pouvoir.

Toute femme qui est d'un mauvais caractere, qui a manqué à la modestie que doit avoir son sexe, qui n'a pas soin de ce qu'elle a, ou qui n'est pas chaste, est incapable de posséder la propriété dont on a parlé dans cette section.

SECTION IV.

DE LA MANIERE D'HÉRITER DE LA PROPRIÉTÉ D'UNE FEMME.

QUAND une femme meurt, tout ce qu'elle a acquis durant l'*Ayàmmi-Shàdee* passe à sa fille non mariée, lors même qu'elle a un fils : si elle n'a qu'une fille non mariée, cette fille héritera de tout ; si elle en a plusieurs, elles partageront par égales parts.

Si

DES GENTOUX.

Si une fille non mariée, qui a hérité de la propriété de sa mere, se marie ensuite, & meurt sans avoir eu d'enfans, cette propriété ne passera pas à son mari, mais aux sœurs de cette fille; si la fille laisse un fils à sa mort, ce fils partagera par égales parts avec ses tantes la propriété de la mere.

S'il n'y a point de fille non mariée, la propriété passera par égales parts à la fille qui a des enfans & à celle qui peut en avoir : s'il n'y a qu'une de ces filles, elle héritera de tout ; s'il y en a plusieurs, elles partageront par égales parts.

S'il n'y a aucune des filles qui soit dans ce cas, la propriété passera par égales parts à la fille stérile & à celle qui est veuve sans enfans.

S'il n'y a point de fille stérile, ou de veuve sans enfans, la propriété passe au fils : s'il n'y a qu'un fils, il héritera de tout ; s'il y en a plusieurs, ils partageront par égales parts.

S'il n'y a point de fils, la propriété passe au fils de la fille : s'il n'y a qu'un fils de la fille, il héritera de tout; s'il y en a plusieurs, ils partageront par égales parts.

S'il n'y a point de fils de la fille, le bien passe au petit-fils : s'il n'y a qu'un petit-fils, il héritera de tout ; s'il y en a plusieurs, ils partageront par égales parts.

S'il n'y a point de petit-fils, il passe au fils du petit-fils : s'il n'y a qu'un fils du petit-fils, il héritera de tout; s'il y en a plusieurs, ils partageront par égales parts.

S'il n'y a point de fils du petit-fils, la propriété passe au fils du mari par une autre femme : s'il n'y a qu'un fils du mari par une autre femme, il obtiendra le tout; s'il y en a plusieurs, ils partageront par égales parts.

S'il n'y a point de fils du mari par une autre femme, la propriété passe au petit-fils du mari par une autre femme : s'il n'y a qu'un petit-fils du mari par une autre femme, il héritera de tout; s'il y en a plusieurs, ils partageront par égales parts.

S'il n'y a point de petit-fils du mari par une autre femme, le bien passe au fils du petit-fils du mari par une autre femme : s'il n'y a qu'un fils du petit-fils du mari par une autre femme, il héritera de tout; s'il y en a plusieurs, ils partageront par égales parts.

S'il n'y a point de fils du petit-fils du mari par une autre femme, quelle que soit la propriété qu'une femme puisse avoir acquise dans cinq des formes matrimoniales, elle passera après la mort à son mari.

Explication de ces cinq formes matrimoniales.
1. *Berámeh.*
2. *Deeyb.*
3. *Arsh.*
4. *Kándehrub.*
5. *Perájáput.*

1°. *Berámeh*, c'est lorsqu'un pere, par beaucoup de prieres & d'importunités, a trouvé un gendre de distinction, & que faisant pour cela de magnifiques présens de nôces, il le marie à sa fille.

2°. *Deeyb*, c'est lorsqu'on accomplit d'abord le *Jugg* (le *Jugg* se célebre ainsi : On dresse une tente sur un terrein choisi; on y fait du feu; ensuite on met du beurre clarifié sur le feu, en disant en même tems certaines prieres à l'honneur des Dieux : pour le *Duchneh* de cette cérémonie, les parens chargent leurs filles d'ornemens précieux & de beaux habits, & on la présente ainsi aux Brames).

DES GENTOUX.

3º. *Arsh*, c'est lorsque les parens d'une fille reçoivent de l'époux, un taureau & une vache au tems où se contracte le mariage.

4º. *Kàndehrub*, c'est lorsqu'un homme & une femme, d'un consentement mutuel, échangent leurs colliers ou leurs guirlandes de fleurs, & font tous les deux une convention dans quelque endroit secret ; quand, par exemple, la femme dit : « Je suis » devenue votre femme », & que l'homme répond : « Je le » reconnois ».

5º. *Peràjàput*, c'est quand les parens d'une fille, lors de son mariage, disent à l'époux : « Quelque acte de religion que vous » fassiez, faites-le avec notre fille », & que l'époux y consent.

S'il n'y a point de mari, la propriété d'une femme passe à son frere : s'il n'y a qu'un frere, il héritera de tout ; s'il y en a plusieurs, ils partageront par égales parts.

S'il n'y a point de frere, cette propriété passe à sa mere ; s'il n'y a point de mere, elle va au pere.

Quelle que soit la propriété qu'a acquise une femme, après les trois autres formes du mariage, s'il n'y a point de fille non mariée, ni d'autres héritiers, jusqu'au fils du petit-fils du mari par une autre femme, comme on l'a déja spécifié, cette propriété passe à la mere de la femme : s'il n'y a point de mere, elle passe au pere ; & s'il n'y a point de pere, c'est son mari qui en hérite.

EXPLICATION des trois autres formes du mariage.

1. *Ashore.*
2. *Rakhus.*
3. *Peishàch.*

1°. *Ashore*, c'est lorsqu'un homme donne de l'argent à un pere & à une mere, au tems où il épouse leur fille, & qu'il donne aussi quelque chose à la fille elle-même.

2°. *Rakhus*, c'est lorsque quelqu'un épouse la fille d'un homme qu'il a conquis dans la guerre.

3°. *Peishàch*, c'est lorsqu'un homme, avant le mariage, se présentant sous l'habit & le déguisement d'une femme, débauche une fille, & qu'ensuite la mere & le pere de la fille la marient à ce même homme.

S'il ne reste personne dans l'ordre d'affinité qu'on a établi plus haut pour les huit différentes formes de mariage, la propriété d'une femme passe, après sa mort, au frere cadet de son mari; s'il n'y a qu'un frere cadet, il héritera de tout; s'il y en a plusieurs, ils partageront par égales parts.

S'il n'y a point de frere cadet du mari de la femme, le bien passe par égales parts, au fils du frere cadet de son mari, & au fils du frere aîné de son mari; s'il n'y en a point, il passe au fils de sa sœur; s'il n'y a qu'un fils de sa sœur, il héritera de tout; s'il y en a plusieurs, ils partageront par égales parts.

S'il n'y a point de fils, la propriété de la femme passe au fils de la sœur de son mari; s'il n'y a qu'un fils de la sœur de son mari, il héritera de tout; s'il y en a plusieurs, ils partageront par égales parts.

S'il n'y a point de fils de la sœur de son mari, la propriété passe au fils de son frere; s'il n'y a qu'un fils de son frere, il héritera de tout; s'il y en a plusieurs, ils partageront par égales parts.

S'il n'y a point de fils du frere du mari, la propriété passe au mari de fa fille; s'il n'y a qu'un mari de fa fille, il héritera de tout; s'il y en a plufieurs, ils partageront par égales parts.

S'il n'y a point de mari de la fille, la propriété paffe au pere de fon mari; s'il n'y a point de pere du mari, elle va au frere aîné de fon mari; s'il n'y a qu'un frere aîné de fon mari, il héritera de tout; s'il y en a plufieurs, ils partageront par égales parts.

S'il n'y a point de frere aîné de fon mari, elle paffe au petit-fils du frere de fon mari; s'il n'y a qu'un petit-fils du frere de fon mari, il héritera de tout; s'il y en a plufieurs, ils partageront par égales parts.

S'il n'y a point de petit-fils du frere du mari, elle paffe au grand-pere du mari; s'il n'y a point de grand-pere de fon mari, elle paffe à l'oncle paternel de fon mari; s'il n'y a qu'un oncle paternel de fon mari, il héritera de tout; s'il y en a plufieurs, ils partageront par égales parts.

S'il n'y a point d'oncle paternel du mari, elle paffe au fils de l'oncle paternel du mari; s'il n'y a qu'un fils de l'oncle paternel du mari, il héritera de tout; s'il y en a plufieurs, ils partageront par égales parts.

S'il n'y a point de fils de l'oncle paternel du mari, elle paffe au petit-fils de l'oncle paternel de fon mari; s'il n'y a qu'un petit-fils de l'oncle paternel de fon mari, il héritera de tout; s'il y en a plufieurs, ils partageront par égales parts.

S'il n'y a point de petit-fils de l'oncle paternel du mari, elle paffe au pere du grand-pere de fon mari; s'il n'y a point de pere du grand-pere de fon mari, elle va au frere du grand-pere de fon mari; s'il n'y a qu'un frere du grand-pere de fon mari, il héritera de tout ; s'il y en a plusieurs, ils partageront par égales parts.

S'il n'y a point de frere du grand-pere de son mari, elle passe au fils du frere du grand-pere de son mari ; s'il n'y a qu'un fils du frere du grand-pere de son mari, il héritera de tout ; s'il y en a plusieurs, ils partageront par égales parts.

S'il n'y a point de fils du frere du grand-pere du mari, la propriété passe au petit-fils du frere du grand-pere du mari ; s'il n'y a qu'un petit-fils du frere du grand-pere du mari, il héritera de tout ; s'il y en a plusieurs, ils partageront par égales parts.

S'il n'y a point de petit-fils du frere du grand-pere du mari, elle passe au petit-fils du petit-fils de son mari ; s'il n'y a qu'un petit-fils du petit-fils du mari, il héritera de tout ; s'il y en a plusieurs, ils partageront par égales parts.

S'il n'y a point de petit-fils du petit-fils du mari, la propriété passe au fils du petit-fils du petit-fils du mari ; s'il n'y a qu'un fils du petit-fils du petit-fils du mari, il héritera de tout ; s'il y en a plusieurs, ils partageront par égales parts.

S'il n'y a point de fils du petit-fils du petit-fils du mari, elle passe au petit-fils du petit-fils du petit-fils du mari ; s'il n'y a qu'un petit-fils du petit-fils du petit-fils du mari, il héritera de tout ; s'il y en a plusieurs, ils partageront par égales parts.

S'il n'y a point de petit-fils du petit-fils du petit-fils du mari, elle passe au grand-pere du grand-pere de son mari ; s'il n'y a point de grand-pere du grand-pere du mari, elle passe au frere du pere du grand-pere du mari ; s'il n'y a qu'un frere du pere du grand-pere du mari, il héritera de tout ; s'il y en a plusieurs, ils partageront par égales parts.

S'il n'y a point de frere du pere du grand-pere du mari, la propriété paſſe au fils du frere du pere du grand-pere du mari ; s'il n'y a qu'un fils du frere du pere du grand-pere du mari, il obtiendra le tout ; s'il y en a pluſieurs, ils partageront par égales parts.

S'il n'y a point de fils du frere du pere du grand-pere du mari, la propriété paſſe au petit-fils du frere du pere du grand-pere du mari ; s'il n'y a qu'un petit-fils du frere du pere du grand-pere du mari, il héritera de tout ; s'il y en a pluſieurs, ils partageront par égales parts.

S'il n'y a point de petit-fils du frere du pere du grand-pere du mari, la propriété paſſe au pere du grand-pere du grand-pere de ſon mari ; s'il n'y a point de pere du grand-pere du grand-pere de ſon mari, elle paſſe au frere du grand-pere du grand-pere du mari ; s'il n'y a qu'un frere du grand-pere du grand-pere du mari, il héritera de tout ; s'il y en a pluſieurs, ils partageront par égales parts.

S'il n'y a point de frere du grand-pere du grand-pere de ſon mari, la propriété de la femme paſſe au fils du frere du grand-pere du grand-pere de ſon mari ; s'il n'y a qu'un fils du frere du grand-pere du grand-pere de ſon mari, il héritera de tout ; s'il y en a pluſieurs, ils partageront par égales parts.

S'il n'y a point de fils du frere du grand-pere du grand-pere du mari, la propriété paſſe au petit-fils du frere du grand-pere du grand-pere de ſon mari ; s'il n'y a qu'un petit-fils du frere du grand-pere du grand-pere du mari, il héritera de tout ; s'il y en a plu-
-ſieurs, ils partageront par égales parts.

S'il n'y a point de petit-fils du frere du grand-pere du grand-pere du mari, elle paſſe au grand-pere du grand-pere du grand-pere du mari ; s'il n'y a point de grand-pere du grand-pere du grand-pere du mari, elle va au frere du pere du grand-pere du grand-pere de ſon mari ; s'il n'y a qu'un frere du pere du grand-pere du grand-pere du mari, il héritera de tout ; s'il y en a pluſieurs, ils partageront par égales parts.

S'il n'y a point de frere du pere du grand-pere du grand-pere du mari, la propriété paſſe au fils du frere du pere du grand-pere du grand-pere du mari ; s'il n'y a qu'un fils du frere du pere du grand-pere du grand-pere du mari, il héritera de tout ; s'il y en a pluſieurs, ils partageront par égales parts.

S'il n'y a point de fils du frere du pere du grand-pere du grand-pere de ſon mari, la propriété paſſe au petit-fils du frere du pere du grand-pere du grand-pere du mari ; s'il n'y a qu'un petit-fils du frere du pere du grand-pere du grand-pere du mari, il héritera de tout ; s'il y en a pluſieurs, ils partageront par égales parts.

S'il n'y a point de petit-fils du frere du pere du grand-pere du grand-pere du mari, la propriété paſſe à la perſonne de la famille du mari qui eſt la plus proche ; s'il n'y a point de parens, elle va au premier qui eſt d'une affinité même éloignée ; s'il n'y a pas d'alliés, le Magiſtrat héritera de la propriété de la femme d'un *Chehteree*, d'un *Sooder*, ou d'un *Bice* ; & la propriété de la femme d'un Brame, paſſera aux ſavans Brames du village où elle réſidoit ; s'il n'y a point de ſavans Brames dans ce village, elle paſſera aux Brames des environs.

Le Magiſtrat n'acquerra jamais la propriété de la femme d'un Brame.

La propriété d'une femme (non compris ce qu'elle a reçu pendant l'*Ayammi-shadee*, l'*Ayammi-shadee*, & ce que son pere a pu lui donner avant ou après le mariage), passe après sa mort à sa fille qui n'est pas mariée, & à son fils par égales parts ; s'il n'y a point de fils, la fille héritera de tout ; s'il n'y a point de fille, le fils héritera de tout ; & s'il y a plusieurs fils ou filles, ils partageront par égales parts.

S'il n'y a ni fils ni filles à marier, la fille qui a eu des enfans, & celle qui peut en avoir, recevront des parts égales ; s'il n'y a qu'une fille dans ce cas, elle héritera de tout ; s'il y en a plusieurs, elles partageront par égales parts.

S'il n'y a point de fille du tout, la propriété passe au petit-fils ; s'il n'y a qu'un petit-fils, il héritera de tout ; s'il y en a plusieurs, ils partageront par égales parts.

S'il n'y a point de petit-fils, elle passe au fils de la fille ; s'il n'y a qu'un fils de la fille, il héritera de tout ; s'il y en a plusieurs, ils partageront par égales parts.

S'il n'y a point de fils de la fille, elle passe au fils du petit-fils ; s'il n'y a qu'un fils du petit-fils, il héritera de tout ; s'il y en a plusieurs, ils partageront par égales parts.

S'il n'y a point de fils du petit-fils, elle passe au fils du mari par une autre femme ; s'il n'y a qu'un fils du mari par une autre femme, il héritera de tout ; s'il y en a plusieurs, ils partageront par égales parts.

S'il n'y a point de fils du mari par une autre femme, elle passe au petit-fils du mari par une autre femme ; s'il n'y a qu'un petit-fils du mari par une autre femme, il héritera de tout ; s'il y en a plusieurs, ils partageront par égales parts.

K

S'il n'y a point de petit-fils du mari par une autre femme, la propriété paſſe au fils du petit-fils du mari par une autre femme; s'il n'y a qu'un fils du petit-fils du mari par une autre femme, il héritera de tout; s'il y en a pluſieurs, ils partageront par égales parts.

S'il n'y a point de fils du petit-fils par une autre femme, elle paſſe à la fille ſtérile & à la veuve ſans enfans par égales parts; s'il n'y a qu'une fille dans ce cas, elle héritera de tout; s'il y en a pluſieurs, elles doivent avoir des parts égales.

S'il n'y a aucune fille, la propriété de la femme mariée, d'après quelques-unes des cinq premieres formes de mariage, paſſe au mari; s'il n'y a point de mari, elle paſſe à ſon frere; s'il n'y a qu'un frere, il héritera de tout; s'il y en a pluſieurs, ils partageront par égales parts.

S'il n'y a point de frere, elle paſſe à la mere de la femme; s'il n'y a point de mere, elle paſſe à ſon pere; s'il n'y a point de pere, la propriété d'une femme mariée, d'après l'une des trois dernieres formes de mariage, paſſe après ſa mort (s'il n'y a point de fille ou d'autre héritier dans l'ordre dont on vient de parler) à ſa mere; s'il n'y a point de mere, elle paſſe à ſon pere; s'il n'y a point de pere, elle va à ſon mari.

S'il n'y a point de mari, la propriété d'une femme mariée, ſuivant l'une des huit formes de mariage, paſſe après ſa mort au frere cadet de ſon mari; s'il n'y a qu'un frere cadet de ſon mari, il héritera de tout; s'il y en a pluſieurs, ils partageront par égales parts.

S'il n'y a point de frere cadet de ſon mari, la propriété paſſe par égales parts au fils du frere aîné de ſon mari & au fils du frere

DES GENTOUX.

cadet de fon mari; s'il n'y a qu'un fils du frere aîné de fon mari, ou un fils du frere cadet de fon mari, il héritera de tout; s'il y en a plufieurs, ils partageront par égales parts.

S'il n'y a point de fils du frere cadet de fon mari, ni de fils du frere aîné de fon mari, la propriété paffe au fils de fa fœur; s'il n'y a qu'un fils de la fœur, il héritera de tout; s'il y en a plufieurs, ils obtiendront des parts égales.

S'il n'y a point de fils de la fœur, elle paffe au fils du frere de fon mari; s'il n'y a qu'un fils du frere du mari, il héritera de tout; s'il y en a plufieurs, ils obtiendront d'égales parts.

S'il n'y a point de fils du frere, elle paffe au mari de la fille; s'il n'y a qu'un mari de la fille, il héritera de tout; s'il y en a plufieurs, ils partageront par égales parts.

S'il n'y a point de mari de la fille, la propriété paffe au pere de fon mari; s'il n'y a point de pere du mari, elle va au frere aîné du mari; s'il n'y a qu'un frere aîné du mari, il héritera de tout; s'il y en a plufieurs, ils recevront des parts égales.

S'il n'y a point de frere aîné du mari, la propriété paffe au petit-fils du frere de fon mari; s'il n'y a qu'un petit-fils du frere de fon mari, il héritera de tout; s'il y en a plufieurs, ils partageront par égales parts.

S'il n'y a point de petit-fils du frere du mari, la propriété paffe au grand-pere du mari; s'il n'y a point de grand-pere du mari, elle va à l'oncle paternel du mari; s'il n'y a qu'un oncle paternel de fon mari, il héritera de tout; s'il y en a plufieurs, ils partageront par égales parts.

S'il n'y a point d'oncle paternel du mari, elle passe au fils de l'oncle paternel du mari ; s'il n'y a qu'un fils de l'oncle paternel du mari, il héritera de tout ; s'il y en a plusieurs, ils partageront par égales parts.

S'il n'y a point de fils de l'oncle paternel du mari, elle passe au petit-fils de l'oncle paternel du mari ; s'il n'y a qu'un petit-fils de l'oncle paternel du mari, il héritera de tout ; s'il y en a plusieurs, ils partageront par égales parts.

S'il n'y a point de petit-fils de l'oncle paternel du mari, elle passe au pere du grand-pere de son mari ; s'il n'y a point de pere du grand-pere du mari, elle passe au frere du grand-pere de son mari ; s'il n'y a qu'un frere du grand-pere du mari, il héritera de tout ; s'il y en a plusieurs, ils obtiendront des parts égales.

S'il n'y a point de frere du grand-pere du mari, elle passe au fils du frere du grand-pere de son mari ; s'il n'y a qu'un fils du frere du grand-pere de son mari, il héritera de tout ; s'il y en a plusieurs, ils recevront des parts égales.

S'il n'y a point de fils du frere du grand-pere du mari, elle passe au petit-fils du frere du grand-pere du mari ; s'il n'y a qu'un petit-fils du frere du grand-pere de son mari, il héritera de tout ; s'il y en a plusieurs, ils partageront par égales parts.

S'il n'y a point de petit-fils du frere du grand-pere du mari, elle passe au petit-fils du petit-fils de son mari ; s'il n'y a qu'un petit-fils du petit-fils de son mari, il héritera de tout ; s'il y en a plusieurs, ils recevront des parts égales.

S'il n'y a point de petit-fils du petit-fils du mari, la propriété passe au fils du petit-fils du petit-fils du mari ; s'il n'y a qu'un fils du petit-fils du petit-fils du mari, il héritera de tout ; s'il y en a plusieurs, ils partageront par égales parts.

S'il n'y a point de fils du petit-fils du petit-fils du mari, elle passe au petit-fils du petit-fils du petit-fils du mari ; s'il n'y a qu'un petit-fils du petit-fils du petit fils du mari, il héritera de tout ; s'il y en a plusieurs, ils recevront des parts égales.

S'il n'y a point de petit-fils du petit-fils du petit-fils du mari, elle passe au grand-pere du grand-pere du mari ; s'il n'y a point de grand-pere du grand-pere du mari, elle passe au frere du pere du grand-pere du mari ; s'il n'y a qu'un frere du pere du grand-pere du mari, il héritera de tout ; s'il y en a plusieurs, ils recevront tous des parts égales.

S'il n'y a point de frere du pere du grand-pere du mari, la propriété passe au fils du frere du pere du grand-pere du mari ; s'il n'y a qu'un fils du frere du pere du grand-pere du mari, il héritera de tout ; s'il y en a plusieurs, ils partageront par égales parts.

S'il n'y a point de fils du frere du pere du grand-pere de son mari, la propriété passe au petit-fils du frere du grand-pere de son mari ; s'il n'y a qu'un petit-fils du frere du pere du grand-pere de son mari, il héritera de tout ; s'il y en a plusieurs, ils recevront des parts égales.

S'il n'y a point de petit-fils du frere du grand-pere du mari, la propriété passe au pere du grand-pere du grand-pere du mari ; s'il n'y a point de pere du grand-pere du grand-pere du mari, elle va au frere du grand-pere du grand-pere du mari ; s'il n'y a qu'un frere du grand-pere du grand-pere du mari, il héritera de tout; s'il y en a plufieurs, ils recevront des parts égales.

S'il n'y a point de frere du grand-pere du grand-pere du mari, la propriété paffe au fils du frere du grand-pere du grand-pere du mari; s'il n'y a qu'un fils du frere du grand-pere du grand-pere du mari, il héritera de tout; s'il y en a plufieurs, ils partageront par égales parts.

S'il n'y a point de fils du frere du grand-pere du grand-pere du mari, la propriété paffe au petit-fils du frere du grand-pere du grand-pere de fon mari; s'il n'y a qu'un petit-fils du frere du grand-pere du grand-pere de fon mari, il héritera de tout; s'il y en a plufieurs, ils partageront par égales parts.

S'il n'y a point de petit-fils du frere du grand-pere du grand-pere du mari, la propriété paffe au grand-pere du grand-pere du grand-pere du mari; s'il n'y a point de grand-pere du grand-pere du grand-pere du mari, la propriété paffe au plus proche parent de la famille du mari; s'il n'y a point de parent, celui qui eft d'une affinité même éloignée, héritera de cette propriété; fi perfonne n'eft allié, le Magiftrat héritera de la propriété de la femme d'un *Chehteree*, d'un *Sooder* ou d'un *Bice*; & la propriété de la femme d'un Brame fera donnée aux favans Brames du village où vivoit cette femme; s'il n'y a point de Brames favans dans ce village, les Brames non favans de ce village en hériteront; s'il n'y a point de Brames non favans dans ce village, elle fera donnée aux Brames des environs.

Le Magiftrat n'héritera jamais de la propriété d'un Brame.

Quelles que foient les chofes qu'un pere ait données à fa fille, avant, ou après le mariage, cette propriété, après la mort de la fille, lors même qu'elle a un fils vivant, paffe à fa fille non mariée;

s'il n'y a qu'une fille non mariée, elle héritera de tout ; s'il y en a plufieurs, elles recevront des parts égales.

Si une fille non mariée, après avoir reçu les effets de fa mere, fe marie enfuite, & meurt fans enfans, la propriété ne paffe pas à fon mari, mais à fes fœurs.

Si elle meurt laiffant un fils, ce fils partagera par égales parts avec les fœurs de fa mere.

S'il n'y a point de fille non mariée, la propriété paffe, par égales parts, à la fille qui a eu des enfans, & à celle qui en peut avoir ; s'il n'y a qu'une fille qui foit dans ce cas, elle héritera de tout ; s'il y en a plufieurs, elles obtiendront des parts égales.

S'il n'y a point de fille qui ait eu des enfans, ou qui paroiffe fufceptible d'en avoir, la propriété va, par égales parts, à la fille ftérile & à celle qui eft veuve fans enfans ; s'il n'y a qu'une fille ftérile, ou une veuve fans enfans, elle héritera de tout ; s'il y en a plufieurs, elles partageront par égales parts.

S'il n'y a point de fille ftérile ou de veuve fans enfant, la propriété de la femme paffe à fon fils ; s'il n'y a qu'un fils, il héritera de tout ; s'il y en a plufieurs, ils partageront par égales parts.

S'il n'y a point de fils, elle paffe au fils de la fille ; s'il n'y a qu'un fils de la fille, il héritera de tout ; s'il y en a plufieurs, ils partageront par égales parts.

S'il n'y a point de fils de la fille, elle paffe au petit-fils ; s'il n'y a qu'un petit-fils, il héritera de tout ; s'il y en a plufieurs, ils partageront par égales parts.

S'il n'y a point de petit-fils, elle paffe au fils du petit-fils ; s'il n'y a qu'un fils du petit-fils, il héritera de tout; s'il y en a plufieurs, ils partageront par égales parts.

S'il n'y a point de fils du petit-fils, elle paffe au fils du mari par une autre femme ; s'il n'y a qu'un fils du mari par une autre femme, il héritera de tout; s'il y en a plufieurs, ils partageront par égales parts.

S'il n'y a point de fils du mari par une autre femme, elle paffe au petit-fils du mari par une autre femme; s'il n'y a qu'un petit-fils du mari par une autre femme, il héritera de tout; s'il y en a plufieurs, ils partageront par égales parts.

S'il n'y a point de petit-fils du mari par une autre femme, elle paffe au fils du petit-fils du mari par une autre femme; s'il n'y a qu'un fils du petit-fils du mari par une autre femme, il héritera de tout; s'il y en a plufieurs, ils partageront par égales parts.

S'il n'y a point de fils du petit-fils du mari par une autre femme, la propriété de toute femme qui s'eft mariée d'après l'une des cinq premieres formes de mariage, paffe, après fa mort, à fon mari.

S'il n'y a point de mari, elle paffe au frere; s'il n'y a qu'un frere, il héritera de tout; s'il y en a plufieurs, ils partageront par égales parts.

S'il n'y a point de frere, elle paffe à la mere; s'il n'y a point de mere, elle va au pere; s'il n'y a point de pere, la propriété de toute femme qui s'eft mariée fuivant l'une des trois dernieres formes de mariage, paffe, après fa mort (s'il n'y a point de fils du petit-fils du mari par une autre femme), à fa mere; s'il n'y a point de mere, elle va au pere; s'il n'y a point de pere, elle paffe au mari.

S'il

DES GENTOUX.

S'il n'y a point de mari, la propriété d'une femme qui s'eſt mariée ſuivant l'une des huit formes de mariage, paſſe, après ſa mort, au frere cadet de ſon mari; s'il n'y a qu'un frere cadet de ſon mari, il héritera de tout; s'il y en a pluſieurs, ils partageront par égales parts.

S'il n'y a point de frere cadet du mari, la propriété paſſe, par égales parts, au fils du frere cadet de ſon mari, & au fils du frere aîné de ſon mari; s'il n'y a qu'un fils qui ſoit dans l'un ou l'autre cas, il héritera de tout; s'il y en a pluſieurs, ils partageront par égales parts.

S'il n'y a point de fils aîné du frere du mari, ni de fils du frere cadet du mari, la propriété paſſe au fils de la ſœur de la femme; s'il n'y a qu'un fils de la ſœur, il héritera de tout; s'il y en a plu-ſieurs, ils partageront par égales parts.

S'il n'y a point de fils de la ſœur, la propriété paſſe au fils du frere de la femme; s'il n'y a qu'un fils du frere de la femme, il héritera de tout; s'il y en a pluſieurs, ils partageront par égales parts.

S'il n'y a point de fils du frere de la femme, la propriété paſſe au mari de la fille de la femme; s'il n'y a qu'un mari de la fille, il héritera de tout; s'il y en a pluſieurs, ils partageront par égales parts.

S'il n'y a point de mari de la fille, elle paſſe au pere du mari de la femme; s'il n'y a point de pere du mari, elle va au frere aîné du mari de la femme; s'il n'y a qu'un frere aîné du mari, il héritera de tout; s'il y en a pluſieurs, ils partageront par égales parts.

S'il n'y a point de frere aîné du mari de la femme; elle paſſe au petit-fils du frere du mari de la femme ; s'il n'y a qu'un petit-fils du frere du mari, il héritera de tout ; s'il y en a plufieurs, ils partageront par égales parts.

S'il n'y a point de petit-fils du frere du mari, elle paſſe au grand-pere du mari de la femme ; s'il n'y a point de grand-pere du mari, elle paſſe à l'oncle paternel du mari de la femme ; s'il n'y a qu'un oncle paternel du mari, il héritera de tout ; s'il y en a plufieurs, ils recevront des parts égales.

S'il n'y a point d'oncle paternel du mari, elle paſſe au fils de l'oncle paternel du mari de la femme ; s'il n'y a qu'un fils de l'oncle paternel du mari, il héritera de tout ; s'il y en a plufieurs, ils recevront des parts égales.

S'il n'y a point de fils de l'oncle paternel du mari, elle paſſe au petit-fils de l'oncle paternel du mari de la femme ; s'il n'y a qu'un petit-fils de l'oncle paternel du mari, il héritera de tout ; s'il y en a plufieurs, ils partageront par égales parts.

S'il n'y a point de petit-fils de l'oncle paternel du mari, elle paſſe au pere du grand-pere du mari de la femme ; s'il n'y a point de pere du grand-pere du mari, elle va au frere du grand-pere du mari de la femme ; s'il n'y a qu'un frere du grand-pere du mari de la femme, il héritera de tout ; s'il y en a plufieurs, ils partageront par égales parts.

S'il n'y a point de frere du grand-pere du mari de la femme, elle paſſe au fils du frere du grand-pere du mari de la femme ; s'il n'y a qu'un fils du frere du grand-pere du mari, il héritera de tout ; s'il y en a plufieurs, ils partageront par égales parts.

S'il n'y a point de fils du frere du grand-pere du mari, elle paſſe au petit-fils du frere du grand-pere du mari de la femme ; s'il n'y

DES GENTOUX.

a qu'un petit-fils du frere du grand-pere du mari, il héritera de tout; s'il y en a plufieurs, ils partageront par égales parts.

S'il n'y a point de petit-fils du frere du grand-pere du mari, elle paffe au petit-fils du petit-fils du mari de la femme; s'il n'y a qu'un petit-fils du petit-fils du mari, il héritera de tout; s'il y en a plufieurs, ils partageront par égales parts.

S'il n'y a point de petit-fils du petit-fils du mari, elle paffe au fils du petit-fils du petit-fils du mari de la femme; s'il n'y a qu'un fils du petit-fils du petit-fils du mari, il héritera de tout; s'il y en a plufieurs, ils partageront par égales parts.

S'il n'y a point de fils du petit-fils du petit-fils du mari, elle paffe au petit-fils du petit-fils du petit-fils du mari de la femme; s'il n'y a qu'un petit-fils du petit-fils du petit-fils du mari, il héritera de tout; s'il y en a plufieurs, ils partageront par égales parts.

S'il n'y a point de petit-fils du petit-fils du petit-fils du mari, elle paffe au grand-pere du grand-pere du mari de la femme; s'il n'y a point de grand-pere du grand-pere du mari, elle va au frere du pere du grand-pere du mari de la femme; s'il n'y a qu'un frere du pere du grand-pere du mari, il héritera de tout; s'il y en a plufieurs, ils partageront par égales parts.

S'il n'y a point de frere du pere du grand-pere du mari, elle paffe au fils du frere du pere du grand-pere du mari de la femme; s'il n'y a qu'un fils du frere du pere du grand-pere du mari, il héritera de tout; s'il y en a plufieurs, ils partageront par égales parts.

S'il n'y a point de fils du frere du pere du grand-pere du mari, elle paffe au petit-fils du frere du pere du grand-pere du mari de la femme; s'il n'y a qu'un petit-fils du frere du pere du grand-pere du mari de la femme, il héritera de tout; s'il y en a plufieurs, ils partageront par égales parts.

S'il n'y a point de petit-fils du frere du pere du grand-pere du mari, la propriété paffe au pere du grand-pere du grand-pere du mari de la femme; s'il n'y a point de pere du grand-pere du grand-pere du mari, elle va au frere du grand-pere du grand-pere du mari de la femme; s'il n'y a qu'un frere du grand-pere du grand-pere du mari, il héritera de tout; s'il y en a plufieurs, ils partageront par égales parts.

S'il n'y a point de frere du grand-pere du grand-pere du mari, la propriété paffe au fils du frere du grand-pere du grand-pere du mari de la femme; s'il n'y a qu'un fils du frere du grand-pere du grand-pere du mari, il héritera de tout; s'il y en a plufieurs, ils partageront par égales parts.

S'il n'y a point de fils du frere du grand-pere du grand-pere du mari, elle paffe au petit-fils du frere du grand-pere du grand-pere du mari; s'il n'y a qu'un petit-fils du frere du grand-pere du grand-pere du mari, il héritera de tout; s'il y en a plufieurs, ils partageront par égales parts.

S'il n'y a point de petit-fils du frere du grand-pere du grand-pere du mari, la propriété paffe au grand-pere du grand-pere du grand-pere du mari de la femme; s'il n'y a point de grand-pere du grand-pere du grand-pere du mari, elle va au frere du pere du grand-pere du grand-pere du mari; s'il n'y a qu'un frere du pere du grand-pere du grand-pere du mari, il héritera de tout; s'il y en a plufieurs, ils partageront par égales parts.

S'il n'y a point de frere du grand-pere du grand-pere du mari, la propriété paffe au fils du frere du pere du grand-pere du mari de la femme ; s'il n'y a qu'un fils du frere du pere du grand-pere du grand-pere du mari de la femme, il héritera de tout ; s'il y en a plufieurs, ils partageront par égales parts.

S'il n'y a point de fils du frere du pere du grand-pere du grand-pere du mari, elle paffe au petit-fils du frere du pere du grand-pere du grand-pere du mari de la femme ; s'il n'y a qu'un petit-fils du frere du pere du grand-pere du grand-pere du mari de la femme, il héritera de tout ; s'il y en a plufieurs, ils partageront par égales parts.

S'il n'y a point de petit-fils du frere du pere du grand-pere du grand-pere du mari, la propriété paffe à celui de la famille du mari de la femme, qui eft le plus proche parent ; s'il n'y a point de proche parent, elle va au premier qui eft d'une affinité même éloignée.

S'il n'y a point d'allié, le Magiftrat héritera des effets de la femme d'un *Chehteree*, d'un *Sooder*, ou d'un *Bice* ; la propriété de la femme d'un Brame paffe aux favans Brames du village où cette femme faifoit fa réfidence ; s'il n'y a point-là de Brame favant, les Brames non favans de ce village en hériteront ; s'il n'y en a pas non plus, elle ira aux Brames des environs.

Le Magiftrat ne prendra jamais la propriété de la femme d'un Brame.

DE LA MANIERE d'hériter de la propriété d'une fille qui n'eft pas mariée.

Lorfqu'une fille non mariée meurt, la propriété paffe à fon frere-germain ; s'il n'y a qu'un frere-germain, il héritera de tout ; s'il y en a plufieurs, ils recevront des parts égales.

S'il n'y a point de frere-germain, elle paſſe à la mere de la fille; s'il n'y a point de mere, elle va à ſon pere; s'il n'y a point de pere, elle paſſe à ſon frere par une mere différente; s'il n'y a point de frere par une mere différente, elle paſſe au fils du frere-germain de la fille; s'il n'y a point de fils du frere-germain, elle va au fils du frere de la fille par une mere différente.

S'il n'y a point de fils du frere par une mere différente, elle paſſe au petit-fils du frere de la fille; s'il n'y a qu'un petit-fils du frere de la fille, il héritera de tout; s'il y en a pluſieurs, ils partageront par égales parts.

S'il n'y a point de petit-fils du frere, elle paſſe au grand-pere de la fille; s'il n'y a point de grand-pere, elle va à l'oncle paternel de la fille; s'il n'y a qu'un oncle paternel, il héritera de tout; s'il y en a pluſieurs, ils partageront par égales parts.

S'il n'y a point d'oncle paternel, la propriété paſſe au fils de l'oncle paternel; s'il n'y a qu'un fils de l'oncle paternel, il héritera de tout; s'il y en a pluſieurs, ils partageront par égales parts.

S'il n'y a point de fils de l'oncle paternel, la propriété paſſe au petit-fils de l'oncle paternel de la fille; s'il n'y a qu'un petit-fils de l'oncle paternel, il héritera de tout; s'il y en a pluſieurs, ils partageront par égales parts.

S'il n'y a point de petit-fils de l'oncle paternel, elle paſſe au pere du grand-pere de la fille; s'il n'y a point de pere du grand-pere, elle va au frere du grand-pere de la fille; s'il n'y a qu'un frere du grand-pere, il héritera de tout; s'il y en a pluſieurs, ils partageront par égales parts.

S'il n'y a point de frere du grand-pere, elle paſſe au fils du frere du grand-pere de la fille; s'il n'y a qu'un fils du frere du grand-pere de la fille, il héritera de tout ; s'il y en a plusieurs, ils partageront par égales parts.

S'il n'y a point de fils du frere du grand-pere, elle passe au petit-fils du frere du grand-pere de la fille ; s'il n'y a qu'un petit-fils du frere du grand-pere, il héritera de tout ; s'il y en a plusieurs, ils partageront par égales parts.

S'il n'y a point de petit-fils du frere du grand-pere, elle passe au grand-pere du grand-pere de la fille ; s'il n'y a point de grand-pere du grand-pere de la fille, elle va au frere du pere du grand-pere de la fille ; s'il n'y a qu'un frere du pere du grand-pere, il héritera de tout ; s'il y en a plusieurs, ils partageront par égales parts.

S'il n'y a point de frere du pere du grand-pere, elle passe au fils du frere du grand-pere de la fille ; s'il n'y a qu'un fils du frere du pere du grand-pere, il héritera de tout ; s'il y en a plusieurs, ils partageront par égales parts.

S'il n'y a point de fils du frere du pere du grand-pere, elle passe au petit-fils du frere du pere du grand-pere de la fille ; s'il n'y a qu'un petit-fils du frere du pere du grand-pere, il héritera de tout ; s'il y en a plusieurs, ils partageront par égales parts.

S'il n'y a point de petit-fils du frere du pere du grand-pere, la propriété passe au pere du grand-pere du grand-pere de la fille ; s'il n'y a point de pere du grand-pere du grand-pere, elle va au frere du grand-pere du grand-pere de la fille ; s'il n'y a qu'un frere du grand-pere du grand-pere, il héritera de tout ; s'il y en a plusieurs, ils partageront par égales parts.

S'il n'y a point de frere du grand-pere du grand-pere, elle passe au fils du frere du grand-pere du grand-pere de la fille ; s'il n'y a qu'un fils du frere du grand-pere du grand-pere de la fille, il héritera de tout; s'il y en a plufieurs, ils partageront par égales parts.

S'il n'y a point de fils du frere du grand-pere du grand-pere, elle paffe au petit-fils du frere du grand-pere du grand-pere de la fille; s'il n'y a qu'un petit-fils du frere du grand-pere du grand-pere, il héritera de tout; s'il y en a plufieurs, ils partageront par égales parts.

S'il n'y a point de petit-fils du frere du grand-pere du grand-pere, elle paffe au grand-pere du grand-pere du grand-pere de la fille; s'il n'y a point de grand-pere du grand-pere du grand-pere de la fille, elle va au frere du pere du grand-pere du grand-pere de la fille; s'il n'y a qu'un frere du pere du grand-pere du grand-pere de la fille, il héritera de tout; s'il y en a plufieurs, ils partageront par égales parts.

S'il n'y a point de frere du pere du grand-pere du grand-pere, elle paffe au fils du frere du pere du grand-pere du grand-pere de la fille; s'il n'y a qu'un fils du frere du pere du grand-pere du grand-pere, il héritera de tout; s'il y en a plufieurs, ils partageront par égales parts.

S'il n'y a point de fils du frere du pere du grand-pere du grand-pere, elle paffe au petit-fils du frere du pere du grand-pere du grand-pere de la fille; s'il n'y a qu'un petit-fils du frere du pere du grand-pere du grand-pere de la fille, il héritera de tout; s'il y en a plufieurs, ils partageront par égales parts.

S'il n'y a point de petit-fils du frere du pere du grand-pere du grand-pere, la propriété paffe à celui de la famille du pere de la fille qui eft le plus proche parent; s'il n'y a point de proche parent, elle va à celui qui eft d'une affinité même éloignée.

S'il

S'il n'y a pas même d'allié éloigné, le Magiſtrat s'appropriera les effets de la fille non mariée d'un *Chehteree*, d'un *Sooder* & d'un *Bice*; & la propriété de la fille non mariée d'un Brame ſera donnée aux ſavans Brames du village qu'habitoit cette fille.

S'il n'y a point de ſavans Brames dans ce village, la propriété ſera donnée aux Brames non ſavans de ce village.

S'il n'y a pas même de Brames non ſavans, elle ſera donnée aux Brames des environs de ce village.

Le Magiſtrat ne prendra jamais la propriété de la fille non mariée d'un Brame.

Si quelqu'un avoit promis d'épouſer une fille morte depuis, & que cet homme, ou le pere & la mere de cet homme, aient fait quelques préſens à la fille; ces préſens retourneront à la perſonne qui les aura faits.

Si après la promeſſe de marier une fille, à un homme en particulier, on la donne en mariage à un autre, tout l'argent, &c. que le premier homme, ou ſa mere & ſon pere auront donné à la fille ou à quelqu'un de la famille de la fille, à cauſe du mariage qui n'a pas eu lieu, retournera à ceux qui les ont faits.

SECTION V.

DES PERSONNES CAPABLES D'HÉRITER.

CELUI qui est né eunuque (*a*), qui a été chassé de sa Caste, de la société de ses parens & de ses alliés pour quelque crime; celui qui est né aveugle; celui qui est sourd dès le ventre de sa mere; celui qui est imbécille; celui qui ne peut pas distinguer entre le bien & le mal; celui qui n'a point de principes de religion; celui qui est muet; celui qui est né sans main, sans pied, sans nez, sans langue, ou sans verge, ou sans fondement; celui qui frappe & bat son pere, ou qui après la mort de son pere, ne rend pas à sa mémoire les devoirs religieux; celui qui est, en général, d'une conduite si mauvaise, que ses parens, & ceux qui sont avec lui communauté, refusent de manger ou de boire à sa table; celui qui pratique constamment des actions défendues à sa Caste par les *Bedas*; celui qui a une folie si incurable, que les remedes sont sans effet, & qui, à raison de cette folie, n'est jamais en état d'accomplir le *Serâdeh*, le *Poojeh*, & les autres devoirs de religion de cette espece; celui qui a une lepre scrophuleuse, ou une lepre qui éclate en ulceres, & qui jette continuellement du sang & du pus: tous les hommes qui ont ces infirmités, même après le *peràshchut* (une espece de guérison), demeureront incapables d'hériter: quiconque se déguise en *berhem-chàrry*, ou en *sinnassee*,

---

(*NOTE DU TRADUCTEUR FRANÇOIS.*)

(*a*) Je ne conçois pas comment on peut naître eunuque, ni de quoi il est ici question; mais il y a dans l'Anglois *Whoever is born an eunuch*; il est souvent question, dans cet Ouvrage, d'hommes nés eunuques.

& gagne ainsi sa vie par fraude & par artifice : quiconque est attaqué de *gânse-jikkheh*, ou d'une consomption, & qui par un effet de cette maladie, jette du sang mêlé de flegme ; quiconque a fait profession de *sinnassee* ; quiconque pourvoit à sa subsistance, par un travail ou par une profession illicite, est incapable d'hériter.

Mais celui qui remplace ces différentes personnes dans l'héritage de la propriété, doit leur accorder les vêtemens & la nourriture, excepté à l'homme qui a été chassé de sa Caste.

Si les fils des hommes incapables d'hériter sont lavés de tous les reproches qu'on a faits ci-dessus, ils recevront la part de propriété qui leur est laissée pour héritage : cependant le fils d'un homme chassé de sa Caste, ou né après cette expulsion, n'héritera de rien.

Si les hommes qui se trouvent dans les cas spécifiés, ont des filles non-mariées, ces filles obtiendront le vêtement & la nourriture jusqu'après leur mariage.

Les femmes des hommes qui se trouvent dans les cas dont on a parlé, obtiendront le vêtement & la nourriture, à moins qu'elles ne soient incontinentes.

SECTION VI.

DE LA PROPRIÉTÉ SUSCEPTIBLE DE DIVISION.

LA propriété d'un grand-pere & d'un pere ; celle qui provient d'une communauté ; celle qui est donnée par un allié, les profits qui résultent des travaux & des efforts réunis de deux, de quatre, &c. personnes, sont susceptibles de division.

Lorsque deux ou un plus grand nombre de personnes sont cohéritieres; si on fait du bénéfice sur la masse commune de l'héritage, ceux qui par leurs travaux & leur prudente administration ont produit ce gain, prendront une part double, les autres n'en auront qu'un simple.

₊ Suivant les réglemens de *Sirree Kishen Terkàlungkàr*, & de *Gopaul-Punchanum*.

Quand deux, quatre, &c. hommes sont en communauté, & qu'un ou deux des membres de la communauté font quelque profit, ceux qui ont fait ce profit, divisent d'abord le tout en égales parts, & chacun en prend une, & ensuite chacun recevra une part de ce qui reste, proportionnée à ce qu'il a dans la masse commune.

°₀° Suivant le réglement de *Sewàrteh Behtachàrige*, & *Jeimoot Bahun*, & ce réglement est approuvé (ou plutôt observé) dans ce royaume.

Si la masse des biens qui est en communauté appartient en entier à un des membres, & que l'autre fasse tout le travail & tout le profit, ce profit se partagera également entr'eux.

Si l'un des membres risque sa propriété, & fait en outre une partie du travail, & que l'autre sans exposer sa propriété, n'ait que la peine d'administrer les affaires, le premier recevra une part double ; celui qui n'y a mis que son industrie, n'en aura qu'une simple.

Si un homme sans faire aucune avance, gagne quelque chose par son activité & son industrie seule, ses co-associés n'en recevront aucune part.

SECTION VII.

De la division de la propriété, gagnée par la Science du Shafter, par l'Art de la Peinture, par l'Architecture, & les autres Arts de cette espece, avec lesquels on peut s'enrichir.

SI un homme dans une communauté où l'on n'emploie pas de fonds, gagne quelque chose par sa propre industrie en exerçant un art libéral, lors que ses co-associés par affinité auront plus de connoissances ou autant de connoissances que lui, il leur donnera à chacun seulement une part, & il en prendra deux pour lui; mais ceux des membres de la communauté qui auront moins de connoissances que lui, & qui ne connoitront point du tout cet art, ne recevront rien.

Si un homme qui a appris un art de son pere, de son grand-pere, de son oncle paternel, de son frere, & de quelqu'autre de sa propre famille gagne quelque chose par cet art, il aura une part double, tandis que chacun des membres de la famille ignorans dans cet art, ou qui ont moins de connoissances que lui, recevront une part simple.

Si quelqu'un a quitté ses co-associés par affinité afin d'apprendre un art, & qu'un autre homme de la famille ignorant cet art, emploie une partie de sa propriété à faire subsister ceux qui appartiennent immédiatement à l'absent, celui qui est allé s'instruire dans l'art, s'appropriera une portion double de ce qu'il aura gagné par cet art, & il en donnera une simple à celui qui a fait subsister ses proches pendant son absence. Si ces proches ont subsisté des fonds de la masse commune, ils ne donneront rien.

Si quelqu'un apprend un art d'un étranger, ses co-associés par affinité n'auront rien de ce qu'il pourra gagner par cet art.

SECTION VIII.
DE LA DIVISION DE LA PROPRIÉTÉ, GAGNÉE PAR LES ENFANS D'UN PERE.

Celui qui gagne quelque chose en employant la propriété de son pere ou de son grand-pere, donnera la moitié de son bénéfice à son pere; & s'il n'a point de freres, il prendra l'autre moitié pour lui seul; s'il a des freres, il s'appropriera une portion double de ce qui reste, & il donnera une portion simple à chacun de ses freres.

Un fils qui sans avance de propriété gagne quelque chose, en donnera la moitié à son pere, & il prendra pour lui l'autre moitié; ses co-associés par affinité ne recevront rien.

Celui qui en faisant usage de la propriété de son frere, gagne quelque chose, donnera une moitié de tout le gain à son pere, si son pere est un homme habile & instruit; celui qui a fait le bénéfice, recevra une portion double de la moitié du reste; & celui dont on a employé la propriété, en aura une portion simple; ceux qui n'y ont mis aucune propriété, ne recevront rien. Si le pere n'est pas un homme instruit & habile, il recevra seulement deux parts; celui qui a fait le bénéfice en aura également deux; & celui dont on a employé la propriété, en aura une simple.

SECTION IX.

Des possessions indivisibles.

SI un homme profitant de la victoire a fait une prise, ce butin n'est point sujet à être partagé.

Si un homme a reçu quelque chose dans la maison du pere de sa femme, ses co-associés par affinité (ou ses parens) ne pourront en rien réclamer.

Si un pere ou une mere par amitié spéciale donnent quelque chose à leur enfant, les co-associés (ou les parens) de l'enfant ne pourront rien réclamer.

Si quelqu'un sans employer les fonds de la communauté, & sans que les autres membres de cette communauté travaillent autant que lui, gagne quelque chose, ses co-associés n'auront aucune part à ce bénéfice.

Si un pere donne de son propre mouvement des terres, des maisons, des vergers, & le bénéfice de sa propre industrie à un de ses fils, les autres fils n'y auront aucune part.

Chaque homme puisera, suivant ses besoins, de l'eau d'un puits ou d'un étang : on ne tiendra point compte de la part plus ou moins grande que chacun en prendra.

Outre la terre de la famille, si quelque autre propriété du pere & du grand-pere n'est pas occupée, & que l'un des membres de la communauté par affinité, sans employer la masse commune des fonds, & sans faire usage du travail & de l'industrie des autres co-associés, mais par la permission de ses co-associés, prend possession de cette propriété, elle n'entrera point en partage : si de même, avec la permission des membres de la communauté, l'un d'eux entre en possession de quelque terre de son pere & de son grand-pere, il partagera cette terre en quatre parts : il prendra la premiere pour lui, & ensuite il divisera les trois autres entre ses co-associés & lui.

Dans une communauté d'affinité, il faut distinguer la garde-robe de chaque membre; son équipage de voyage; les ornemens qu'il porte sur sa personne, les verres & les plats pour boire & manger, qui sont d'un usage immédiat; la fille esclave destinée la premiere à son Harem, outre les autres concubines; les tapis & les nattes sur lesquels on s'assied & l'on dort. Si quelqu'un consomme une quantité plus ou moins grande de ces choses, on n'en tiendra point compte; & s'il n'y a dans la maison qu'une seule de ces différentes choses pour chaque personne, tous les membres de la communauté y auront un égal droit.

Les lieux où l'on accomplit le *Poojeh* & le *Jugg* (on a parlé du *Jugg* dans la Section de la propriété de la femme) ne sont pas susceptibles de partage : le *Tagur* ou l'Idole auquel on rend un culte, n'est pas non plus susceptible de division.

Le chemin laissé pour le passage du bétail, & le chemin qui conduit à la grande porte de la maison, ne sont pas susceptibles de partage.

Tout ce qui est immédiatement nécessaire à quelqu'un, n'est pas susceptible de partage : si par exemple deux ou quatre personnes étant membres d'une communauté, l'une d'elles s'engage comme Serviteur, l'autre devient Brame, une troisieme Peintre,

&

& elles exercent toutes enfin des professions différentes, alors chacune d'elles fera usage de ce qui est dans la maison suivant les besoins de sa profession : s'il n'y a qu'un article, ils le diviseront également ; mais si cette chose est un instrument appartenant à l'art qu'exerce l'un des membres de la communauté, il le prendra, & il donnera à ses co-associés une valeur qui soit proportionnée à leur part.

Si pendant la vie d'un pere tous les enfans par son ordre ou sans sa défense, construisent pour eux des maisons & des jardins sur la terre du pere, la terre prise ainsi en plus ou moins grande quantité, n'est point susceptible de partage. Mais si quelques-uns des enfans se sont construit des maisons & des jardins, & que d'autres ne s'en soient point construit, alors ces maisons & ces jardins seront partagés par égales parts.

SECTION X.
DU PARTAGE QUE FAIT UN PERE A SES FILS, DE LA PROPRIÉTÉ QU'IL A GAGNÉE.

UN pere qui partage entre ses fils la propriété qu'il a gagnée lui-même, est le maître de la distribuer à son gré ; les fils n'auront pas droit de le forcer à ce partage s'il ne le veut pas.

Si un pere donne de son propre mouvement à ses fils une petite part de la propriété qu'il a gagnée par son industrie & qu'il en garde une plus grande pour lui, il le peut ; de même si après avoir dépensé ce qu'il s'étoit réservé, il demande à ses fils d'être vêtu & nourri, il en a le droit.

Si un pere partage entre ses fils la propriété qu'il a gagnée, il sera tenu de la distribuer à tous ses fils par égales parts ; mais si quelqu'un des fils lui a donné des marques particulieres d'attachement, ou s'il a une très-grande famille, ou s'il est incapable de gagner sa vie, dans ces trois cas il peut donner à l'un de ses fils une part plus grande qu'aux autres.

Si un pere poussé par le ressentiment, ou par un attachement particulier pour la mere d'un de ses fils, ou dans un accès de maladie, partage inégalement entre ses enfans la propriété qu'il a gagnée lui-même, ce partage n'est pas approuvé.

Si tous les fils se rendent en corps auprès du pere, & qu'ils lui demandent conjointement le partage de sa fortune, le pere donnera des parts égales de la propriété qu'il a acquise au fils incapable de gagner sa vie, au fils qui lui a montré un attachement particulier, & au fils qui a une très-grande famille : quant aux autres fils qui ne se trouvent dans aucune de ces trois circonstances, il pourra régler le partage comme il le jugera à propos.

Si un pere possede un terrain qui appartenoit déja à son pere, il ne pourra pas le distribuer à ses fils en inégales parts, comme la propriété qu'il a gagnée lui-même.

SECTION XI.

Du partage que fait un pere, parmi ses fils, de la propriété que lui ont laissée son pere & son grand-pere.

Si un pere veut partager entre ses fils la propriété de son pere & de son grand-pere, dès qu'il croit ne plus avoir de fils d'aucune de ses femmes, il peut, s'il veut, faire le partage de cette propriété : s'il espere avoir un fils de quelqu'une de ses femmes, il ne peut pas encore faire ce partage.

Si le pere ne veut pas faire le partage de sa propriété, les fils n'ont aucun droit de lui enlever par force la part qu'ils peuvent prétendre à la propriété de leurs ancêtres, lors même qu'il n'y a point d'espérance qu'il ait un nouveau fils.

Si un pere, de son propre choix, partage entre ses enfans la propriété de son pere & de son grand-pere, il prendra pour lui une part double, & il donnera une part simple à chacun de ses fils.

Si un pere partage entre ses enfans les champs, les vergers, les maisons, les rentes, les filles esclaves & les esclaves de son pere & de ses ancêtres, il doit en donner des parts égales au fils qui a une très-grande famille, à celui qui est incapable de gagner sa vie, à celui qui lui a montré un attachement particulier, ainsi qu'à tous ses autres fils : il ne peut pas vendre ces choses ou les donner sans le consentement de ses fils.

Un pere ne pourra pas donner à vendre les effets & la terre appartenant à lui, à son pere ou à ses ancêtres, si ceux qui dépendent immédiatement de lui se trouvent par-là manquer de nourriture & de vêtemens ; mais après avoir réservé ce qu'il faut pour l'entretien & la nourriture de ceux qui dépendent immédiatement de lui, il peut donner ou vendre le reste de sa propriété.

Si un pere, non compris la terre, les rentes, les filles esclaves & les esclaves de son pere & de ses ancêtres, partage entre ses fils le reste de sa propriété; il peut en disposer ainsi que de la propriété qu'il a gagnée lui-même, en donnant une part plus grande au fils qui a une grande famille, à celui qui ne peut pas gagner ſa vie, & à celui qui lui a montré un attachement particulier ; mais ſi tous les fils en corps demandent leurs parts reſpectives, il ne donnera à aucun d'eux une part plus grande qu'à l'autre.

Si un pere au tems où il partage entre ſes fils la propriété qu'il a gagnée, ou celle de ſon pere & de ſes ancêtres, diviſe le tout en vingt parts égales, il peut commencer par donner une de ces parts au fils aîné, & diviſer enſuite les dix-neuf autres parts entre le fils aîné & les autres fils.

Si un homme de la tribu de *Sooder*, de ſon propre mouvement, donne une part égale de ſa propriété au fils né d'une concubine, & au fils né d'une femme légitime, il le peut.

Si un pere meurt ſans avoir partagé ſa propriété, le fils né d'une concubine, héritera de la moitié de la part que recevra le fils né d'une femme légitime.

S'il n'y a pas de fils né d'une femme légitime, ni de petit-fils, ni de fils de petit-fils, ni d'épouſe, ni de fille, ni de fils de la fille, le fils né d'une concubine héritera de toute la propriété.

S'il y a un fils de la fille, il recevra une part égale à celle du fils né d'une concubine.

Un pere qui a donné à ſes fils une part égale à celle qu'il prend pour lui-même, donnera à ſa femme qui n'a ni fils ni petit-fils, ni arriere-petit-fils, & qui n'a reçu aucune des choſes qui conſtituent la propriété d'une femme, une part égale à la part d'un fils ; ſi l'épouſe a reçu quelqu'une des choſes qui conſtituent la propriété d'une femme, cette part ſera la moitié de celle d'un fils.

DES GENTOUX.

Si un pere ayant donné une petite part à ses fils, s'en est réservé une plus grande pour lui, il donnera à la femme sur ce qu'il s'est réservé une part égale à celle d'un des fils.

Quand un pere séparé de ses fils a divisé entre eux sa propriété suivant les réglemens du *Shafter*, si après avoir pris sa part suivant le *Shafter*, il ne retourne plus vivre avec ses fils, & qu'ensuite il ait un autre fils par la même mere, ce fils héritera de la part de son pere, & de tout ce que son pere peut avoir acquis après cette séparation.

Si plusieurs fils sont nés après cette séparation, ils partageront le bien par égales parts, & ces fils payeront toutes les dettes que le pere peut avoir contractées après la séparation.

Les fils qui se sont séparés les premiers de leur pere, n'hériteront pas de cette derniere propriété, & ils ne payeront pas les dettes de leur pere: le fils né après la séparation, ne recevra non plus aucune part de la propriété primitive.

°₀° Ce réglement regarde seulement la propriété immédiatement acquise par le pere.

Si un pere partageant entre ses enfans, suivant le *Shafter*, la propriété de son pere & de son grand-pere, prend pour lui une part double, & donne une part simple à chacun de ses fils, & qu'ensuite il naisse un autre fils, ce fils recevra de ses freres une part égale de la propriété qui a été partagée; & il recevra aussi à la mort de son pere, une part égale de cette partie de la propriété qui est restée dans la possession de son pere lors de la division.

Quand un pere se séparant de ses fils, leur donne le contingent de sa propriété, & prend pour lui sa propre part; si en ce tems, la mere de fes fils eft enceinte, le fils, né après cette féparation, recevra une part égale à celle des fils qui font féparés; ils partageront par égales parts la propriété que peut avoir leur pere, & ils contribueront tous à payer les dettes qu'il aura contractées.

SECTION XII.
DES FILS PARTAGEANT LA PROPRIÉTÉ QUE LEUR A LAISSÉE LEUR PERE.

SI un homme, ayant une femme & des fils, nés de cette femme, meurt ou renonce au monde, ou abandonne tous fes biens, ou eft chaffée de fa Cafte, ou de la fociété de fes parens, tant que la femme vivra, il n'eft ni jufte ni convenable que les fils partagent la propriété laiffée par le pere, mais fi la femme le leur permet, les fils ont droit de faire ce partage : au tems du partage, fi la femme veut recevoir une part, elle lui fera donnée égale à celle d'un fils; fi elle ne veut point avoir de part, elle fera nourrie & vêtue.

Si un homme a donné à fa femme, ou fi le pere de cet homme a donné à la femme quelqu'une des chofes qui conftituent la propriété d'une femme, les fils, au tems du partage, donneront à leur mere une demi-part; ils ne donneront pas une part entiere, mais feulement la nourriture & le vêtement, à toute autre époufe de leur pere.

°₀° Ce réglement eft fuivant *Sewàrtèh-Behtàchàrige* & *Sirree-Kisken-Terkàlungkàr*, & *Jeimoot-Bàhun*, & il eft approuvé (ou fuivi dans ce royaume); l'époufe d'un pere, qui n'a ni fils, ni petit-fils, ni arriere-petit-fils, doit recevoir une part égale à celle de fon fils, fuivant les réglemens des Brames de *Methilla*.

Si tous les freres d'une même famille, de leur propre choix, vivent enfemble, le frere aîné prenant le commandement de la famille, fera, à la maniere d'un pere, tous fes efforts, pour entretenir & élever fes freres cadets : les freres cadets, de leur côté, confidérant leur aîné comme un pere & un protecteur, tâcheront de lui plaire.

Si le frere aîné n'eft pas propre pour adminiftrer les affaires; celui qui aura affez de capacité fe chargera de ce fardeau, & gouvernera la famille.

Vivre enfemble, eft le réfultat du confentement général de tous les membres d'une communauté; & fe féparer, eft l'effet de l'inclination de quelqu'un d'eux; fi donc, en conféquence de l'inclination de l'un d'eux, ils fe féparent & partagent la maffe commune des fonds, on prélevera la part de celui qui eft abfent & de celui qui eft enfant, & on la dépofera en quelque endroit fûr, afin qu'elle ne puiffe fe perdre ni fe diminuer.

Si tous les freres, de leur propre mouvement, mettant à part la vingtieme partie de la propriété dont on a parlé ci-deffus, la préfentent avant le partage général à leur frere aîné, & qu'enfuite ils divifent également les dix-neuf autres parties entre le frere aîné & les freres cadets, cela fe peut faire; mais fi tous les freres ne prennent pas cette réfolution de leur propre mouvement, & que le frere aîné demande lui-même cette vingtieme partie, il n'en a pas le droit.

Si un membre d'une communauté, par affinité, cede fa part, de fon propre mouvement, & la laiffe à fes co-affociés, ces co-associés, pour prévenir toute dispute à l'avenir, & empêcher qu'aucun de ses héritiers, à une époque éloignée, puisse rien réclamer, lui donneront quelque chose, & ils en obtiendront une reconnoissance par écrit.

Dans le tems que les co-associés, par affinité, prennent leur part respective de la propriété qui leur est transmise, il faut qu'ils acquittent les dettes de l'homme dont ils héritent ; s'ils sont incapables de payer les dettes, ils doivent appaiser le créancier, & prenant leur part de la propriété, donner une promesse de payer les dettes dans la suite : ils les paieront en effet plutôt ou plus tard, suivant la part qu'ils auront reçue, lors de la division des biens ; & si le défunt avoit projetté de donner quelque chose à quelqu'un, ils rempliront cette intention.

Si l'un des membres d'une communauté a une très-grande famille, & si les autres en ont de petites, les petites familles, lors du partage de la propriété, n'auront pas droit de parler au pere de la grande famille, de la plus grande quantité de vivres & de vêtemens qu'il a consommés quand ils vivoient tous ensemble ; mais ils partageront par égales parts ce qui reste.

Si un frere ou une sœur non mariée, n'a pas encore accompli la cérémonie de se trouer les oreilles, ou de prendre le cordon des Brames, ou de goûter du lait pour la premiere fois ; & si les autres membres de la communauté ont accompli ces cérémonies, les membres de la communauté, lors du partage des biens, donneront à ceux-ci (outre leurs parts), tout ce qui est nécessaire pour les dépenses de ces cérémonies suivant leurs facultés, & ils partageront ensuite par égales parts le reste de la propriété ; si toute la propriété ne suffit pas pour les dépenses de ces cérémonies, les membres de la communauté dont il est ici question, tâcheront
respectivement

respectivement d'acquérir ce qui est nécessaire pour remplir ces devoirs.

Si un grand-pere meurt sans laisser de fils, & que le petit-fils fasse le partage des biens du grand-pere, les épouses du grand-pere auront des parts égales à celle du petit-fils, si elles prennent leur part de ce que le grand-pere a laissé.

Si elles ne prennent pas leurs parts respectives, le petit-fils leur donnera le vêtement & la nourriture ; si ces épouses ont reçu ce qu'on a désigné plus haut, sous le nom de la propriété d'une femme, elles recevront une portion égale à la demi-part du petit-fils.

SECTION XIII.

Du partage de la masse commune des fonds des personnes qui consentent à vivre ensemble, après la dispersion & la séparation primitive de la famille.

Lorsqu'un homme, après la séparation, reprend ses liaisons avec son pere, son frere, ou son oncle paternel, & qu'ils font entr'eux cette convention : « Ma propriété est la vôtre, & votre » propriété est la mienne » ; cette convention faite des deux côtés, avec des intentions droites, s'appelle *sung-sersut-heh*.

°₀° Il n'y a pas de *sung-sersut-heh*, à moins qu'après la séparation, il ne se forme une liaison nouvelle.

Si un homme reprend ses liaisons avec une autre personne que celle dont on vient de parler, cela ne s'appelle pas *sung-sersut-heh*.

CODE DES LOIX

Ceci eſt ſuivant le réglement de *Jeimoot-Bàhun*, & de *Sewàr-teh-Bahtàchàrige*, & approuvé (ou ſuivi.)

Mais les Brames de *Methilla* diſent que lorſqu'une perſonne reprend communauté avec quelque parent que ce ſoit, après s'en être ſéparé, cela s'appelle *ſung-ſerſut-heh*.

Si deux ou un plus grand nombre de freres, après s'être ſéparés, rentrent en communauté & ſe ſéparent une ſeconde fois, ils recevront des parts égales de la maſſe commune de leurs effets.

Si un homme, après la ſéparation, rentre en commùnauté, & que pendant le tems où il a été ſéparé, il ait fait quelque bénéfice par ſa ſcience ou ſon induſtrie, ou par la peinture, ou par quelqu'autre art; il prendra une part double de ce bénéfice, & il donnera à chacun de ſes co-aſſociés une part ſimple.

Si un pere, après s'être ſéparé de ſes fils, recommence une communauté avec eux, & qu'après la ſéparation, le pere ait engendré un autre fils; les fils qui, après la ſéparation, ſont rentrés dans cette communauté, & tous ceux qui ſont nés après cette ſéparation, recevront des parts égales à la mort du pere, & acquitteront en proportions égales ſes dettes.

Tous les fils qui ne ſont pas rentrés en communauté avec leur pere, n'ont rien à réclamer des effets de leur pere, ni à payer de ſes dettes.

Si un pere, après s'être ſéparé de ſes fils, rentre en communauté avec un ſeul ou pluſieurs de ſes fils, & qu'après la ſéparation le pere engendre un autre fils; ſi dans l'intervalle de la ſéparation, le pere, ſans l'induſtrie de ſes fils, & ſans l'emploi de la maſſe commune des fonds, acquiert des propriétés; ces propriétés, après la mort du pere, ſeront données à tous les fils nés après la séparation; & les autres qui sont rentrés de nouveau dans la communauté n'y auront aucune part.

La propriété qu'acquiert un pere par l'emploi de la masse commune des fonds, & par l'industrie & le travail de ses fils, sera partagée par égales parts.

Et si le pere, pour ses intérêts particuliers, contracte une dette, le fils né après la séparation l'acquittera.

SECTION XIV.

D'UN MEMBRE DE COMMUNAUTÉ QUI REÇOIT SA PART de la masse commune des fonds, après qu'un tems considérable s'est écoulé : de l'héritage des fils d'une femme de la Caste des Sooder, *par deux différens maris & des fils adoptifs.*

SI un des membres d'une communauté, par affinité, passe, avant la séparation, dans un autre royaume, & y fixe sa résidence, de sorte qu'après un long espace de tems, lui ou son fils, ou son petit-fils, ou son arriere-petit-fils, ou quelqu'un de ses descendans, s'adresse aux membres de la communauté dont on a parlé, & leur demande sa part des biens, il amenera avec lui des hommes dignes de foi, pris parmi ses voisins, ses parens ou d'autres, pour prouver son droit, & il recevra sa part de l'hoirie.

Si une femme de la Caste des *Sooder*, ayant donné un fils à son mari, emmene ce fils & va vivre avec un autre homme de la même Caste; & si pendant qu'elle reste dans la maison de ce second homme, elle lui donne aussi un fils, chacun de ces fils, après la mort de leur pere, recevra la propriété particuliere de son pere.

Si la mere de ces fils meurt, chaque fils héritera féparément de tout ce qui a été donné à fa mere par fon pere ; & fi la mere avoit quelques autres effets, outre ceux que le pere lui a donnés, les fils les partageront par égales parts.

Un homme fans la permiffion de fes co-affociés par affinité, ne donnera ni ne vendra rien de la propriété commune ; s'il en donne ou vend une partie, pour en tenir compte enfuite fur fa propre part, cela eft permis, fuivant les Brames de *Methilla*.

Mais s'il donne, vend ou engage une telle propriété à un homme de mauvaife foi, de forte qu'il procure par-là des pertes & des embarras à fes co-affociés ; l'homme qui donne ainfi, vend ou engage une propriété, doit être réputé criminel.

°₀° Suivant le réglement de *Sewàrteh-Behtàchàrige*, *Jeimoot-Bahun*, & *Sirree-Kishen-Terkàlungkàr*, & cela eft approuvé.

Si un homme, après avoir adopté un fils, en engendre un, le fils adoptif, après la mort du pere, recevra une part fimple ; & le fils véritable recevra une part double de la propriété.

SECTION XV.

DU PARTAGE DES EFFETS CACHÉS. DE LA MANIERE *de rectifier les partages inégaux, & de terminer les difputes qui furviennent fur les partages entre les membres d'une même communauté.*

SI quelqu'un des affociés, par affinité, au tems du partage & de la divifion de la propriété commune, cache une partie des effets, & qu'on le reconnoiffe enfuite, cette partie fouftraite fera divisée également entre tous les autres membres de la communauté ; mais celui qui l'avoit cachée n'en aura rien.

Si l'un des membres de la communauté est soupçonné d'avoir souftrait quelque chose, il subira le *purrikeh*, c'est-à-dire, l'épreuve.

Si au tems du partage de la propriété commune, les membres de la communauté font par mégarde une distribution inégale, cela n'est pas approuvé.

Quand l'erreur sera découverte, celui qui aura reçu une part trop considérable, fera rentrer dans un partage général le surplus de sa portion.

Si au tems du partage de la propriété commune, il y a un enfant, & que l'un des membres de la communauté prenne par fraude quelque chose de la part de cet enfant, & qu'il l'ajoute à la sienne, l'enfant pourra exiger ensuite ce qui est nécessaire pour completter sa part.

Si au tems du partage de la propriété commune, tous les membres de la communauté reçoivent de leur propre volonté des parts inégales, & qu'ensuite ils veuillent rétablir l'égalité dans le partage, ils ne le pourront pas.

Chaque royaume a ses propres coutumes, chaque ville a ses propres coutumes ; & ainsi chaque Caste a les siennes : si ces coutumes permettent un partage inégal, cela est approuvé.

Si l'usage des distributions inégales s'est transmis régulièrement depuis le tems du pere & des ancêtres, cela est aussi approuvé.

Si l'un des associés, par affinité, dit : « notre propriété a été

» partagée »; & qu'un autre dife : « elle ne l'a pas été », & que dans cette difpute on recoure à des arbitres ; d'abord les arbitres fe feront expliquer le cas, par les hommes qui defcendent du même grand-pere que le plaignant & le défendeur, & qui fe font jadis féparés de la famille.

Si les perfonnes qui defcendent du même grand-pere, ne donnent pas fur cela affez de lumieres ; les arbitres examineront les autres parens, & les alliés du demandeur & du défendeur.

Si cela ne fuffit pas, ils examineront les comptes de partage ; s'il n'y a point de comptes de partage, les arbitres examineront les circonftances : par exemple, fi les dépenfes & le revenu du demandeur & du défendeur font féparés & mis à part.

Si les travaux en agriculture & dans le commerce, font diftincts & féparés des deux côtés.

S'ils font Brames ; fi l'un préfente le *Dan*, & que l'autre accepte le *Dan* (le *Dan*, c'eft prononcer un certain charme ou un enchantement fur quelque chofe, en formant des fouhaits pour un heureux avenir, & le donner en préfent à une autre perfonne) : fi entre le plaignant & le défendeur, un gage a été dépofé par une des parties, & accepté par l'autre.

Si l'une des deux parties eft témoin ou caution pour l'autre.

Si elles accompliffent le *Seràdeh Amawus*, (c'eft-à-dire, les cérémonies de la derniere nuit du mois de la lune, qu'on appelle nuit des ténebres.)

Et fi elles accompliffent le *Seràdeh-nowann* (pour accomplir le Seràdeh-nowann chaque année dans le mois *Aghun*, on met enfemble du riz nouveau, du lait, du fucre, du candi, des bananes mûres, des cannes à sucre, des ignames, de la noix de coco, du gingembre & du sucre candi, & on fait le *Fateheh-Buzurgwar.*)

Si elles accomplissent le *Seràdeh-Aperpukh* (*Aperpukh* c'est le tems qui s'écoule avant les dix jours appellés *Rozidus-hareh*, (*a*) dans le tems du *Shebbi-tareckee*, (*b*) c'est-à-dire, la nuit des ténebres) qui dure quinze jours quelquefois dans le mois de *Bhadun*, & quelquefois dans celui d'*Affeh*.

Si elles remplissent le *Fàteheh Buzurgwar*, & tous les différens *Seràdehs*.

Quoiqu'il n'y ait point de témoin, ou de compte de partage, pour prouver la vérité des faits; si dans les cérémonies dont on vient de parler, le demandeur & le défendeur agissent séparément, cela est réputé une preuve que le partage a eu lieu.

SECTION XVI.

DE LA MANIERE D'ACQUÉRIR PAR USUFRUIT, UN DROIT DE POSSESSION SUR LA PROPRIÉTÉ D'UN AUTRE.

SI quelqu'un applique à son usage pendant l'espace de vingt ans la terre, les vergers, ou la maison d'un homme qui n'est ni mineur (on cesse d'être mineur à quinze ans) ni invalide, ni impotent, ni malade, ni imbécille, ni assez privé de l'usage de ses jambes

---

(*a*) Les jours où l'on célebre avec pompe le culte & les funérailles des Dieux des Indoux.

(*b*) Ou la nuit des ténebres, ainsi appellée, parce que la lune brille seulement une petite partie de la nuit.

pour ne pouvoir pas marcher, ni aveugle; de celui qui en fe préfentant devant le Magiftrat eft capable de diftinguer & de réclamer fes véritables intérêts, & qui n'a pas donné à un autre le pouvoir d'employer & d'appliquer fa propriété à fon ufage, fans réclamation de la part du propriétaire, qui pourtant eft inftruit de cet ufufruit; l'ufufruitier dès la vingtieme année demeurera invefti de cette propriété, & l'ancien propriétaire ne pourra plus rien prétendre fur cette terre, fur ces maifons ou jardins: fi au contraire le propriétaire fe trouve dans quelques-unes des circonftances qu'on a expofées au commencement de ce paragraphe, il aura droit de même après vingt ans de réclamer contre cette ufurpation.

°₀° Suivant les réglemens de *Sirrée Kerràchàrige* & de *Palook*, & *Jogue Logue*, & de *Bheb-deeb Bhet*, & *Sool panee*, & *Chendeefur*, & *Sewàrteh Behtàchàrige*, & cela eft approuvé (ou fuivi.)

Si au fu d'un homme qui n'eft ni mineur, ni invalide, ni impotent, ni malade, ni imbécille, ni affez privé de l'ufage de fes jambes pour ne pouvoir pas marcher, ni aveugle, qui en fe préfentant devant le Magiftrat eft capable de diftinguer & de réclamer fes véritables intérêts, & qui n'a donné à perfonne le pouvoir d'employer & d'appliquer fa propriété à fon ufage, un autre homme approprie pendant dix ans à fon ufage l'or & l'argent, les joyaux, les vêtemens, les foies tiffues, les meubles & les inftrumens de fer, & les autres chofes de cette efpece (non compris la terre, les maifons & les vergers) appartenant au premier fans réclamation de la part du propriétaire; dès la onzieme année l'ufufruitier demeurera invefti de cette propriété, & toutes les prétentions de la part du premier propriétaire fur ces biens, deviendront nulles.

Mais

DES GENTOUX.

Mais fi le premier propriétaire dont il eft ici queftion eft mineur, invalide, &c. il doit réclamer contre cette ufurpation.

∗ Suivant les réglemens de *Sirree Kerràchàrige*, de *Palook*, de *Jogue Logue*, de *Bheb-deeb Bhet*, de *Soolpânee*, de *Chendeefûr*, & de *Sewarteh Behtàchàrige*, & cela eft approuvé.

Si quelqu'un a occupé & appliqué à fon ufage la terre, les maifons & les vergers d'un autre homme, & fi le propriétaire dans l'efpace de vingt ans, y met un empêchement ou fait une réclamation, la terre, les maifons & les vergers retournent au propriétaire, mais il ne recevra rien de l'ancien produit, confommé par l'ufufruitier.

Non compris la terre, les maifons & les vergers, quand quelqu'un eft entré en poffeffion de quelques autres biens & de meubles qui ne font pas à lui, s'il les applique à fon ufage, & que dans l'efpace de dix ans, le propriétaire réclame ces biens & meubles, il a droit de les reprendre; mais fi l'ufufruitier a fait quelque bénéfice fur ces chofes, il ne rendra rien.

Si quelqu'un de ces effets a été gâté ou confommé, l'ufufruitier dédommagera le propriétaire, & le Magiftrat infligera à cet ufufruitier le même châtiment qu'à un voleur.

Si le dépofitaire applique à fon ufage pendant un tems confidérable une chofe dépofée en gage, ou une chofe confiée à fa garde avec atteftation fignée & fcellée de lui; ou une chofe qui lui a été confiée par *Howaleh*: (*Howaleh*, c'eft lorfque quelqu'un confie amicalement à un autre fes terres, fes vergers, maifons, vaches, chevaux, éléphants, chameaux, & bétail de cette efpece, ainfi que fon ameublement, & tous fes biens & meubles) fans

P

empêchement & réclamation de la part du propriétaire, celui-ci aura droit de les redemander, ces sortes de choses ne se prescrivant point dans l'espace de vingt ans & de dix ans.

Supposé que quelqu'un qui a employé à son usage la terre, les vergers & maison d'un étranger pendant l'espace de vingt ans, meure dans cet intervalle ainsi que son fils, & que le petit-fils ayant employé les mêmes biens à son usage pendant le même espace de vingt ans, meure ensuite, la terre, les vergers & les maisons dont il est ici question, passeront au fils du petit-fils.

Quand la propriété a passé ainsi entre les mains de trois différens possesseurs pendant l'espace de soixante ans, si le légitime propriétaire de la terre, des maisons & des vergers, par inattention & par ignorance n'a fait ni empêchement ni réclamation, dès la soixante-unieme année, les prétentions des descendans de ce propriétaire deviendront nulles, la terre, les maisons & les vergers appartiendront à la personne qui les a employés à son usage.

Supposé que quelqu'un ayant employé à son usage la terre, les maisons & les vergers d'un étranger pendant soixante ans par l'inattention & l'ignorance du propriétaire, meure; ou si lui & son fils, après avoir employé cette propriété soixante ans à leur usage, meurent ensuite en même tems, en laissant le petit-fils dans la jouissance de cette propriété, si le légitime propriétaire ou ses descendans même après ce terme de soixante ans, forment des prétentions, ou font un empêchement ou des réclamations, la terre, les vergers & les maisons dont il est question ici, retourneront au propriétaire & à ses descendans, & celui qui les a employés à son usage les rendra.

DES GENTOUX.

Suppofé que quelqu'un ayant employé à fon ufage pendant plus de vingt ans, la terre, les vergers & maifons d'un étranger, meure, & que fon fils après avoir employé la même propriété à fon ufage pendant moins de vingt ans meure auffi, & que fon petit-fils après avoir employé à fon ufage la même propriété pendant vingt ans, meure auffi; fi la propriété a paffé par les mains de différens poffeffeurs, qui après l'avoir employée à leur ufage pendant foixante ans, font morts depuis, le fils du petit-fils de l'ufufruitier ne recevra pas cette hoirie, mais elle retournera au légitime propriétaire.

Si deux hommes poffedent des actes féparés, comme un contrat de vente, de donation, ou d'hypotheque, tous revêtus de formes authentiques convenables, qui leur donnent à tous un droit à la même chofe; par exemple, l'un a une vente ou une donation, & l'autre a une hypotheque: fi la même date eft fur les actes des deux demandeurs, ou fi par accident la date fe trouve effacée de maniere qu'on ne puiffe pas déterminer lequel des deux actes eft antérieur à l'autre, dans ce cas, la propriété dont il eft queftion, appartiendra à celui qui a employé cette propriété à fon ufage, au fû de la perfonne qui poffédant l'autre acte, n'a fait ni empêchement ni réclamation.

Si aucun des deux n'a employé cette propriété à fon ufage, ils la partageront tous deux par égales parts.

°₀° Suivant les réglemens de *Pachefh puttee Mifr*, & cela eft approuvé. *Helayoodeh* dit fur cela que celui qui poffede une hypotheque recevra une petite part, & que celui qui a un contrat de vente ou une donation, en recevra une plus grande.

Si le chemin qui conduit à la maifon, ou l'efpace de terre occupé par les gouttieres de la maifon d'une perfonne, fe trouve dans le territoire d'un autre, celui qui a toujours paffé par ce chemin, continuera de jouir du même droit ; quoique l'autre perfonne ait un droit de propriété fur le terrein, & que ce droit foit attefté par un *Sunnud*, il ne pourra pas y mettre d'empêchement.

Lorfque deux perfonnes entre lefquelles s'eft élevée une difpute s'en rapportent à des arbitres, les arbitres, au tems de l'examen de l'affaire, croiront plus aux témoins qu'à l'opinion ; & fi on produit un écrit, ils ajouteront plus de foi à cet écrit qu'aux témoins.

Suppofé que deux hommes fe difputent fur le droit de propriété de certaines terres ou de maifons ou de vergers, & que l'un d'eux produife un acte par écrit, & que l'autre (après que la propriété en litige a été occupée l'efpace de foixante ans par trois poffeffeurs confécutifs morts) foit le quatrieme poffeffeur de cette propriété ; dans ce cas, la poffeffion de trois perfonnes de fuite, eft meilleure que l'écrit.

L'homme qui eft en poffeffion actuelle, obtiendra la propriété de cette terre, ou de ces maifons ou vergers, & on n'écoutera point la prétention de celui qui produit l'acte par écrit.

Si un homme a pendant long-tems employé à fon ufage les effets d'un Magiftrat, ou des ferviteurs d'un Magiftrat, ou les effets du pere de fa femme, ou ceux de fa femme, ou ceux du mari de fa fille, ou les effets du *Ryot*, ou ceux d'un homme defcendu du même grand-pere que lui, ou ceux de fon intime ami, ou ceux de fon oncle maternel, ou du fils de fa fœur, ou du fils de fon oncle paternel, ou autres proches parens & alliés, cela n'eft pas approuvé (c'eft-à-dire qu'il n'acquerra pas la propriété par cet ufufruit) : & fi un Brame qui a lu les *Bedas* employoit à fon ufage pendant un tems confidérable la propriété de quelqu'un, cela n'eft pas permis.

CHAPITRE III.

DE LA JUSTICE.

SECTION I. *Des formes pour administrer la Justice.*

SECTION II. *De la nomination d'un* Vakeel (*ou Procureur.*)

SECTION III. *Des circonstances où on ne doit pas saisir la Partie accusée.*

SECTION IV. *De l'obligation de répondre sur le champ à une plainte.*

SECTION V. *Des raisons alléguées en preuves, & de la réponse.*

SECTION VI. *De deux sortes de réponses.*

SECTION VII. *De l'évidence.*

SECTION VIII. *De l'évidence propre & impropre.*

SECTION IX. *De la maniere d'examiner les Témoins.*

SECTION X. *De la nomination des Arbitres, & de la maniere d'exposer une affaire.*

SECTION XI. *Du jugement ou de la préférence qu'on donne à l'une des deux Parties.*

SECTION PREMIERE.

Des formes pour administrer la Justice.

SI quelqu'un porte plainte devant un Magiſtrat au nom d'un autre, le Magiſtrat approfondira l'affaire, dès ce moment, ou bien il enverra chercher le demandeur, & il lui fera expoſer ſa plainte.

Si quelqu'un va auprès d'un arbitre de diſcernement pour ſe faire éclairer ſur la nature de ſa cauſe, l'arbitre auſſi examinera l'affaire avec ſoin.

Quand un arbitre de diſcernement entendra une affaire, il dira d'abord au demandeur, « que prétendez-vous ? » le demandeur dira alors ce qu'il prétend : l'arbitre demandera enſuite au défendeur, « qu'avez-vous à répondre à cela ? » le défendeur dira ſa réponſe ; celui qui a entendu les deux parties & approfondi la nature de l'affaire, eſt appelé arbitre de diſcernement.

Un Magiſtrat au tems de l'examen aura près de lui un homme judicieux & éclairé, & des Officiers d'une expérience conſommée, & un ſavant Brame, & il examinera enſuite la cauſe du demandeur & du défendeur.

Si un Magiſtrat par quelque raiſon particuliere ne peut pas lui-même examiner une cauſe, il chargera de cet examen un ſavant Brame ; s'il n'y a point de ſavant Brame, il en chargera un ſavant *Chehteree* ; s'il n'y a point de ſavant *Chehteree*, il en chargera un *Bice* intelligent ; s'il n'y a point de *Bice* intelligent, il s'adreſſera pour cela à un Brame non ſavant ; il ne déléguera jamais un *Sooder* comme examinateur ſur le *Shéertee* du *Shafter*, ou les *Bedas* du *Shafter*. Celui qui ayant un Brame dans son voisinage, établit un *Sooder* arbitre sur quelque affaire relative au *Shafter*, verra ses possessions se dissiper & tomber en ruine. Si un *Sooder* examine une affaire du *Sheertee* du *Shafter*, il payera au Magistrat une amende de 2000 *puns* de *cowries*.

Si un homme savant se trouve présent quand on examine une affaire devant un Magistrat, quoiqu'il ne soit pas chargé de l'examen par le Magistrat, cependant il pourra en dire son sentiment.

Tout Brame qui considere sous le même jour ses amis & ses ennemis, connoît les *Bedas* du *Shafter*, & le *Shertee* du *Shafter*, & est homme d'honneur & disant la vérité, a droit aux bontés du Magistrat qui leur donnera de l'argent, & chaque marque de considération & de respect, en leur assignant une place dans les siéges des Juges, mais il ne retiendra pas moins de 10 de ces Brames.

Le Magistrat après avoir employé les quatre premieres *ghurries* du jour au bain & à la priere, & avoir rendu à Dieu l'adoration qu'on lui doit, s'asseoira sur son siége de Juge, pour terminer des procès pendant une *pauss* & demie, (une *pauss* est le quart d'un jour ou six heures) ainsi le Tribunal levera après la seconde *pauss* du jour.

Si une affaire n'est pas bien examinée, & se décide injustement, la faute se divise en quatre parts; l'une tombe sur le demandeur ou le défendeur, si l'un d'eux a été la cause de l'examen ou de la décision impropre; une seconde sur les savans Brames qui ont contribué à l'examen & à la décision; une troisieme sur le témoin qui a fait un faux témoignage, si l'examen a été fait convenablement; la quatrieme partie tombe sur ceux qui ont porté une plainte futile & mal fondée.

Si plusieurs personnes portent en même tems une plainte au Magistrat ou à l'arbitre, le Magistrat ou l'arbitre, auteur de l'examen, s'occupera d'abord de la cause de celui qui a essuyé le plus de dommages; si les causes des deux plaignans sont égales, il s'occupera de l'affaire de celui qui est de la Caste la plus honorable; si les deux plaignans sont de la même Caste, & que leurs causes soient d'une égale importance, il s'occupera de l'affaire de celui qui le premier a porté plainte.

Quand le demandeur ou le défendeur sont présens devant le Magistrat ou l'arbitre, alors le Magistrat ou l'arbitre choisira un homme qui ait du bien, & qui soit capable d'être répondant ou caution pour le demandeur ou le défendeur : si le demandeur ou le défendeur sont incapables de trouver une pareille caution, on leur donnera une garde à l'un & à l'autre, & le soir le demandeur & le défendeur payeront à cette garde assez de *cowries* pour sa subsistance.

SECTION II.

DE LA NOMINATION D'UN VAKEEL (OU PROCUREUR).

SI le demandeur ou le défendeur ont une excuse pour ne pas se présenter à la Cour, ou pour ne pas plaider leur cause, ils choisiront une personne pour leur *Vakeel* : si le *Vakeel* gagne le procès, son Commettant le gagne aussi ; si le *Vakeel* est débouté, le Commettant l'est aussi.

Dans une cause où il y a une accusation d'assassinat, de vol, d'adultere, d'adultere, d'avoir mangé des alimens défendus, d'injure, d'avoir mis son doigt dans le *pudendum* d'une vierge non mariée, de faux témoignage, d'avoir détruit quelque chose; s'il est question de la propriété d'un Magistrat, on ne doit pas nommer un *Vakeel* pour plaider ou répondre : le demandeur & le défendeur doivent faire leurs accusations & répondre en personne; mais une femme, un mineur, un imbécille, & celui qui ne peut pas distinguer entre le bien & le mal, pourront se donner un *Vakeel*, même dans le cas dont on vient de parler.

Excepté le frere, le pere & le fils du demandeur & du défendeur, si quelqu'un, lors de l'information, sollicite ou parle pour l'une des deux parties, le Magistrat en exigera une amende : si un frere, un pere, un fils, ou un *Vakeel*, aide l'une des deux parties, ou parle pour elle, cela est permis.

SECTION III.
DU TEMS OU ON NE DOIT PAS SAISIR LA PARTIE ACCUSÉE.

SI un homme est occupé à célébrer un mariage, un créancier ni qui que ce soit n'a droit de le saisir alors : si le créancier ou quelqu'un d'autre forme une accusation contre cette personne devant le Magistrat, le Magistrat n'aura pas non plus le pouvoir de le saisir pendant les fêtes du mariage.

Si quelqu'un est malade, jusqu'à sa guérison, ni son créancier, ni qui que ce soit, pour ses propres intérêts, n'aura le droit de le saisir : si le créancier ou quelqu'un d'autre durant cette maladie, forme une plainte en son nom, le Magistrat ne le saisira pas non plus durant la maladie.

Si un homme eſt occupé au *Jugg*, au *Poojeh*, au *Dan*, ou à quelque autre devoir religieux, ſon créancier ou qui que ce ſoit pour ſes propres intérêts, n'aura le pouvoir de l'appréhender & le ſaiſir ; ſi on a formé une accuſation contre lui devant un Magiſtrat, le Magiſtrat ne le ſaiſira pas non plus durant ce tems.

Si quelqu'un eſt nommé *Vakeel* pour plaider & répondre dans quelque cauſe, ni ſon créancier, ni qui que ce ſoit pour ſes propres intérêts, ne pourra le ſaiſir ni le détenir juſqu'à ce qu'il ſoit déchargé de cette obligation. Si on a formé une accuſation contre lui devant un Magiſtrat, le Magiſtrat ne pourra pas non plus le ſaiſir.

Si quelqu'un eſt occupé à faire paître ſes vaches ou ſes buffles, ou ſes chevres ou ſes moutons, ou autres animaux domeſtiques; juſqu'à ce qu'il les ait ramenés, ni ſon créancier, ni qui que ce ſoit pour ſes propres intérêts, ne pourra le ſaiſir ni le détenir. Si le créancier ou quelque autre perſonne forme une plainte contre lui, le Magiſtrat durant ce tems, ne pourra pas non plus le ſaiſir.

Si quelqu'un eſt occupé à ſurveiller le labour de ſes terres, juſqu'à ce qu'il ſoit de retour, ni ſon créancier ni perſonne pour ſes propres intérêts, ne pourra le ſaiſir ni le détenir; ſi on forme une plainte contre lui devant un Magiſtrat, le Magiſtrat ne le ſaiſira pas non plus dans ce tems.

Si quelqu'un eſt employé à un ouvrage de peintre, de charpentier, de conſtructeur, ou à un autre travail de cette eſpece; juſqu'à ce qu'il ait fini, ni ſon créancier, ni qui que ce ſoit pour ſes propres intérêts ne pourra le ſaiſir ni le détenir : ſi on a formé une plainte contre lui devant un Magiſtrat, le Magiſtrat ne pourra pas non plus le ſaiſir durant ce tems.

DES GENTOUX.

Si quelqu'un est occupé à la guerre, ni un créancier, ni qui que ce soit pour ses propres intérêts, ne pourra le saisir ni le détenir avant la fin de la guerre: si son créancier ou quelqu'un d'autre durant ce tems forme une accusation devant un Magistrat, le Magistrat ne pourra pas non plus saisir l'accusé.

Si quelqu'un est employé comme messager, ni son créancier, ni qui que ce soit pour ses propres intérêts ne pourra le saisir ni le détenir avant son retour: si une accusation est formée contre lui devant un Magistrat, le Magistrat ne pourra pas non plus saisir l'accusé avant son retour de l'exécution du message.

Si une personne est mineure, son créancier ne pourra pas la saisir; & si le créancier forme une accusation contre lui devant un Magistrat, le Magistrat ne pourra pas non plus saisir l'accusé durant ce tems.

S'il survient une disette ou une calamité dans un royaume ou dans une ville; jusqu'à ce que la calamité ou la disette soient finies dans le royaume ou dans la ville, une personne dans une affaire qui lui est particuliere, n'aura pas le droit d'en saisir & d'en détenir une autre: si quelqu'un dans une affaire qui lui est particuliere, forme une accusation devant un Magistrat, le Magistrat ne pourra pas non plus saisir cette personne durant ce tems.

Si quelqu'un a des prétentions sur un autre qui a porté une accusation contre lui, l'accusé doit d'abord répondre à l'accusation avant de pouvoir commencer une action contre l'accusateur: le Magistrat condamnera à une amende celui qui dans un pareil cas forme une plainte, mais l'action qu'il a intentée ne tombera pas pour cela.

Quand quelqu'un fait une plainte contre un autre, disant: « Un tel » a outragé mon caractere, ou m'a menacé », s'il a le premier outragé ou menacé l'autre, le dernier sans répondre à l'accusation intentée contre lui, pourra de son côté en intenter une contre le plaignant.

Quand quelqu'un a le premier outragé ou menacé un autre, si ensuite cet autre outrage & menace l'aggresseur, on ne peut pas le traduire en Justice; mais le premier qui a outragé ou menacé, sera mis à l'amende par le Magistrat.

Quand quelqu'un pour opérer la mort d'un homme, met sa maison en feu, ou lui fait prendre du poison, ou s'efforce de l'assassiner, ou saisit sa femme & l'emmene avec lui, ou pille & prend tous ses effets & ses grains; si l'attaqué tue l'aggresseur, on ne pourra pas le traduire en Justice: si un Brame commet les crimes qu'on vient d'exposer ci-dessus, on ne lui ôtera point la vie; mais quand un Brame va dans l'intention d'en assassiner un autre, si celui-ci n'a pas d'autre moyen de s'échapper & de sauver sa vie qu'en tuant le Brame, le Magistrat ne pourra pas condamner à l'amende le meurtrier du Brame : quand une vache entreprend de tuer quelqu'un, si la personne attaquée n'a pas de moyen de s'échapper, elle pourra tuer la vache pour la conservation de sa vie, sans être traduisible en Justice.

Quand deux personnes s'injurient mutuellement ou se donnent des coups, si les injures & les menaces ou les coups sont les mêmes des deux côtés, le Magistrat les condamnera à une amende égale.

Si quelqu'un commence par en injurier un autre, ou lui donne des coups, & qu'ensuite l'autre lui rende plus d'injures & un plus grand nombre de coups, le Magistrat exigera une amende des deux; mais celui qui le premier s'est livré à la violence, payera une plus grosse amende.

SECTION IV.

DE L'OBLIGATION DE RÉPONDRE SUR LE CHAMP A UNE PLAINTE.

SI quelqu'un intente une action contre un autre pour l'assassinat d'un homme, l'accusé au moment qu'il paroîtra devant le Magistrat, répondra sur le champ à cette accusation : on ne lui accordera aucun délai pour répondre.

Si quelqu'un est saisi pour cause de vol ; lorsqu'il paroîtra devant un Magistrat, ou devant un arbitre, il donnera sur le champ & sans aucun délai sa réponse.

Si quelqu'un en accuse un autre par des injures scandaleuses & mal fondées, l'accusé en se présentant devant un Magistrat ou devant un arbitre, donnera sur le champ sa réponse.

Si quelqu'un est saisi pour une affaire concernant une vache qui donne du lait, on ne lui accordera aucun délai pour faire sa réponse ; mais il se défendra sur le champ.

Un homme accusé d'avoir bu du vin, ne doit prendre aucun délai pour répondre.

Si un homme est saisi sur une accusation d'avoir eu une conversation criminelle avec quelqu'une des femmes de son pere autre que sa mere, il fera sa réponse sur le champ.

Si quelqu'un accuse un autre en disant « un tel m'a détruit des » marchandises ou des effets précieux, » l'accusé ne prendra point de délai, mais il répondra sur le champ.

Si quelqu'un ayant appellé incontinente une femme chaste, la femme ou son mari portant plainte au Magistrat, lorsque l'accusé paroîtra devant le Magistrat ou l'arbitre, il répondra sur le champ.

Quand deux hommes se disputent pour la possession d'une fille esclave, si tous les deux affirment séparément que la fille leur appartient, & si l'un d'eux porte plainte contre l'autre devant le Magistrat, le défendeur fera sa réponse directement & sans délai.

Dans tous les autres cas différens de ceux qu'on vient d'exposer le défendeur peut demander du délai pour faire sa réponse ; mais jamais le demandeur ne peut avoir de délai pour exposer sa plainte.

Si la frayeur met le demandeur & le défendeur hors d'état de parler sur le champ suivant la nature de l'affaire, on leur donnera un certain tems pour s'y préparer : si au tems fixé, ils sont incapables ou par quelque calamité de la saison, ou par quelque innovation du Magistrat de donner leur réponse, ils ne sont pas blâmables, mais ils seront obligés de prouver cette calamité de la saison ou l'innovation du Magistrat : s'ils ne peuvent pas en donner la preuve, ils seront blâmables ; & si par des motifs frauduleux ils ne donnent pas leur réponse au tems fixé, le Magistrat les fera comparoître & les condamnera.

SECTION V.

DE LA DEMANDE ET DE LA DÉFENSE.

LORSQUE le demandeur & le défendeur comparoîtront devant le Magistrat ou l'arbitre, le demandeur exposera les circonstances de la chose qu'il dénonce, de maniere qu'il emploie peu de paroles qui signifient beaucoup, qu'il ne puisse pas s'élever de doute sur le sens de son discours dans l'esprit d'un seul des auditeurs, & que la premiere & la derniere partie de cet exposé soient liées & cohérentes, que l'objet en litige soit expliqué, ainsi que la raison pour laquelle on prétend que le défendeur doit être condamné : dès que le demandeur aura fini, le défendeur donnera sa réponse de la même maniere.

Si le demandeur donne par écrit au Magistrat ou à l'arbitre un exposé de sa cause, il écrira cet exposé de la même maniere qu'il l'auroit fait verbalement, & le défendeur de son côté écrira sa réponse de la même maniere.

Si le demandeur a exposé par écrit sa cause, jusqu'à ce que le défendeur y ait fait une réponse par écrit, le demandeur pourra reprendre son exposé, y changer ce qui est trop prolixe ou trop concis, & en présenter une nouvelle copie ; mais si le défendeur a déja répondu par écrit, le demandeur ne pourra ni corriger, ni récrire ce qu'il juge ensuite être trop long ou trop court.

Quand le demandeur ou le défendeur écrit sa demande ou sa réponse, il doit l'écrire de sa propre main ; s'il ne peut pas écrire, il la fera écrire par un autre : si le demandeur ou le défendeur exposent la cause d'une maniere, & que le copiste l'expose d'une autre, le copiste sera puni comme le sont les voleurs.

Dans une cause touchant la propriété, si le demandeur ou le défendeur est coupable d'une ou deux méprises dans le cours de l'instruction, il ne perdra pas pour cela sa cause, mais le Magistrat le condamnera à l'amende.

Quand une personne porte plainte contre une autre, & dit : « Un » tel m'a donné des coups de pied sur la tête », si on reconnoît ensuite que le plaignant n'a pas reçu de coups de pied, mais qu'il a été frappé avec le poing, il sera condamné, & on pourra le traduire devant le Magistrat.

Lorsque le demandeur fait des instances pour confirmer sa demande, le défendeur doit répondre en regle suivant la demande, & ne pas s'écarter du sujet immédiat de la cause.

Quand la cause est commencée par le demandeur, si le défendeur se cache, il sera condamné, après une absence d'un mois & demi.

Quand la cause est commencée, si le défendeur differe plus de sept jours à répondre, il sera condamné : s'il ne répond pas non plus au jour qu'on lui aura donné pour cela, il sera aussi condamné.

Quand le demandeur fait des instances qui confirment sa cause, si le défendeur nie les faits allégués, le demandeur peut les prouver en produisant des témoins, le défendeur sera condamné.

SECTION

SECTION VI.

DES DIFFÉRENTES RÉPONSES ; DE LA RÉPONSE PROPRE, ET DE LA RÉPONSE IMPROPRE.

LA réponse est *propre* si après l'exposé des raisons du demandeur, le défendeur répond en donnant à ses paroles tant de précision, qu'elles expriment bien ce qu'il veut dire, que l'auditoire le comprenne bien, & que la premiere & derniere partie de son discours soient liées & cohérentes.

On appelle réponse *impropre* celle qui n'embrasse pas dans toute son étendue les assertions établies par le demandeur ; par exemple, lorsque le demandeur fait un exposé complet & détaillé de la cause, & le défendeur une réponse incomplette & défectueuse : ou quand l'exposé du demandeur est concis & la réponse prolixe ; quand il y a de la différence & de l'incohérence entre la premiere & la derniere partie de la réponse ; & lorsqu'elle est confuse & qu'elle varie tellement qu'elle n'est pas intelligible.

On fait quatre distinctions dans les deux manieres de répondre, qu'on a exposées ci-dessus.

1. *Mut-hooter.*
2. *Shumpertee-putt.*
3. *Pertubbish-gunden.*
4. *Perrànek-neeay.*

1°. *Mut-hooter*, c'est la réponse qui nie la demande.

Il y a quatre sortes de *Mut-hooter.*

La premiere, lorsque le demandeur apporte un écrit en regle, & que le défendeur dit : « Votre demande est fausse ».

La seconde, lorsque le demandeur produit un écrit en regle, & que le défendeur dit : « Je ne sais pas de quoi vous parlez ».

La troisieme, quand le demandeur dit dans l'instruction : « En
» telle année, j'ai déposé telles marchandises entre vos mains, ou
» je vous ai prêté une telle somme »; & que le défendeur répond :
« En cette année je n'étois pas au monde ».

La quatrieme, quand le demandeur dit, dans une instruction réguliere : « En telle année, j'ai déposé en tel endroit, certaines
» marchandises entre vos mains, ou je vous ai prêté une telle
» somme d'argent »; & que le défendeur répond : « En l'année
» que vous spécifiez, je n'ai jamais été à l'endroit dont il est ici
» question ». Quand la réponse se fait de l'une de ces quatre
» manieres, c'est au demandeur à prouver ce qu'il a avancé.

2°. *Shumpertee-putt*, c'est lorsqu'un homme réclamant quelque chose d'un autre, celui-ci répond : « J'avoue que la chose que
» vous réclamez est en ma possession »; dans ce cas il n'y a besoin ni d'écrits, ni de témoins.

3°. *Pertubbish-gunden*, quand un homme réclamant quelque chose d'un autre; celui-ci répond : « J'avoue que c'est à juste titre
» que vous réclamez cela ».

Il y a trois sortes de *Pertubbish-gunden*.

La premiere, quand un homme réclame quelque chose d'un autre, en disant : « Vous me devez cent roupies »; & que l'autre répond : « J'avoue que j'ai emprunté cent roupies de vous ; mais

» je les ai rendues »; dans ce cas, c'eſt au demandeur à prouver ce qu'il avance.

La ſeconde, quand un homme dit : « Une telle piece de terre » m'appartient, parce que j'en ai hérité de mon pere & de mes » ancêtres »; & qu'un autre réclame la même piece de terre, en diſant : « Elle m'appartient, parce que j'en ai hérité de mon pere » & de mes ancêtres »; alors, c'eſt au premier demandeur à prouver ce qu'il avance; & s'il ne peut pas produire de preuves, le ſecond prouvera ſon titre de droit à la piece de terre dont il eſt queſtion.

3°. Quand deux perſonnes réclament la même piece de terre, ſi l'un dit : « Cette piece de terre m'appartient, car elle m'a » été tranſmiſe par mon pere ou par mes ancêtres »; & que l'autre replique : « J'ai employé à mon uſage cette piece de terre, » l'eſpace de dix ans, & de droit elle m'appartient »; dans ce cas, le premier qui réclame la piece de terre eſt obligé de prouver qu'elle lui a été tranſmiſe par ſon pere & ſes ancêtres; s'il peut prouver ce point, c'eſt alors une affaire d'uſufruit; & on peut voir ſur cela la Section où l'on parle de la maniere d'acquérir une propriété ſur les poſſeſſions des autres.

4°. *Perrànek-neèay*, c'eſt lorſqu'un homme, en perdant ſa cauſe devant un Magiſtrat ou un Arbitre, dit : « Mon adverſaire, » dans cette cauſe, a été jadis condamné devant un tel Arbitre, » & j'ai gagné ce procès ». Celui qui affirme avoir obtenu une Sentence en ſa faveur, d'après l'inſtruction d'un tel Arbitre, eſt obligé de produire les preuves de ce fait.

Si un homme intente une action contre un autre, en diſant : « Je vous ai prêté cent roupies »; & que le défendeur réponde : « Je n'ai jamais reçu cent roupies, j'en ai reçu cinquante, & je

» les ai rendues ». Les Arbitres examineront fi effectivement il les a rendues, & enfuite fi la fomme prêtée étoit effectivement de cent ou de cinquante roupies.

Si un homme intente une action contre un autre, en difant : « Vous me devez cent roupies »; & que le défendeur réponde : « Je n'ai jamais reçu cent roupies, j'en ai reçu feulement vingt-cinq, & je les ai rendues ». Les Arbitres examineront d'abord, fi originairement la dette étoit de cent ou de vingt-cinq roupies, & enfuite fi elle a été rendue; & dans tous les cas où le demandeur fait une demande confidérable, dont le défendeur ne reconnoît qu'une partie, moindre que la moitié de la fomme réclamée, l'examen fe fera d'après le principe expofé ici.

Quand un demandeur réclame cent roupies prêtées; & que le défendeur répond : « Je n'ai jamais rien emprunté de vous »; fi en même tems le demandeur a dans fa main un billet de cent roupies, fur lequel il eft écrit que le défendeur en a rendu cinquante; & s'il y a des témoins de ce fait, l'Arbitre examinera d'abord le billet, & enfuite les témoins.

Si un homme intente, fuivant les formes, une action contre un autre, & que celui-ci nie abfolument la chofe fur laquelle eft fondé le litige, le demandeur fera obligé de prouver ce qu'il avance; fi le demandeur n'a pour cela, ni écrit, ni témoins de fa preuve, le défendeur fera foumis au *purrikeh* ou à l'épreuve.

Si un homme intente une action contre un autre, qui répond : « Je doute de cette affaire »; cela ne peut pas être reçu comme une réponfe : dans ce cas, le demandeur prouvera ce qu'il avance, par un acte, par des témoins, ou par l'ufufruit; s'il ne réuffit pas à le prouver de l'une de ces trois manieres, il prêtera ferment ou il fe foumettra à l'épreuve : dans toutes les affaires où on ne peut pas produire un acte, des témoins ou l'ufufruit, il faut exiger le ferment ou ordonner l'épreuve.

Quand un homme intente une action contre un autre, en difant : « Je vous ai prêté différentes chofes »; & que celui-ci répond : « Je n'ai jamais reçu une des chofes dont vous parlez »; fi le demandeur prouve qu'une feule des chofes qu'il réclame eft en la poffeffion du défendeur, le Magiftrat lui fera rendre tout ce qu'il réclame : fi le plaignant, ayant réclamé plufieurs chofes, ajoute enfuite, en s'adreffant à fon adverfaire : « Il y a encore » un autre article en votre poffeffion, & dont par mégarde » j'ai oublié de parler »; cette nouvelle demande n'eft pas approuvée, fuivant *Sewàrtèh Behtàchàrige :* ce réglement eft fuivi.

Quand un homme intente une action contre un autre, en difant : « Je vous ai prêté différentes chofes »; & que celui-ci répond : « Je n'ai rien reçu; dès que vous prouverez m'en avoir » prêté une feule, je confens à rendre le tout » : fi le demandeur prouve qu'il a donné une feule de ces chofes, le défendeur fera obligé de rendre le tout; fuivant le réglement de *Jogue-Logue* & des Brames de *Methilla.*

Quand un homme a accufé un autre d'affaffinat, ou de vol, ou d'adultere; & dit : « En plufieurs occafions, vous vous êtes » rendu coupable de ces crimes » : tandis que le défendeur nie l'accufation; fi l'accufateur peut prouver que l'accufé a commis quelqu'un de ces crimes, ce fera une preuve que l'accufé les a tous commis.

Si un homme intente une action contre un autre, en difant : « J'ai confié plufieurs chofes, ou j'ai prêté une fomme d'argent à » votre pere, à votre oncle, ou à votre grand-pere », & que redemandant cet argent, ou, &c., celui-ci nie l'affaire, en disant : « Je ne sais rien du tout de cela, prouvez ce que vous » avancez, & je vous paierai » ; alors le demandeur recevra tout ce qu'il prouvera avoir prêté, mais il ne sera pas payé de ce qu'il ne pourra point prouver.

Quand deux personnes en litige s'en rapportent à des Arbitres, ces Arbitres, lors de l'instruction, examineront soigneusement le demandeur & le défendeur ; si l'un des deux, en parlant, perd la voix ; s'il change de couleur, si son front sue, si les poils de son corps se dressent, si ses muscles tremblent ou frissonnent, si ses yeux se mouillent, ou si durant l'instruction il ne peut pas se tenir toujours à la même place ; s'il remue & humecte souvent sa langue, si son visage se desseche ; ou si en parlant d'un objet, il s'écarte & passe à un autre, ou si quand on lui adresse une question, il est incapable de répondre ; ces circonstances serviront à leur faire distinguer le coupable.

Dans une action, où une des deux parties, soit le demandeur ou le défendeur, produit un écrit, que l'autre n'approuve pas, le possesseur de cet écrit ne gagnera pas sa cause, à moins qu'il ne l'appuie d'une preuve, ou qu'il ne prouve l'authenticité de l'écrit, en produisant quelqu'autre écrit de la propre main de l'adversaire.

Si un homme intente une action contre un autre, sans pouvoir prouver ce qu'il avance, la cause sera jugée en faveur du défendeur.

On distingue deux sortes d'écrits ; 1°. celui qu'un homme trace de sa propre main ; 2°. celui qu'il fait faire à un autre ; l'écrit tracé de la main d'une des parties, même sans témoins, est approuvé : l'écrit fait par un autre, sans témoins, n'est pas approuvé.

DES GENTOUX.

Quand un débiteur a fait écrire son billet par un autre, & y a ajouté un témoin, si le témoin qui a signé son nom sur le billet, & celui qui l'a écrit, sont tous les deux morts, & qu'il s'éleve une dispute entre les fils du débiteur & du créancier sur ce billet, le fils du débiteur disant : « Je ne connois pas ce billet »; si le créancier ou les fils du créancier, à l'échéance du billet, ont demandé leur argent au débiteur, en présence de quelques autres personnes, & ont fait lire le billet par trois ou quatre; & s'ils peuvent prouver cette circonstance, le billet est valide : si quelque chose a été mis en gage chez le créancier, par le débiteur, le billet est valide, quoiqu'on n'en ait pas demandé le paiement devant des témoins, & que personne ne l'ait lu.

Quand un prêteur d'argent dit à quelqu'un : « Vous me devez » telle chose », & que celui-ci nie la dette; si le billet n'est pas entre les mains du prêteur, & se trouve dans un autre royaume, la cause ne sera pas jugée avant qu'on ait fait venir le billet de cet autre royaume.

S'il arrive qu'un billet, qui étoit entre les mains du créancier, se brûle, ou que quelques-unes des lettres soient effacées, ou que le billet ait été volé ou gâté de quelque maniere, & que lors de la demande de la somme, le débiteur refuse de payer, le créancier amenera quelqu'un qui aura vu le billet, & il en prouvera ainsi l'existence.

Si un billet, entre les mains du créancier, se déchire par hazard, ou que les lettres s'effacent, ou que le billet se gâte de quelque maniere; le créancier exigera du débiteur un autre billet.

Quand un homme a pour quelque raison emprunté une somme d'argent, & fait un billet au nom d'un autre, & qu'ensuite, lorsque le créancier demande le paiement à l'homme qui a fait le billet, celui-ci répond : « Je n'ai jamais emprunté d'argent de vous, fi » j'en ai emprunté, produifez mon billet »; le créancier difant : « Vous avez emprunté de moi de l'argent fur un billet écrit au » nom d'un autre »; fi cet autre dit : « Je n'ai jamais emprunté aucun » argent de vous; mais comme il y a une grande intimité entre » l'emprunteur & moi, il a donné le billet & mon nom, & il a » employé l'argent à fon propre ufage » : dans une pareille conteftation, l'Arbitre examinera d'abord la liaifon qui fubfiftoit, quand le billet a été paffé, entre l'emprunteur de l'argent & celui au nom duquel le billet a été fait, & s'ils font parens : d'après ces deux circonftances, il formera fon jugement, ainfi que d'après la dépofition du témoin qui originairement a attefté la vérité du billet.

Si quelqu'un poffédant le titre d'une chofe, eft attaqué fur ce titre ; celui qui poffede un tel écrit adminiftrera la preuve de fon authenticité; mais fi le propriétaire du titre eft mort, après l'avoir fait fervir à fon ufage, fon fils ne fera pas obligé de prouver la vérité du titre, il prouvera feulement l'ufufruit de fon pere.

Si quelqu'un poffédant le titre d'une chofe meurt, fans avoir employé cette chofe à fon ufage, le fils fera obligé de prouver la validité du titre.

Quand un homme dit à quelqu'un : « Je vous ai prêté une fomme » d'argent, j'en demande le paiement »; & que celui-ci ne fait point de replique à cette demande; & que le prêteur, après avoir fait plufieurs fois la même demande, ne reçoit encore aucune réponfe : fi après qu'on lui a demandé cinq fois confécutives cet argent, il dit au prêteur : « Je ne vous dois rien »; dans une telle caufe le Magiftrat aura foin que le demandeur foit payé.

Si

Si le plaignant forme une demande récufée par le défendeur, quand la prétention du demandeur fera prouvée jufte, le Magiftrat lui fera payer la fomme qu'il réclame, & en outre il exigera une amende du défendeur.

Si un homme qui a intenté une action contre un autre, peut prouver ce qu'il demande, par la dépofition des témoins, par un acte, par l'ufufruit, par le jugement des Arbitres, par l'épreuve, ou par un ferment, la caufe fera décidée en fa faveur; s'il ne la prouve par aucun de ces moyens, il eft coupable : lors même qu'il reconnoîtroit la faute qu'il a commife, il fera toujours coupable.

SECTION VII.

DU TÉMOIGNAGE OU DE LA DÉPOSITION.

CELUI qui a vu quelque chofe de fes yeux, ou qui en a entendu parler de fes propres oreilles, peut être témoin.

Quand un demandeur & un défendeur defirent qu'on faffe comparoître un témoin dans leur caufe, fi le Magiftrat ou l'Arbitre mandent ce témoin & l'interrogent; la partie de fa dépofition, relative à ce qu'il a vu de fes yeux, ou entendu de fes oreilles, eft approuvée.

Quand un homme, qui a été témoin d'une chofe, en a expliqué les circonftances à un autre, le demandeur & le défendeur peuvent interpeller ce tiers comme témoin, & le fommer d'attefter tout ce qui lui a été expliqué par le témoin oculaire ou auriculaire, il eft alors appellé témoin fecondaire; & la dépofition de ce témoin fecondaire eft approuvée.

Dans un procès concernant des bornes & des limites, quiconque connoît la véritable position de ces bornes & limites, peut donner sa déposition sans être appellé.

Quand un demandeur ou un défendeur cache secrétement une personne dans un endroit où elle puisse entendre des discours, & qu'ensuite il demande à un témoin les détails exacts de la cause; si la personne cachée entend de ses propres oreilles le récit du témoin, cette personne est appellée témoin caché, & la déposition d'un témoin caché est bonne.

Celui qui est témoin gardera un état par écrit de chaque évenement dont il est témoin, afin qu'après un espace de tems considérable, il puisse encore s'en souvenir.

Un témoin, un emprunteur, ou tout homme qui joue un rôle principal dans une affaire, écrira de sa propre main un état de tout ce qui regarde cette affaire; s'il ne peut pas l'écrire lui-même, il le fera écrire par un autre.

SECTION VIII.

DE LA DÉPOSITION OU DE L'ÉVIDENCE PROPRE ET IMPROPRE.

UN mineur, avant l'âge de quinze ans, une personne seule, une femme, un homme de mauvais principes, un pere ou un ennemi, ne peuvent pas être témoins; mais quand le pere & l'ennemi sont d'un caractere reconnu, s'ils disent la vérité; & si on connoît qu'ils sont véridiques & qu'ils ont de la probité, ils pourront être témoins.

DES GENTOUX.

Parmi ceux qui reglent leurs actions, fuivant les *Bedas* & le *Sheerut* du *Shafter*, on nommera trois hommes comme dépofans; il n'y aura jamais un moindre nombre de témoins.

Chacun choifira des témoins de fa propre Cafte; ainfi un Brame nommera un Brame, un *Chehteree* choifira un *Chehteree*, & ainfi de même pour chaque Cafte. Une femme choifira auffi une femme pour lui fervir de témoin (*a*); mais lors d'un évenement, s'il n'y a perfonne de la même tribu, on choifira un témoin parmi ceux qui fe trouvent fur les lieux, de quelque Cafte qu'ils foient.

Si le demandeur ou le défendeur, de fon propre gré, choifit un homme feulement, connu pour être véridique & d'une bonne conduite, cet homme feul pourra être témoin. Si le demandeur & le défendeur admettent, d'un commun accord, comme témoin, un homme qui n'eft pas d'un caractere irréprochable, mais qui n'eft ni avare, ni trompeur, on pourra l'admettre quoique feul.

Quand les *Serwutteree* ou les Brames favans dans les *Bedas*, donnent leur dépofition, il faut qu'ils foient neuf; s'il n'y en a pas neuf, on tâchera d'en trouver fept; s'il n'y en a pas fept, on tâchera d'en trouver cinq; s'il n'y en a pas cinq, on tâchera d'en trouver quatre; s'il n'y en a pas quatre, on tâchera d'en trouver trois; s'il n'y en a pas trois, deux donneront leur dépofition; un feul Brame favant dans les *Bedas* ne peut pas être témoin.

Un Brame *Serwutteree* ou favant dans les *Bedas*, un dévot devenu très-infirme, & un *Sinnaffee*, ne feront pas témoins; mais

---

(*a*) Quoiqu'on vienne de dire qu'une femme ne peut pas être témoin, il y a fans doute des cas où l'on admet fon témoignage.

s'ils ont été témoins d'une querelle entre deux perſonnes, & que d'eux-mêmes ils aillent dépoſer, cela eſt approuvé.

Celui qui a tué un homme, ou qui eſt coupable de vol, d'adultere ou de violence, ou qui ſéduiſant un homme, par perfidie & mauvais traitement le prive de la vie & détruit ſes biens ; celui qui eſt charlatan & occupé ſans ceſſe aux jeux de dez & de hazard, ou celui qui eſt querelleur d'habitude, ne peuvent pas être témoins.

Un eſclave de l'un ou de l'autre ſexe, un aveugle, une femme, un mineur avant l'âge de quinze ans, un vieillard de quatre-vingts, un lépreux, un homme coupable d'aſſaſſinat, de vol, d'adultere ou de violence, ou qui ſéduiſant quelqu'un, par perfidie & par ruſe le prive de la vie & détruit ſes biens ; celui qui eſt occupé ſans ceſſe aux jeux de dez & de hazard ; celui qui eſt querelleur d'habitude ou charlatan, ne peuvent pas être témoins dans les cauſes d'aſſaſſinats, de vol, d'adultere & de violences : dans ces quatre cas, un homme pourra être témoin, quoique ſeul, s'il eſt véridique & d'une bonne conduite, ſi on connoît ſon bon caractere & ſon amour pour la vérité.

Suppoſé qu'un homme prête de l'argent à un autre ſecrétement, ou qu'il confie ſecrétement ſa propriété au ſoin d'un autre, un ſeul témoin ſuffit en pareil cas.

SECTION IX.

DES DIFFÉRENTES MANIERES D'EXAMINER LES TÉMOINS.

CELUI qui veut interroger un témoin, fera fes queftions dans la dixieme *ghurrie* du jour, après s'être baigné ; le témoin de fon côté, après une ablution, & après avoir tourné fon vifage du côté de l'Orient & du Nord, donnera fa dépofition : on interrogera le témoin (fi c'eft un Brame), avec politeffe & refpect, en difant : « Expofez-moi ce que vous connoiffez de cette affaire » ; & à un *Chehteree*, on dira : « Que favez-vous de cette affaire, parlez-
» moi » ; & au *Bice* on dira : « Que favez-vous de cette affaire ?
» Si vous portez un faux-témoignage, vous ferez réputé auffi
» coupable que fi vous voliez des vaches, de l'or, ou du *paddee*,
» ou du froment, ou du *gràm*, ou de l'orge, ou de la moutarde,
» & d'autres grains de cette efpece » ; & au *Sooder* on dira : » Que
» favez-vous de cette affaire, parlez ? Si votre témoignage eft
» faux, ce faux-témoignage vous fera imputé comme le plus grand
» crime du monde ».

Celui qui engage un autre à dépofer dans une caufe, aura foin d'expliquer l'utilité fpirituelle d'un bon témoignage, & l'horrible crime que commet un faux-témoin ; que le mérite d'une dépofition vraie eft plus grand que le mérite de mille *Ashummeed-Jugg*. *Ashummeed-Jugg*, c'eft lorfqu'une perfonne ayant commencé un *Jugg*, écrit différens articles fur un rouleau de papier, fur le col d'un cheval, lâche ce cheval, & charge un homme fort & robufte, équipé & muni de tout ce dont il peut avoir befoin, d'accompagner le cheval, jour & nuit, par-tout où il voudra aller ;

& en cas que quelque créature, ou homme, génie ou dragon, saisisse le cheval, de s'y opposer. Si quelqu'un, dans ce monde ou au ciel, ou sous la terre, saisit ce cheval, & que le cheval de lui-même vienne à la maison de celui qui célebre le *Jugg*; celui qui célebre le *Jugg*, après avoir tué le cheval, doit en jetter la chair sur le feu du *Jugg*, & prononcer des prieres; & quand on accomplit ce *Jugg*, on fait une bonne œuvre d'un mérite infini; il lui représentera que le crime d'un faux-témoin est le même que si un homme assassinoit un Brame, ou privoit une femme de la vie, ou tuoit son ami, ou le même que celui d'un homme qui rend le mal pour le bien, ou qui ayant appris une science ou un art, ne donne point de récompense à son maître; ou d'une femme, qui n'ayant ni fils, ni petit-fils, ni arriere-petit-fils, après la mort de son mari, ne célebre pas le *Serâdeh* à sa mémoire; ou d'un fils qui ne célebre pas le *Serâdeh* pour son pere ou pour sa mere; ou de celui qui ayant reçu un bienfait, parle des fautes de son bienfaiteur, & cache le bienfait qu'il a reçu; ou de celui qui abandonne les quatre *isrum* ou manieres de vivre (les quatre *isrum* sont le *Berem-chârry*, le *Sinnassee*, le *Ban-perust*, & le chef de famille : on a déja expliqué, dans le chapitre du *Daye-Bhâg*, ce que c'est que le *Berhem-chârry*, le *Sinnassee*, & le *Ban-perust* : un chef de famille est celui qui a une femme, un fils, un frere, & un petit-fils; ou, quoiqu'il n'ait ni l'un, ni l'autre, qui tient cependant une maison.)

Dans une affaire concernant des vaches, si quelqu'un rend un faux-témoignage, outre qu'il est coupable des crimes qu'on vient d'exposer, il est sujet au châtiment qu'on inflige à celui qui a assassiné dix personnes.

Dans une cause concernant un cheval, si quelqu'un rend un faux-témoignage, son crime est aussi grand que s'il assassinoit cent personnes.

Dans une cauſe concernant un animal qui a du poil ſur la queue, autre que les vaches & le cheval; ſi quelqu'un rend un faux-témoignage, ſon crime eſt auſſi grand que s'il aſſaſſinoit cinq perſonnes.

Dans une cauſe concernant un homme, ſi quelqu'un rend un faux-témoignage, ſon crime eſt auſſi grand que s'il aſſaſſinoit mille perſonnes.

Dans une cauſe où il eſt queſtion d'or, ſi quelqu'un rend un faux-témoignage, on le traitera comme un coupable qui auroit aſſaſſiné tous les hommes nés & à naître dans le monde.

Dans une affaire où il eſt queſtion de terre, ſi quelqu'un rend un faux-témoignage, il ſera ſujet au châtiment qu'on infligeroit à celui qui auroit aſſaſſiné toutes les créatures vivantes dans le monde.

Quand il y a pluſieurs témoins ſur un point, les Arbitres, au tems de l'examen des témoins, les interrogeront en corps, & ils ne les examineront pas ſéparément; ces témoins feront auſſi leurs dépoſitions tous enſemble.

Quand pluſieurs perſonnes ſont témoins ſéparément, & ſur différens points, les arbitres, lors de l'inſtruction, n'en interrogeront aucun en préſence des autres; chacun des témoins fera auſſi ſéparément ſa dépoſition ſans être entendu.

Un témoin qui fait ſa dépoſition, dépoſera ſans qu'il reſte ni doute, ni ſcrupule, ſur la vérité des faits qu'il atteſte.

Quand un homme eſt nommé témoin, s'il ne veut pas dépoſer, on lui imputera le même crime qu'à celui qui fait une fauſſe déposition; & le Magistrat en exigera la même amende que du coupable du faux-témoignage.

Quand le demandeur ou le défendeur, dans une cause, ont nommé quelque témoin, & qu'ensuite ils lui disent : « Dites à un » tiers tout ce que vous savez sur notre cause »; & que sur cela le témoin raconte l'affaire à un tiers; si ensuite, lorsque ce tiers sera interpellé par l'Arbitre, il dit : « Je ne sais rien de cette affaire »; alors, quelle que soit la valeur de la chose en litige, il la paiera huit fois : si un Brame, nommé témoin, se rend coupable de ce délit, on ne le condamnera à aucune amende, mais il sera banni du royaume.

Dans les cas où une déposition vraie priveroit un homme de la vie, il est permis de faire un faux-témoignage, afin de la lui conserver; mais pour se purifier du crime de faux-témoignage, le faux-témoin accomplira le *Poojeeh-fereshtee* ; il n'est pas permis cependant de faire un faux-témoignage pour conserver la vie de celui qui a assassiné un Brame, ou tué une vache, ou qui étant de la tribu des Brames a bu du vin, ou qui a commis un crime d'une noirceur particuliere.

On peut dire une fausseté, si le faux-témoin procure un mariage à quelqu'un : quand ce mariage est sur le point de manquer, le jour de la célébration, si on dit trois ou quatre faussetés qui puissent le faire achever, cela ne signifie rien : si le jour du mariage un homme promet à sa fille certains ornemens sans pouvoir être en état de les lui donner, il est permis de dire de pareilles faussetés, qui tendent à terminer le mariage.

Si un homme, poussé par la concupiscence, dit des mensonges à une femme, ou s'il dit des faussetés dans une circonstance, où autrement il perdroit la vie, ou tous les effets de sa maison

feroient

feroient gâtés, ou bien si c'est pour l'utilité d'un Brame, cela est permis.

Dans une cause où il y a plusieurs témoins, si au tems de l'examen, le plus grand nombre dépose pour une personne, & qu'un ou deux déposent en faveur de l'autre partie, la déposition de la majorité est approuvée; si la moitié des témoins dépose pour l'une des parties, & le reste pour l'autre, on croira à la déposition de tout témoin versé dans la science : s'ils sont tous versés dans la science, on approuvera la déposition de celui d'entr'eux qui a le plus de connoissances ; si leurs connoissances sont égales, on approuvera la déposition de celui d'entr'eux qui regle le mieux sa conduite d'après les *Bedas* ; s'ils reglent tous leur conduite d'après les *Bedas*, & que la déposition de ces témoins soit contradictoire, la cause ne peut pas être décidée par la déposition des témoins ; mais il faut recourir au *purrikeh* ou à l'épreuve. Dans les causes où il y a un témoin & un acte par écrit, ou une preuve d'usufruit, on ne fera pas obligé de recourir à l'épreuve.

Si le demandeur ou le défendeur, diffament un témoin, dont la conduite est sans tache, le Magistrat exigera une amende du diffamateur.

SECTION X.

DE LA NOMINATION DE NOUVEAUX ARBITRES. DE LA MANIERE DE FAIRE L'EXPOSÉ D'UNE CAUSE.

LEs Arbitres ayant examiné la caufe, écriront un expofé & une Sentence de cette maniere.

1°. Ils écriront tout ce que le demandeur a allégué pour prouver fon droit.

2°. Ils écriront enfuite toutes les réponfes du défendeur, ils rapporteront les dépofitions des témoins; fi on a préfenté un acte par écrit, ils en donneront le contenu, ou bien ils diront s'il y a eu un ufufruit, une épreuve, un ferment, &c.; ils mettront les noms de tous les Arbitres préfens: enfin ils diront: « Nous tels » (& le nombre), avons fait cet examen le mieux qu'il nous a » été poffible ».

Les Arbitres, au choix du demandeur & du défendeur, arrangeront & termineront toutes les caufes qui peuvent fe prouver par écrit ou par des témoins, & où les parties font laffes de difputer.

Quand les Arbitres ont fort approfondi l'inftruction, fi celui qui eft reconnu coupable, va enfuite fe plaindre au Magiftrat, le Magiftrat ne lui accordera pas un nouvel Arbitre; mais s'il dit: « Les Arbitres ont commis une injuftice; s'ils n'ont pas commis » une injuftice, je confens à payer une fomme double de celle » qui fait la matiere de notre conteftation »; après une pareille propofition, le Magiftrat pourra nommer d'autres Arbitres.

Si les Arbitres ont commis une injuftice, que le demandeur

puisse prouver, le Magistrat nommera de nouveaux Arbitres, & il rendra les premiers responsables de leur conduite.

Quand un homme est convaincu par son propre aveu, si ensuite il demande au Magistrat d'autres Arbitres, le Magistrat ne lui en accordera point.

Si un Arbitre a fait l'instruction, dominé par la concupiscence ou l'inimitié, ou dans un tems de maladie, ou par crainte, ou par entêtement, ou par colere, cela n'est pas approuvé.

SECTION XI.

DE LA PRÉFÉRENCE DONNÉE A L'UNE DES DEUX PARTIES.

SI la même chose est vendue ou engagée, ou donnée deux fois à deux différentes personnes, la premiere cession est valide.

Si un homme ayant vendu une chose à quelqu'un, la vend ensuite à un autre, ou si après l'avoir engagée une fois, dans un endroit, il l'engage une seconde fois dans un autre ; ou si après l'avoir donnée une fois à l'un, il la présente une seconde fois à un autre, celui qui le premier l'a achetée, celui qui le premier l'a reçue en gage, ou à qui elle a été donnée le premier, doit être cru.

Quand un homme a emprunté de l'argent d'un autre, après être convenu d'un petit intérêt, si ensuite de son propre gré, il consent à augmenter le taux de l'intérêt, on en croira la premiere convention.

Si un homme, après avoir déposé une chose chez quelqu'un,

la donne ensuite comme un gage, ou s'il la vend, ou s'il la présente à un autre, elle appartiendra à celui qui l'a achetée, ou à celui à qui elle a été engagée & présentée.

Si un homme, ayant engagé une chose chez quelqu'un, la vend ensuite ou la donne à un autre, cette chose ira à celui qui l'a achetée, ou à celui à qui elle a été donnée; mais celui entre les mains de qui elle a été mise en gage, recevra l'argent que lui doit son débiteur; si le débiteur est mort ou s'est caché, il recevra le montant de sa dette de celui qui a acheté l'article en question, ou de celui à qui il a été donné.

CHAPITRE IV.

Du Fidei-commis ou Dépôt.

IL y a trois sortes de fidei-commis ou de dépôt.

Le premier, lorsqu'un homme confie sa propriété à un autre, avec cette condition que le déposant retrouvera sûrement ce qu'il a déposé. — Ce dépôt s'appelle *neekheep*.

Le second, quand quelqu'un, par crainte du Magistrat ou des voleurs, ou pour que ses héritiers ne s'en emparent pas, confie sa propriété à un autre. — Ce dépôt est appelé *neeàsh*.

Le troisieme, quand un homme confie sa propriété à un autre, & que le dépositaire confie cette même propriété à un tiers, en l'avertissant qu'elle appartient à une telle personne, & qu'on doit la lui rendre. — Ce dépôt se nomme *enàhut*.

Il faut s'informer, dans l'endroit où un homme réside, s'il est de bonne famille, d'une conduite irréprochable, s'il a des principes religieux, & s'il dit la vérité; s'il est très-riche, & s'il a beaucoup d'amis & de parens; on peut confier ensuite sa propriété à celui en faveur duquel seront les informations.

Si un homme, après avoir scellé & marqué sa propriété, l'a confiée à quelqu'un, le dépositaire la rendra avec le même sceau & la même marque; si elle n'a pas le même sceau & la même marque, il subira l'épreuve, ou il attestera par serment, si c'est lui qui y a touché.

Si quelqu'un fait ufage d'une propriété qu'on lui a confiée, ou fi elle fe gâte, faute d'en avoir foin, il rendra d'abord la valeur du dépôt, & on lui imputera le crime de la femme qui injurie fon mari, ou d'un homme qui affaffine fon ami.

Quand un homme accepte en dépôt, la propriété d'un autre, il doit la conferver avec foin, & la rendre dès qu'on la lui redemande.

Quand quelqu'un a confié fa propriété à un autre, fi le fils de celui qui a dépofé redemande le dépôt, le dépofitaire ne le rendra pas fans l'ordre du pere.

Quand un homme qui a dépofé fa propriété chez un autre, meurt, fi le fils du défunt ne réclame pas la propriété de fon pere, le dépofitaire la rendra de lui-même au fils.

Quand un homme a reçu en dépôt la propriété d'un autre, fi cette propriété, ainfi que les effets qui lui appartiennent fe gâtent, il ne fera pas obligé de rendre le dépôt dans fa forme premiere; fi elle fe gâte d'ailleurs par un accident imprévu, ou par une innovation que fait le Magiftrat, il ne la rendra pas non plus dans fa forme premiere.

Le dépofitaire fera obligé de rendre le dépôt, dans fa forme premiere, toutes les fois qu'il fe gâtera par fa faute.

Si la propriété dépofée tombe dans l'eau ou fe brûle, ou qu'on la vole, & que le dépofitaire cache une partie de ce qui a été fauvé, & qu'on prouve ce fait, il fera obligé de rendre tout le dépôt.

Si quelqu'un a mis fa propriété en dépôt chez un autre, pour un tems limité, & avec cette convention : « cette propriété me » fera rendue quand l'état de mes affaires l'exigera ; » fi d'après l'état de fes affaires, celui qui a dépofé cette propriété la redemande,

DES GENTOUX. 147

& que le dépositaire refuse de la rendre, & qu'après ce refus elle se gâte, le dépositaire rendra la propriété dans tout son entier, & il en payera l'intérêt: de plus, si dans le tems limité elle se gâte par la négligence du dépositaire, il sera tenu de la rendre dans tout son entier.

Si quelqu'un s'est associé des méchans, pour cacher par fourberie & par artifice, la propriété qu'on a déposée chez lui, le Magistrat punira & mettra à l'amende le dépositaire, & il fera rendre la propriété à celui à qui elle appartient.

Si un dépositaire ne rend pas au propriétaire lorsqu'il en sera requis, la propriété déposée en ses mains, le Magistrat le condamnera à l'amende.

Quand quelqu'un a emprunté une chose d'un autre, en promettant de la rendre quand il aura fini l'affaire pour laquelle il l'a empruntée, si ensuite frauduleusement & par artifice il la retient, le Magistrat fera rendre au propriétaire ce qui a été emprunté, & il condamnera l'emprunteur à l'amende. De plus, si la chose empruntée ne se rend pas après la conclusion de l'affaire, & qu'ensuite elle se gâte par un accident de la saison, ou par une innovation du Magistrat, l'emprunteur sera obligé de la rendre dans son entier; & si durant le tems que l'affaire se termine, cette chose se gâte par quelque accident imprévu, ou par une innovation du Magistrat, il ne sera pas tenu de la rendre dans sa forme premiere.

Quand quelqu'un a donné à un ouvrier (sous la condition qu'on lui en feroit des vases ou ornemens, ou autres especes d'ouvrages) de l'or, de l'argent, du cuivre, de l'airain, ou autres métaux, si l'ouvrier les cache par fraude, le Magistrat fera rendre ces métaux au propriétaire, & il exigera une amende de l'ouvrier; & lorsque l'ouvrier n'aura pas rempli sa promesse dans le tems stipulé, si après l'expiration du terme de la convention, la chose spécifiée se gâte par quelque accident de la saison, ou par l'injustice du Magistrat, l'ouvrier la rendra dans son entier ; mais si dans le tems stipulé le métal se gâte par quelque accident de la saison, ou par une innovation du Magistrat, l'ouvrier ne sera pas obligé de la rendre dans son entier.

Si quelqu'un emploie dans le commerce la propriété qu'on a déposée chez lui sans ordre pour cela du propriétaire, le Magistrat exigera une amende du dépositaire, & fera rendre la propriété déposée avec l'intérêt : si sans employer cette propriété dans le commerce, le dépositaire l'aliene pour se nourrir ou se vêtir, dans ce cas il rendra avec l'intérêt la propriété déposée, mais il ne sera pas condamné à l'amende.

Quand un homme desire de confier sa propriété à un autre, si celui-ci dit : « Je ne puis pas me charger de cette propriété, » & si après une longue conversation & un long débat, le dépôt se fait, & si le dépositaire emploie cette propriété pour se nourrir & se vêtir, il rendra toute la propriété qui lui a été confiée, mais il n'en paiera point l'intérêt.

Quand une personne qui n'a pas confié sa propriété à une autre lui dit : « J'ai déposé certaines choses chez vous, rendez-les moi ». Si le demandeur est pauvre, & s'il a toujours observé les regles de sa Caste, il paiera au Magistrat une amende égale à la somme qu'il réclamoit sans droit : s'il est riche & infracteur des principes de sa Caste, il sera condamné à une amende double.

Si quelqu'un par ignorance a gâté une propriété qu'on avoit déposée chez lui, il ne sera pas obligé de rendre cette propriété dans son entier : de plus s'il meurt, sa femme & son fils ne seront pas obligés de payer.

CHAPITRE

CHAPITRE V.

DE LA VENTE DE LA PROPRIÉTÉ D'UN ÉTRANGER (a).

CELUI qui vend la propriété d'un autre, ou des effets en dépôt, ou une propriété mise en gage, ou des marchandises perdues qu'il a trouvées, ou des effets volés, ou d'autres choses de cette espèce, qui appartiennent à un étranger, sans le consentement ou l'ordre du propriétaire, est appellé *Ashwamee-peikeree*, c'est-à-dire, vendeur de la propriété d'un étranger.

Si un homme vend à un autre une propriété qui ne lui appartient pas, ou s'il la vend, la donne ou la met en gage, sans le consentement du propriétaire, cette aliénation n'est pas valide.

Si un descendant du même grand-pere que le propriétaire d'une certaine propriété, vend ou donne cette propriété, sans le consentement du propriétaire, le Magistrat le condamnera à l'amende de six cens *puns* de *cowries*, & fera rendre la propriété au propriétaire. — Suivant les réglemens de *Chendeesur*.

Si un descendant du même grand-pere que le propriétaire d'une certaine propriété, se la fait apporter par les mains d'un étranger & la vend, sans le consentement & sans l'ordre du propriétaire, le Magistrat le condamnera à une amende de plus de six cens *puns* de *cowries*. — Suivant les réglemens de *Chendeesur*.

(a) On entend ici par étranger, une personne qui n'est point du tout alliée au vendeur.

Si un defcendant du même grand-pere que le maître d'une certaine propriété, produit cette propriété, ou la fait produire par les mains d'un autre, s'il la vend ou la donne, le Magiftrat le condamnera à fix cens *puns* de *cowries*. — Ce réglement eft approuvé, fuivant ce que difent *Phàkoree*, *Meidhab-Teete*, & *Kulp-Teroo* & *Pàcheshputte Mifr*.

Si une perfonne qui ne defcend pas du même grand-pere que le maître d'une certaine propriété, après avoir enlevé une chofe de la maifon du propriétaire, la vend ou la donne fans le confentement ou l'ordre du propriétaire, il recevra le même châtiment qu'un voleur. — Suivant les réglemens de *Chendeefur*.

Si une perfonne qui ne defcend pas du même grand-pere que le maître d'une certaine propriété, fe procure par lui-même ou par les mains d'un autre cette propriété, & la vend ou la donne fans le confentement ou l'ordre du propriétaire, le Magiftrat en exigera une amende comme d'un voleur, fuivant les réglemens de *Phàkoree*, de *Meidhab-Teete*, *Kulp-Teroo* & *Pàcheshputte Mifr*. — Approuvé.

Si quelqu'un a acheté publiquement une marchandife d'un autre à qui elle n'appartenoit pas, & qu'enfuite le propriétaire vienne dire à l'acheteur : « Cela eft à moi », & qu'il prouve qu'il ne l'a ni cédé ni vendu au vendeur; l'acheteur ne fera pas traduifible en Juftice, parce qu'il ne peut pas reproduire le vendeur, qui vit dans un autre royaume; mais le Magiftrat rendra la propriété au propriétaire, & il fera reftituer ce que l'acheteur en a donné.

Quand quelqu'un a publiquement acheté des marchandifes d'un autre à qui elles n'appartenòient pas, & qui en même tems, ne fachant point où réfide le vendeur, il ne peut pas le faire comparoître, fi enfuite le légitime propriétaire vient prouver que ces marchandifes font à lui, & qu'il ne les a ni cédées, ni vendues à perfonne, l'acheteur les reftituera au propriétaire, qui lui en rendra la moitié de la valeur.

Si quelqu'un par ignorance, a vendu la propriété d'un autre, le Magiftrat le condamnera à une amende de fix cens *puns* de *cowries*; s'il l'a vendue fciemment, il fera puni comme voleur.

Quand quelqu'un a vendu publiquement quelque chofe, fi enfuite une autre perfonne vient dire : « Cette propriété eft à moi », fans pouvoir le prouver ; le Magiftrat punira comme voleur, celui qui réclamoit cette propriété fans titre, & l'acheteur la gardera.

Si un homme achete quelque chofe clandeftinement dans fa propre maifon, ou en-dehors du village, ou pendant la nuit, ou d'un homme vicieux, & à un prix au-deffous de la valeur réelle de cette chofe, le Magiftrat punira l'acheteur comme voleur.

Si un homme indigent vend à un autre une chofe qui n'eft pas analogue à l'état du vendeur, l'acheteur fera puni comme un voleur.

Quand quelqu'un achete quelque chofe d'un homme qui n'en eft pas le propriétaire, fi enfuite le légitime propriétaire vient dire: « Cette chofe m'appartient, & je ne l'ai ni donnée ni vendue à » perfonne », s'il le prouve : fi l'acheteur ne fait pas où réfide le vendeur, & fi perfonne n'a été préfent au moment de l'achat, le Magiftrat fera rendre la chofe achetée au légitime propriétaire, & il condamnera l'acheteur à l'amende.

Quand quelqu'un achete une chofe d'un autre qui n'en eft pas le propriétaire, si ensuite le légitime propriétaire vient prouver que cette chose lui appartient, si le vendeur n'est pas sur les lieux, l'acheteur demandera du tems pour faire comparoître le vendeur ; à l'apparition du vendeur, le Magistrat lui ordonnera de rendre le prix de la chose, & de rendre la chose à celui à qui elle appartient véritablement, & il le punira comme voleur.

Quand un homme, dont la propriété s'est perdue, ou a été dissipée, retrouve cette propriété entre les mains d'un étranger, s'il s'en empare sans en avertir le Magistrat, il sera condamné à quatre-vingt-seize *puns* de *cowries*.

CHAPITRE VI.
DES PARTAGES.

SECT. I. *Des partages dans une communauté de commerce.*

SECT. II. *Des partages entre les ouvriers.*

SECTION PREMIERE.

DES PARTAGES DANS UNE COMMUNAUTÉ DE COMMERCE.

ON peut choisir, pour associé dans une communauté de commerce, un homme d'une Caste bien famée, expérimenté dans les affaires, industrieux, intelligent, qui sait diriger son revenu & régler ses dépenses ; un homme vertueux & d'un caractere sans tache, & constant dans les affaires dont il forme l'entreprise.

Si des associés ont commencé une communauté de commerce, sans stipuler la part de chacun, le profit & la perte seront proportionnés aux fonds de mise : si la communauté a été commencée, avec une convention déterminée sur la part du profit & de la perte de chacun, on s'en rapportera à la convention.

Le commerce se fera avec ceux qui n'ont jamais été convaincus de fraude ; si après que la communauté est commencée, on remarque quelqu'apparence de fraude dans l'un ou l'autre des associés, celui qu'on soupçonne se lavera en prêtant serment, ou en subissant l'épreuve.

Si les fonds d'une fociété de commerce fe gâtent par quelqu'accident imprévu, ou par une innovation du Magiftrat, la perte fera répartie fur tous les affociés.

Si une perfonne, fans le confentement ou contre le gré de fes affociés, entreprend quelqu'affaire, & nuit par-là à la maffe commune des fonds, il fera obligé de completter à fes affociés cette maffe commune.

Quand il furvient une calamité inattendue ou une innovation du Magiftrat; fi durant cet intervalle, un des affociés peut conferver quelque partie des fonds, il recevra le dixieme des fonds ainfi confervés.

On ne donnera aucune part du profit à un homme coupable de fraude, mais on lui rendra fa premiere mife, & on le chaffera de la communauté.

Si l'un des affociés fe difpenfe de prendre part aux affaires ou de veiller à la confervation des fonds, il commettra quelqu'un d'habile en fa place; & fi l'un des affociés, en état de s'occuper des différentes parties du commerce, & qui s'en occupoit réellement, meurt, fes héritiers recevront un dixieme du profit outre fa premiere mife; s'il n'a point d'héritiers, la perfonne qui avoit le foin des fonds recevra le dixieme; fi le foin des fonds n'étoit remis à qui que ce foit en particulier, tous les affociés partageront par égales parts; fi tous les affociés font morts, les Officiers du Magiftrat iront montrer les effets au Magiftrat, & le Magiftrat les retiendra jufqu'à ce que les héritiers les réclament; fi les héritiers fe préfentent & prouvent leur droit à l'héritage, le Magiftrat la leur abandonnera; quand il n'y a point d'héritiers, fi la maifon des marchands morts eft fort éloignée, le Magiftrat gardera la propriété pendant dix ans; fi la maifon n'eft pas à une fi grande diftance, il gardera la propriété trois ans; fi leur maifon eft très-proche, il gardera cette propriété pendant un an; fi dans cet efpace de tems il fe préfente un héritier qui prouve fon droit à l'héritage, le Magiftrat prendra pour lui un vingtieme de la propriété d'un Brame, un douzieme de la propriété d'un *Chehteree*, un neuvieme de celle d'un *Bice*, & un fixieme de celle d'un *Sooder* : fi dans ce tems aucun héritier ne fe préfente, le Magiftrat s'appropriera les biens d'un *Chehteree*, d'un *Bice* & d'un *Sooder*, & il donnera à d'autres Brames, la propriété d'un Brame; & s'il n'y a point de Brames, il la fera jetter dans l'eau.

SECTION II.

DES PARTAGES ENTRE LES OUVRIERS.

SI plufieurs perfonnes travaillent conjointement de l'or, de l'argent, &c. ou de la foie, ou du bois à brûler, ou de la pierre, ou du cuir, ou autres chofes pareilles; celui qui eft peu expérimenté dans l'art recevra une part fimple; celui qui l'eft davantage en recevra deux; & celui qui eft un ouvrier confommé, trois; & celui qui enfeigne les autres en aura quatre.

Si plufieurs perfonnes bâtiffent une maifon, ou font un étang, celui qui préfide à ce travail obtiendra une part double; les autres recevront chacun une part fimple.

Parmi les chanteurs, les muficiens & les autres qui exercent de femblables profeffions, celui qui regle la mefure recevra une part & demie; les autres en recevront chacun une fimple, & le chef en aura deux.

Voici le partage qu'obferveront les voleurs : fi quelques voleurs, par l'ordre ou avec l'aide du Magiſtrat, ont commis des déprédations dans une autre province, & en ont apporté du butin, le Magiſtrat recevra un ſixieme du tout; s'ils ont agi ſans ordre ou ſans l'aide du Magiſtrat, ils donneront au Magiſtrat un dixieme pour ſa part; & leur chef aura quatre parts du reſte : celui d'entr'eux qui eſt habile au pillage en aura trois; celui qui eſt très-fort & très-robuſte en aura deux, & les autres en recevront chacun une. Quand quelqu'un de la troupe des voleurs eſt pris, s'il eſt relâché de la Cour de Juſtice, en payant une certaine ſomme d'argent, tous les autres voleurs contribueront à cette ſomme par égales parts.

Ces réglemens pour les partages entre les peintres, chanteurs, voleurs, &c. ne doivent avoir lieu que lorſqu'il n'y a pas de convention : s'il y en a quelqu'une ſur les partages, on obſervera la convention.

CHAPITRE

CHAPITRE VII.

DE LA DONATION OU DE L'ALIÉNATION D'UNE PROPRIÉTÉ PAR DONATION.

IL y a quatre distinctions à faire sur cette matiere.

1°. On distingue ce qui ne peut pas être donné. *Adew.*

Le membre d'une communauté ne peut pas donner ce qui appartient à la communauté, sans le consentement de ses associés; mais suivant le réglement de *Pàcheshputte Misr, Sewàrteh Behtàchàrige, Jeimoot Bahun* & *Sirree Kishen Terkàhungkar*, si quelqu'un prend sur les fonds d'une communauté la part qui lui appartient, il peut la donner; celui qui fait la donation est pourtant blâmable. — Approuvé.

S'il survient une détresse à quelqu'un, il ne peut pas donner sa femme à un autre homme, sans le consentement de cette femme; si elle y consent, il peut la donner.

Si un homme, dans un tems de calamité, donne ou vend son fils à quelqu'un, sans le consentement de ce fils, cela n'est pas permis; si le fils y consent, le pere peut le vendre ou le donner.

Si un homme n'a qu'un fils, quoique le fils consente à être vendu ou donné, le pere ne peut, même dans un tems de calamité, ou vendre, ou donner son fils.

La femme ne peut ni vendre, ni donner son fils sans le consentement de son mari : une vente ou donation ainsi faite n'est pas valide : si elle a l'ordre de son mari, pour vendre ou donner son fils, cela est permis.

Personne ne peut donner ou vendre sa propriété entiere, sans le consentement de ses héritiers : une vente ou donation ainsi faite n'est pas valide, suivant le réglement de *Pàcheshputte Misr*.

Si quelqu'un, ayant un héritier vivant, vend ou donne toute sa propriété, la vente ou la donation est valide ; mais il faut l'imputer à crime au vendeur ou donateur. — Suivant les réglemens de *Shertee Shàr*. — Approuvé.

Personne ne peut vendre ou donner toute sa propriété pendant la vie d'un héritier, lors même que cet héritier y consent, suivant les réglemens de quelques Brames dont les noms ne sont pas rapportés dans cette compilation.

Personne ne donnera à un autre ce qu'il a reçu en gage : la donation ou la vente en pareil cas n'est pas valide.

Personne ne donnera à un autre ce qu'on a confié à sa garde ; une donation ou une vente pareille n'est pas valide.

Quelqu'un qui a emprunté quelque chose d'un homme ne donnera pas à un autre cette chose ainsi empruntée ; s'il la donne ou s'il la vend, cela n'est pas valide.

Si un homme a dit à un autre, « Je vous donnerai cette chose » en présent » ; il ne peut pas donner ensuite la même chose à un second : s'il la donne ou s'il la vend, cela n'est pas valide.

DES GENTOUX.

2°. Ce qui peut être donné. *Deu.*

Si la propriété & les biens d'un homme font plus que suffisans pour nourrir & vêtir ceux qui dépendent de lui, ce surplus peut être donné : s'il n'y a pas plus qu'il ne faut pour nourrir & vêtir ceux qui dépendent du propriétaire, il ne pourra rien donner : s'il donne quelque chose, la donation n'est pas valide, & le donateur est blâmable.

Quand un homme a dit à un autre, « Je vous donnerai telle » chose », si ensuite il ne la donne pas, il est en danger du *Gehennum* : si, après l'avoir donnée, il la reprend, il ira en enfer.

Quand un homme a promis une chose à un autre sans savoir que celui-ci, par sa Caste, ne peut pas la recevoir ; & qu'ensuite il découvre cette inhabileté ; s'il ne la donne pas, il n'est point coupable.

Si un homme ayant désiré de sa propre volonté de donner une chose à un Brame, ne la donne pas, le Magistrat fera donner cette chose au Brame avec l'intérêt, & il condamnera à une amende celui qui n'a pas rempli ce désir.

3°. Ce qui ayant été donné ne peut pas être repris, s'appelle *Dutta.*

Si quelqu'un paie le salaire des ouvrages qu'il a fait faire, il ne peut pas reprendre cette somme.

Si un homme en déployant ses facultés cause un grand plaisir à un autre, qui, en conséquence, lui fait un présent, la chose donnée ne peut pas être reprise.

Quand un homme a acheté quelque chose, il doit à tout

événement en payer le prix ; & après le paiement il ne peut pas reprendre la fomme qu'il a donnée.

Si quelqu'un, lors du mariage de fon fils ou de fa fille, a donné une chofe, par forme de préfent, à la famille du pere de la femme du fils, ou à la famille du pere du mari de la fille, il ne peut pas la reprendre.

Si quelqu'un donne quelque chofe à un autre qui lui a rendu un fervice, il ne peut pas reprendre ce don.

Si un homme, de fa propre volonté, a donné quelque chofe à un autre qui méritoit cette faveur, il n'y a pas de rachat pour la chofe ainfi donnée.

Si un homme, par amitié, donne une chofe à fon ami, il ne peut pas la reprendre.

Si un homme, par amitié, a donné une chofe à fon fils, à fon petit-fils, ou au fils de fon petit-fils, ou à quelqu'un de fes héritiers, il ne peut pas la reprendre.

4°. La donation invalide fe nomme *Dutt*.

Si un homme, dans un mouvement violent de crainte, donne quelque chofe à un autre, cette donation n'eft pas valide.

Si un homme, dans un mouvement violent de colere, donne quelque chofe à un autre, cette donation n'eft pas valide.

Si un homme, dans un mouvement violent de concupifcence, donne quelque chofe à un autre, cette donation n'eft pas approuvée.

Si un homme, dans un mouvement violent de chagrin, donne quelque chofe à un autre, cette donation n'eft pas approuvée.

DES GENTOUX.

Si un homme ayant réfolu dans fon efprit de donner une chofe en particulier à quelqu'un, donne par mégarde une autre chofe en place, cette donation n'eft pas valide.

Si un homme, en badinant, donne quelque chofe à un autre, cette donation n'eft pas valide.

Si un homme ayant réfolu dans fon efprit de donner une chofe à quelqu'un, la donne par mégarde à un autre, cette donation n'eft pas valide.

Si un homme, fans le favoir, donne quelque chofe à un autre, cette donation n'eft pas approuvée.

Si un enfant, qui ne peut pas diftinguer entre le bien & le mal, donne quelque chofe à quelqu'un, cette donation n'eft pas valide.

Si une perfonne, qui ne peut pas diftinguer ce qui eft bien ou mal pour elle, donne quelque chofe à quelqu'un, cette donation n'eft pas valide.

Si un fils, ou un petit-fils, durant la vie du pere ou du grandpere, ou un ferviteur pendant qu'il a un maître, donne quelque chofe, cette donation n'eft pas valide.

Si un imbécille donne quelque chofe à quelqu'un, cette donation n'eft pas valide.

Si quelqu'un, dont les parens font dans une néceffité abfolue de vêtemens & de nourriture, donne quelque chofe à un autre, cette donation n'eft pas valide.

Quand un homme dit à un autre, « Faites cette affaire pour moi, » & je vous en récompenferai » : fi cette perfonne ne peut pas faire l'affaire, l'autre ne lui donnera rien ; s'il lui a donné quelque chose d'avance, il peut le reprendre : celui qui ne voudra pas rendre ce qu'il a reçu, y sera contraint par le Magistrat, qui le condamnera en outre à une amende d'onze fois la valeur de la chose reçue.

Si quelqu'un ayant déclaré qu'il donneroit une chose à un autre pour un objet religieux, meurt, ses fils la donneront : mais si la chose n'a pas été promise pour un objet religieux, les fils ne la donneront point.

Si un homme disoit à un autre, » Je vous donnerai quelque chose » si vous pouvez me procurer un témoin qui rende un faux-témoi- » gnage dans une certaine affaire »; la donation ne seroit pas valide, lors même que l'autre produiroit un témoin qui rendroit un faux-témoignage : si la chose a été donnée avant l'exécution de l'affaire, on pourra la reprendre.

Si un homme dit à un autre, « Je vous donnerai quelque chose » si vous pouvez saisir un voleur ou un assassin, ou un autre cri- » minel de cette espece »; il ne donnera rien pour cela à celui qui saisiroit un voleur ou assassin, &c. il pourra reprendre ce qui a été donné avant la saisie.

Quand quelqu'un a demandé & reçu quelque chose d'un autre pour un objet religieux, s'il ne remplit pas cet acte de religion, on pourra lui reprendre ce qu'il a reçu : si par avarice, ou employant la force, il ne veut pas la rendre, le Magistrat le contraindra à la restitution, & condamnera à l'amende celui qui la retenoit.

Si quelqu'un reçoit d'un autre quelqu'une de ces choses qui ne peuvent pas être données, le Magistrat le condamnera à l'amende.

CHAPITRE VIII.

DE LA SERVITUDE.

SECTION I. *Des Dénominations d'Apprentifs, de Serviteurs, d'Esclaves, &c.*

SECTION II. *Des manieres d'affranchir les Esclaves.*

SECTION III. *De ceux qui sont Esclaves & de ceux qui ne le sont pas.*

SECTION PREMIERE.

DES DÉNOMINATIONS D'APPRENTIFS, DE SERVITEURS, D'ESCLAVES.

IL y a cinq sortes de services ; savoir,

1. *Shish.*
2. *Antee Bashee.*
3. *Bhertuk.*
4. *Adhegeerun Gerrut.*
5. *Dofs.*

On appelle *Shish* celui qui apprend la science des *Bedas* ou quelqu'autre *Shasther* : jusqu'à ce qu'il ait appris la science il servira son maître ; & son maître recevra tous les profits que pourra faire cet éleve tant qu'il restera dans sa maison pour étudier.

CODE DES LOIX

Celui qui apprend la peinture, le deffin, un ouvrage à l'éguille, ou quelqu'autre art d'un maître, eft nommé *Antee Bashee;* tant qu'il apprendra cet art, il fervira fon maître, qui, en outre, recevra tous les profits que fera l'éleve durant l'apprentiffage : quand un apprentif abandonne fon maître qui n'eft point coupable à fon égard, s'il va ailleurs apprendre fon art, le Magiftrat le bannira du Royaume.

Il y a deux fortes de *Bhertuk* : *Arteh Bherut* & *Bhook Bherut*.

1. Celui qui fert pour des gages eft appellé *Arteh Bherut*.

On donne le nom de *Bhook Bherut* à celui qui, cultivant le terrein d'un autre, prend pour fon falaire une partie de la récolte; ou qui, en élevant pour un autre, des vaches, des buffles, ou du bétail de cette efpece, prend pour fon falaire du lait, ou quelques-unes des vaches, ou quelques-uns des buffles dont on vient de parler.

On appelle *Adhegeerun Gerrut* celui qui foigne fes parens & fa famille : on n'exigera aucun fervice indu de ces quatre efpeces de ferviteurs; on ne les obligera qu'à ce qui eft analogue à leur Cafte : les *Dofs* feront le fervice indu : on nomme fervice indu, de balayer & de nettoyer la maifon, la cour de la maifon, la porte, les lieux d'aifance, & autres endroits mal-propres; & dans les temps de maladie, de foigner & de nettoyer le malade après les évacuations naturelles, d'enlever les excrémens & de frotter les pieds : tout autre fervice eft convenable & dû.

5. Les *Dofs* font les efclaves : il y en a de quinze fortes.

1°. Celui qui eft né d'une mere efclave, & on le nomme *Jerhejàt.*

2°. Celui

2°. Celui qui a été acheté pour une certaine somme, & on l'appelle *Keereut*.

3°. Celui qu'on a trouvé par hasard & qu'on a recueilli, & on l'appelle *Lubdehee*.

4°. Celui à qui l'esclavage a été transmis par ses ancêtres, & on l'appelle *Dayàvaupàkut*.

5°. Celui qui a été nourri par un autre qui lui a conservé la vie dans un tems de famine, & il est appellé *Eenàkàl Behrut*.

6°. Celui qui a été déposé comme un gage pour de l'argent emprunté, & on l'appelle *Ahut*.

7°. Celui qui, pour se délivrer d'une dette, a emprunté de l'argent d'un autre, & qui, après avoir acquitté l'ancienne dette, se livre comme serviteur à celui avec lequel il a contracté la derniere dette; ou celui qui, pour terminer les importunités d'un créancier, se livre comme serviteur à ce créancier, & on l'appelle *Mookhud*.

8°. Celui que le sort d'une bataille a réduit en servitude, &, on l'appelle *Joodeh Perràput*.

9°. Celui qui devient esclave par les pertes qu'il a faites aux dés ou à d'autres jeux, & on l'appelle *Punjeet*; suivant les réglemens de *Perkàshkàr* & *Pàrreajaut*, & suivant les réglemens de *Chendeefur*, il est dit qu'on appelle *Punjeet* celui qui est tombé en la puissance d'un autre, de quelque maniere que ce soit. — Approuvé.

10°. Celui qui, de son propre mouvement, dit à un autre, « Je suis devenu votre esclave »; & on l'appelle *Opookut*.

11°. Quand un *Chehteree* ou un *Bice*, après s'être fait *Sinnaffee*, abandonne sa profession, le Magistrat le condamne à la servitude, & il est alors appellé *Perberjèbedheet*.

Y

12º. Celui qui se livre volontairement à un autre comme esclave pour un temps déterminé, & on l'appelle *Gheerut*.

13º. Celui qui fait des fonctions serviles pour pourvoir à sa subsistance, & on l'appelle *Bhekut*.

14º. Celui qui se fait esclave par le desir de jouir d'une fille qui l'est, & on l'appelle *Berbàkrut*.

15º. Celui qui, de son propre gré, vend sa liberté & devient esclave, & on l'appelle *Beekreet*.

SECTION II.
DES DIFFÉRENTES MANIERES D'AFFRANCHIR LES ESCLAVES.

CELUI qui est né d'une femme esclave, ou qui a été acheté à prix d'argent; qu'on a trouvé par hasard & recueilli; celui à qui ses ancêtres ont transmis la servitude: ces quatre especes d'esclaves ne peuvent pas recouvrer leur liberté, à moins qu'ils ne soient affranchis par le consentement volontaire de leurs maîtres: si par bienfaisance le maître leur accorde la liberté, ils ne sont plus esclaves.

Si celui qui, après avoir été nourri par quelqu'un dans un tems de famine, est devenu son esclave, donne à son conservateur tout ce qu'il en a reçu pendant la famine, & en outre deux têtes de bétail, il pourra se délivrer de la servitude, suivant le réglement de *Pacheshputtee Misr*. — Approuvé. *Chendeesur* sur cette matiere dit: Que celui qui a reçu des alimens pendant une famine, & qui est ainsi devenu esclave, peut se racheter en donnant seulement deux têtes de bétail à son conservateur.

Celui qui, ayant été livré comme un gage pour de l'argent

prêté, sert en esclave le créancier, recouvre sa liberté par l'acquittement de la dette : si le débiteur néglige de payer ce qu'il doit au créancier, & qu'il ne pense plus à celui qu'il a livré en gage, celui-ci devient l'esclave du créancier.

Celui qui, étant incapable de payer son créancier, a emprunté une somme d'argent d'un autre, & payé ses dettes avec cette somme, & qui est par-là devenu l'esclave du second créancier, ou qui, pour appaiser les importunités de son créancier, s'est livré lui-même comme son esclave, ne peut se racheter avant le paiement de la dette.

Celui qui est tombé en servitude, par des pertes faites au jeu, ou par le sort de la guerre, peut se racheter de l'esclavage, en donnant deux autres hommes en échange, égaux à soi.

Si l'esclave de quelqu'un va auprès d'un autre, & que de son propre mouvement il consente à être son esclave, dans ce cas il doit toujours appartenir à son premier maître. — La maniere d'affranchir chaque espece d'esclave aura lieu, suivant le réglement fixé pour chacune.

Un *Chehteree* ou un *Bice*, qui, après s'être fait *Sinnassee*, abandonne cette profession & devient l'esclave du Magistrat, ne peut jamais être racheté.

Si un Brame a commis ce crime, le Magistrat ne le réduira pas en servitude ; mais après lui avoir imprimé au front la marque du pied d'un chien, il le bannira du Royaume.

Celui qui s'est livré comme esclave, pour un tems déterminé, recouvre sa liberté à l'expiration de ce tems.

Celui qui fait des fonctions d'esclave pour gagner sa subsistance, recouvrera sa liberté en renonçant à cette subsistance.

Celui qui, pour jouir d'une fille esclave, se fait esclave lui-même, recouvre sa liberté en renonçant à la fille esclave.

Celui qui est devenu esclave en se vendant lui-même, ne sera pas libre, à moins que son maître ne lui accorde la liberté.

Si un voleur après avoir enlevé un enfant, le vend à un autre; ou qu'un homme par violence force un autre à être son esclave, le Magistrat rendra la liberté à cet enfant & à cet homme réduits en servitude par violence.

Si l'esclave d'un maître qui étoit dans un danger imminent de mourir, est venu à bout par ses efforts & par sa présence d'esprit de lui sauver la vie, il deviendra libre, & il sera réputé comme le fils de celui qu'il a sauvé : il pourra rester avec ce maître, s'il le juge à propos, ou s'en aller où il lui plaira.

Quand un maître qui est sans enfant légitime, a eu un fils d'une esclave, cette esclave & son fils deviendront libres.

Si quelqu'un par bienfaisance veut affranchir son esclave, voici comment il faut s'y prendre : l'esclave remplira d'eau une cruche, & il y mettra du riz crud qui a été nettoyé, des fleurs, & une espece de salade ; & prenant la cruche sur son épaule, il se tiendra près de son maître; & le maître mettant la cruche sur la tête de son esclave, la brisera de maniere que l'eau, le riz, les fleurs & la salade tombent sur le corps de l'esclave : ensuite le maître dira par trois fois : « Je vous ai rendu libre ». L'esclave fera alors quelques pas du côté de l'Est, & il sera libre.

Toute propriété qu'acquiert un esclave, outre le prix de sa servitude, & outre ce qu'on peut lui donner en présent, appartient à son maître.

SECTION III.

DE CEUX QUI SONT ESCLAVES, ET DE CEUX QUI NE LE SONT PAS.

SI l'efclave de quelqu'un époufe une femme, cette femme devient l'efclave du même maître, à moins qu'elle ne foit déja l'efclave d'un autre.

Si le maître de cette femme efclave confent à fon mariage, elle devient l'efclave du maître de fon mari.

Si un homme d'une Cafte fupérieure eft ferme & inébranlable dans les principes de cette Cafte, il ne peut jamais devenir l'efclave d'un homme d'une Cafte inférieure.

Les efclaves font des trois Caftes, des *Chehteree*, des *Bice*, des *Sooder*; un Brame ne peut jamais être efclave.

Si un *Chehteree*, un *Bice* ou un *Sooder* réduifent un Brame en fervitude, le Magiftrat les condamnera à une amende de 1100 *puns* de *cowries*.

Un Brame ne peut pas réduire un autre Brame en fervitude; mais le Brame qui eft verfé dans la fcience peut exiger d'un Brame non favant toute efpece de fervice, excepté les fervices indus dont on a parlé plus haut: & celui qui eft très-verfé dans la fcience, peut auffi exiger, de ceux qui n'y font pas verfés, des fervices dus; fuivant les réglemens de *Pàrreejaut* & *Helàyoodeh.*
— Approuvé.

Lukkee Deher dit fur cette matiere, qu'un Brame qui agit

comme un *Chehteree*, un *Bice* ou un *Sooder*, ne doit jamais exiger des autres Brames ni devoir, ni service.

Le *Chehteree*, le *Bice* & le *Sooder* peuvent exiger le service de ceux de leurs Castes respectives : ainsi un *Chehteree* peut employer un autre *Chehteree*; un *Bice* peut employer un autre *Bice*, & un *Sooder* peut employer un autre *Sooder* : une Caste supérieure peut aussi employer à son usage une Caste inférieure : un Brame peut employer un *Chehteree*, un *Chehteree* peut employer un *Bice*, & un *Bice* peut employer un *Sooder*.

Si un homme vend à quelqu'un la femme d'un Brame, ou s'il la garde pour lui-même, cela n'est pas valide ; le Magistrat rendra la liberté à la femme, censurera le vendeur, & le traduira devant le Tribunal.

Si quelqu'un, dans un tems de calamité, vend sa fille esclave à un autre, sans le consentement de cette fille, le Magistrat condamnera le vendeur à l'amende de 200 *puns* de *cowries*.

Une femme qui est d'un bon caractere & d'une bonne conduite, & qui venant dans la maison de quelqu'un, y fixe sa demeure, ne sera pas obligée de faire aucune espece de travail ou de service, & elle ne sera livrée à personne : si on l'oblige à faire du service, ou si on la livre à quelqu'un, le Magistrat exigera une amende du coupable, & rendra la liberté à la femme.

Si un homme fornique avec la nourrice qui l'a élevé, le Magistrat le condamnera à l'amende de 250 *puns* de *cowries*.

Si une femme poussée par un malheur, vient auprès de quelqu'un & reste avec lui, & que cet homme fornique avec cette femme, le Magistrat la condamnera à l'amende de 250 *puns* de *cowries*.

CHAPITRE IX.

DES GAGES OU SALAIRES.

SECTION I. *Des Gages des Serviteurs.*

SECTION II. *Du salaire des Danseuses ou des Prostituées.*

SECTION PREMIERE.

DES GAGES DES SERVITEURS.

ON paiera à un serviteur tous les gages qu'on lui a promis au commencement de son service.

Si un homme a engagé quelqu'un à conduire un commerce pour lui, sans rien stipuler pour le salaire ; dans ce cas l'engagé recevra un dixieme du profit.

Si un homme a engagé quelqu'un pour soigner son bétail, sans rien stipuler pour le salaire, l'engagé recevra un dixieme du lait que produiront les vaches.

Celui qui a été engagé pour un travail d'agriculture (autre que celui de mener la charrue), sans rien stipuler sur le salaire, recevra un dixieme de la récolte.

Si plusieurs personnes sont occupées à une affaire, le salaire entier accordé pour tout l'ouvrage, se partagera entr'eux, suivant le degré d'assiduité de chacun.

Si quelqu'un engagé pour un travail d'agriculture se cache, le Magistrat le censurera & le condamnera à l'amende.

Si quelqu'un recevant sa nourriture dans la maison de son maître, travaille au labour de la terre, sans qu'il y ait de salaire stipulé, il recevra un cinquieme de la récolte : s'il n'est pas nourri par son maître durant ce travail, il recevra un tiers.

Si quelqu'un qu'on a engagé pour élever des animaux domestiques ou des oiseaux, se cache, le Magistrat le traduira devant son tribunal & le censurera.

Si quelqu'un après avoir reçu son salaire ne fait pas le travail pour lequel il a été engagé, & qu'il ne soit pas malade, le Magistrat lui fera rendre à son maître tout ce qu'il en a reçu, & le condamnera à l'amende du double de cette somme.

Si quelqu'un sans avoir stipulé de salaire au tems de son engagement fait le travail dont on l'a chargé, & que ce travail ne produise aucun profit, il sera payé par son maître, suivant le taux des salaires que les autres ouvriers du pays reçoivent pour le même travail.

Si quelqu'un après avoir stipulé le salaire de son travail, se cache pour ne pas remplir le travail auquel il s'est soumis, sans pouvoir prétexter ni maladie, ni accident, le Magistrat le condamnera à payer toute la somme stipulée pour ses gages.

Si quelqu'un après s'être engagé à faire un travail, abandonne ce travail dans un tems où il manque peu de chose pour qu'il soit achevé, sans pouvoir prétexter ni maladie, ni accident, il ne recevra aucun salaire.

Si quelqu'un a fait à un autre cette promesse, « Je ferai votre
» affaire »,

» affaire », & qu'en même tems il néglige de la commencer, fans pouvoir prétexter ni maladie, ni accident ; & qu'enfuite il dife, « Je n'ai pas pu faire votre affaire » ; dans ce cas le Magiftrat le contraindra à remplir fa promeffe : fi, après l'ordre du Magiftrat, cette perfonne néglige toujours de l'accomplir, le Magiftrat la condamnera à 8 pieces d'or ; &, fans lui accorder aucun falaire, il la forcera à tenir fon premier engagement.

Si quelqu'un, chargé d'exécuter un ouvrage, tombe malade après l'avoir commencé, & qu'enfuite il l'acheve après fa guérifon, il recevra un falaire, même pour le tems de fa maladie.

Si un homme, par la faute de fon maître, abandonne fon fervice, il recevra des gages proportionnés au nombre des jours qu'il a fervi.

Si un domeftique, de fa propre faute, gâte une chofe appartenant à fon maître, il fera obligé d'en payer la valeur ; mais fi cette chofe fe gâte par un accident imprévu, ou par l'innovation du Magiftrat, le ferviteur ne la paiera point.

Quelqu'un renvoyant un ferviteur qui n'a point commis de faute, fera condamné par le Magiftrat à une amende de 100 *puns* de *cowries*, & à payer les gages de ce ferviteur.

Si un domeftique gâte par malice la propriété de fon maître, il paiera au Magiftrat une amende de deux fois la valeur de ce qu'il a gâté, & il rétablira la propriété de fon maître.

Si un ferviteur, par l'ordre de fon maître, commet un vol, un affaffinat, ou un crime pareil, ce n'eft pas la faute du ferviteur ; le maître feul eft coupable.

Si un *Beopàry* louant quelqu'un pour aller dans un endroit

spécifié, le prend avec lui, & que le *Beopàry*, après avoir vendu ses biens & ses effets sur la route, renvoie cette personne, il lui donnera des gages proportionnés au chemin qu'elle a fait, & la moitié du salaire stipulé pour la partie de la route qui n'a pas été achevée : si pendant la route quelqu'un empêche le *Beopàry* de conduire plus loin ses marchandises, ou s'il le vole, le conducteur recevra un salaire pour la partie du voyage fait; mais on ne lui accordera rien pour celle qui reste à faire.

Si quelqu'un allant en voyage emmene une personne avec lui, & que cette personne tombe malade sur la route, ou qu'elle ne puisse pas marcher à cause de la fatigue; celui qui l'emmene restera trois jours à cet endroit pour l'attendre; s'il ne s'arrête pas, le Magistrat le condamnera à l'amende.

Si quelqu'un, sans recevoir ni salaire, ni vêtemens, ni subsistance, soigne dix vaches à lait; il séparera pour son usage le lait de celle de ces vaches qui en donne le plus : s'il soigne un plus grand nombre de vaches, il prendra une quantité de lait proportionnée à ce nombre.

Si quelqu'un soigne cent vaches pendant un an, sans salaire fixé; en place de gages il prendra une jeune vache de trois ans; & après chaque huit jours révolus, il s'appropriera le lait que donnent dans un jour toutes ces vaches, quel qu'en soit le nombre.

Si quelqu'un soigne deux cens vaches pendant un an, sans salaire fixé; après huit jours révolus, il s'appropriera le lait que donnent par jour toutes ces vaches; & en outre, par maniere de gages, il s'appropriera une vache à lait & son veau.

Le bétail sera livré au pâtre le matin; le pâtre aura soin tout le

DES GENTOUX.

jour que le bétail ne manque ni d'herbe, ni d'eau ; & le foir il le rendra au maître de la même maniere qu'on le lui aura confié : fi par la faute du pâtre, quelque tête de bétail fe bleffe ou eft enlevée, le pâtre en paiera la valeur.

Quand quelqu'un eft employé nuit & jour à foigner du bétail, il répond au maître de toutes les têtes qui fe blefferont.

Quand un voleur enleve par violence une vache ou un buffle, à la vue du propriétaire, fi le pâtre dès qu'il s'en apperçoit fait un grand cri fans pouvoir empêcher ce rapt, le pâtre ne fera point coupable ; & fi dans ce pays, ou dans ce canton particulier, il arrive une calamité qui nuife aux animaux domeftiques, cette perte tombera fur le propriétaire, fans qu'on puiffe l'imputer au pâtre.

Si un pâtre mene paître des vaches, des buffles & d'autres animaux de cette efpece, ou que pour une raifon ou une autre, il les conduife quelque part, il fera tous fes efforts pour les préferver des mouches, des voleurs, des tigres, des précipices, des rochers, en un mot, de tout accident : dans les cas où il ne peut pas les en préferver, il appellera à grands cris les gens des environs ou le propriétaire du troupeau ; fi le pâtre appelle ainfi au fecours par des cris, il n'eft point coupable ; mais s'il néglige de le faire, il paiera la valeur du bétail perdu ou eftropié, & le Magiftrat le condamnera à l'amende de treize *puns* de *cowries*.

Si un pâtre va dans fa propre maifon, ou dans quelqu'autre endroit, & qu'il laiffe une partie du bétail malade fur la plaine, le Magiftrat le cenfurera.

Si une vache ou un buffle, ou un autre animal de cette efpece, meurt de maladie, & que le pâtre connoiffant le remede convenable à cette maladie, ait négligé de le lui adminiftrer, le Magiftrat le cenſurera, & l'obligera à rendre au propriétaire du troupeau, un animal pareil; il le condamnera en outre à l'amende de treize *puns* de *cowries*, pris ſur ſes gages.

Quand un pâtre a mené paître du bétail à un canton éloigné, s'il arrive que quelqu'une des bêtes meure de quelque maladie, quoique le pâtre ait eſſayé de lui adminiſtrer le remede réputé convenable, le pâtre portera au propriétaire du troupeau, la tête ou la peau, ou un pied de devant, ou un pied de derriere, ou une autre preuve convainquante, priſe du corps de cet animal; ce devoir rempli, il ne ſera plus reſponſable de cette perte; s'il néglige cette précaution, la perte lui ſera imputée.

SECTION II.

DU SALAIRE DES DANSEUSES OU DES PROSTITUÉES.

UNE proſtituée qui a reçu un ſalaire de quelqu'un, & qui néglige d'aller auprès de lui, rendra deux fois la ſomme qu'elle a reçue; mais ſi celui qui l'a payée ne la demande pas, elle ne rendra point ce qu'on lui aura donné.

Si une proſtituée ou une danſeuſe, après avoir demandé & reçu d'avance ſon ſalaire, tombe malade, ou fatiguée, ou triſte à cauſe de quelque accident, ou occupée pour le Magiſtrat, & qu'on la demande dans ce tems ſans qu'elle puiſſe y aller, ce n'eſt point ſa faute; mais elle ira auprès de celui qui l'a payée dès qu'elle ſera guérie, que ſon affliction ſera diſſipée, ou qu'elle aura terminé ce qui l'occupoit; ſi elle néglige d'y aller, elle rendra le double de ce qu'elle aura reçu.

Si quelqu'un, après avoir fixé l'argent qu'il donnera à une

proſtituée, entreprend avec elle des actes contre nature, il paiera huit fois la ſomme ſtipulée, & une amende de même valeur au Magiſtrat.

Si quelqu'un fait une convention verbale avec une proſtituée, & dit : « Je vous emploierai », & qu'il la paie d'avance, & qu'enſuite, au lieu de l'employer, il la livre aux deſirs d'autres hommes, il lui donnera huit fois la ſomme promiſe, & il paiera en outre une amende de même valeur au Magiſtrat.

Si quelqu'un a dit à une proſtituée, le nom d'une perſonne en particulier ; & ſi après lui avoir donné, au nom de cette perſonne, le ſalaire fixé, il la conduit cependant à un autre homme, le Magiſtrat condamnera le trompeur à l'amende d'une *màsheh* d'or ($\frac{1}{12}$ d'*ashruſie*.)

Quand un homme, après avoir promis un certain ſalaire, va auprès d'une proſtituée, ſi enſuite il ne lui paie pas la ſomme ſtipulée, il donnera le double de ce qu'il avoit promis, & une amende égale au Magiſtrat.

Si quelqu'un, après être convenu avec une proſtituée d'un certain ſalaire pour lui ſeul, mene auprès d'elle un certain nombre d'hommes, il lui paiera le double de tout ce qu'il a promis, pour chaque homme qu'il a mené, & il paiera auſſi une amende de la même valeur, pour chacun de ces hommes.

Si un *Bherooàh* (un pourvoyeur ou muſicien, à la ſuite des proſtituées), & une proſtituée ont une diſpute enſemble, la maîtreſſe de la fille terminera la diſpute.

CHAPITRE X.

DES LOYERS ET DES BAUX.

SI quelqu'un, payant une rente & le prix d'un bail, bâtit pour lui une nouvelle maison sur les terres d'un étranger, lorsqu'en quittant ce lieu, il paiera son bail sans diminution, il pourra abattre la maison s'il le veut.

Si quelqu'un, sans payer de rente, bâtit une nouvelle maison sur les terres d'un étranger, & s'il y fixe sa demeure; en quittant ce lieu, il ne pourra pas à son gré disposer de la maison; le propriétaire de la terre deviendra aussi propriétaire de la maison.

Si quelqu'un a loué quelque chose pour un tems stipulé, il paiera le loyer suivant la convention faite entre les parties.

Si quelqu'un a loué une chose d'un autre, il continuera à en payer la location, jusqu'à ce qu'il la rende au propriétaire.

Quand quelqu'un a loué une chose d'un autre, s'il ne l'emploie pas à son usage, il doit la rendre au propriétaire, & lui payer une somme proportionnée au tems qu'il l'a gardée.

Si quelqu'un, après être convenu d'un prix pour la rente de l'eau d'un étang, ou d'un puits, ou d'une riviere, ou d'une maison, ne la paie pas, le Magistrat fera remplir la convention.

Si quelqu'un a loué quelque chose d'un autre, & que la chose ainsi louée, se gâte sans aucun accident imprévu, ou sans innovation de la part du Magistrat, mais de la faute de celui qui l'a louée, il la paiera.

CHAPITRE XI.
DE L'ACHAT ET DE LA VENTE.

SECTION I. *Du vendeur qui ne livre pas à l'acheteur les choses vendues ; & du Magistrat qui les fait livrer.*

SECTION II. *Des cas où l'on peut rendre ou ne pas rendre les marchandises achetées.*

SECTION PREMIERE.
DU VENDEUR QUI NE LIVRE PAS A L'ACHETEUR LES CHOSES VENDUES, ET DU MAGISTRAT QUI LES FAIT LIVRER.

QUAND quelqu'un a vendu à un autre une terre, ou des maisons, ou d'autres propriétés pareilles ; si après en avoir reçu la valeur, il les retient par force, & s'il dépense le bénéfice qui en résulte, l'acheteur portant plainte devant le Magistrat, le Magistrat lui fera livrer les choses achetées, & en outre le bénéfice qui en est résulté ; & si au tems où l'acheteur s'en met en possession, le prix est moindre qu'il ne l'étoit, lorsque la vente en a été faite, il obligera le vendeur à rendre ce surplus à l'acheteur ; mais si le prix a augmenté, le vendeur ne recevra pas cette différence de prix ; & le Magistrat condamnera d'ailleurs le vendeur à cent *puns* de *cowries*.

Si quelqu'un vend quelque chose, autre que la terre de glebe,

& qu'après en avoir reçu la valeur, il retienne de force la chofe vendue, & qu'il dépenfe le bénéfice qui en réfulte, l'acheteur portant plainte devant le Magiftrat, le Magiftrat lui fera livrer la chofe vendue, & en outre le bénéfice que le vendeur s'eft approprié; & fi au tems de la livraifon, le prix de cette chofe a baiffé, relativement au tems de la vente, le vendeur reftituera cette différence de prix, & paiera au Magiftrat une amende de cent *puns* de *cowries*.

Si quelqu'un, après avoir vendu une chofe à un marchand qui alloit commercer dans un autre pays, & reçu la valeur de cette chofe, la retient de force; le marchand, portant fa plainte au Magiftrat, celui-ci lui fera livrer la marchandife achetée, & en outre le bénéfice qu'auroit fait l'acheteur en la vendant dans un autre royaume, au tems où on auroit dû la mettre en fes mains; le Magiftrat prendra en outre pour lui une amende de cent *puns* de *cowries* : ce réglement eft fuivant *Beebà-dur Tunnàgurkar*: — Approuvé.

Quand quelqu'un a acheté des marchandifes, avec la convention de les enlever dans le même jour, & fixé un jour pour le paiement; fi le vendeur, malgré fa promeffe, ne livre pas les marchandifes à la demande de l'acheteur, celui-ci portant plainte, le Magiftrat lui fera livrer les marchandifes, & rendre au vendeur tous les avantages qu'il en a tirés, & il le condamnera de plus à une amende de cent *puns* de *cowries;* mais l'acheteur fera tenu de payer fuivant la convention : fi relativement au tems de la vente, le prix de ces marchandifes a baiffé, le vendeur tiendra compte de cette différence.

Si quelqu'un, ayant acheté des marchandifes endommagées, les rend enfuite au vendeur, celui-ci retiendra un dixieme du prix de la vente, & il rendra les neuf autres parties.

DES GENTOUX.

Quand quelqu'un ayant vendu des marchandises à un autre, ne les livre pas à l'acheteur qui les demande; si ensuite ces marchandises s'endommagent, le dommage tombera sur le vendeur.

Si quelqu'un a vendu des marchandises à un autre; quand l'acheteur ne les demande pas, le vendeur tiendra compte du dommage qu'elles essuieront par sa faute, mais non pas de celui qui surviendra par quelqu'accident, ou par une innovation du Magistrat.

Si quelqu'un montre à un autre une marchandise sans défauts, & après y avoir mis un prix proportionné, livre ensuite à l'acheteur une marchandise endommagée, le Magistrat obligera le vendeur à donner à l'acheteur le double de cette valeur, & il prendra aussi pour lui le double de ce prix en forme d'amende.

Si quelqu'un connoissant les défauts de sa marchandise, les cache en la vendant, le Magistrat l'obligera à donner à l'acheteur le double du prix de cette marchandise, & il s'appropriera une égale somme en forme d'amende.

Si des idiots ou des personnes à qui l'ivresse a fait perdre la raison, ou ceux qui ne peuvent pas distinguer ce qui est bien ou mal pour eux, vendent quelque chose, cette vente n'est pas valide : ils sont autorisés à reprendre la chose vendue.

Chaque chose a son prix dans chaque saison particuliere; si quelqu'un, dominé par la crainte, vend quelque chose fort au-dessous de sa valeur, relativement à la saison, cette vente n'est pas valide, & il est autorisé à reprendre ce qu'il a vendu.

Si un homme après avoir vendu une chose à quelqu'un, la vend ensuite à un autre, le Magistrat le condamnera à donner le double de la valeur de cette chose au premier acheteur, & il s'appropriera une amende égale au double de la valeur de la chose vendue.

Quand quelqu'un a vendu une chose à un autre, avec la promesse d'en faire la livraison au jour stipulé; si, voulant faire cette livraison au jour fixé, l'acheteur refuse de la recevoir, le vendeur en ce cas peut disposer ailleurs de ce qu'il a vendu; si de la seconde vente il résulte quelque perte pour le vendeur, le premier acheteur lui en tiendra compte.

Quand quelqu'un, sans convenir du prix, a livré à un autre des marchandises sous le nom de vente, en disant, « J'en recevrai la » valeur »; si ensuite il s'élève une dispute sur le prix; les Arbitres nommés par l'acheteur & le vendeur, ordonneront que le paiement se fasse suivant le prix actuel, quel qu'ait été le prix de cette marchandise lors de la vente.

SECTION II.

DES CAS OU L'ON PEUT RENDRE OU NE PAS RENDRE LES CHOSES ACHETÉES.

SI quelqu'un a acheté de la graine de *paddee*, de bled, d'orge, de *maush*, de *doll*, de *gram*, de moutarde, ou autre de cette espece, sans la regarder, & que dans dix jours il y apperçoive un défaut, il pourra rendre cette graine dans cet espace de dix jours; si dix jours sont écoulés, il ne sera plus le maître de la rendre; s'il a examiné la graine au tems de l'achat, il ne pourra pas la rendre, même dans l'intervalle des dix premiers jours.

Si quelqu'un achete du fer sans le regarder, & qu'ensuite il

DES GENTOUX.

y découvre un défaut, il pourra le rendre dans l'espace d'un jour; s'il l'a examiné en l'achetant, il ne sera plus le maître de le rendre; si un jour s'est écoulé, il ne pourra plus le rendre, lors même qu'il ne l'auroit pas examiné en l'achetant.

Si quelqu'un a acheté des perles, du corail, des diamans ou autres pierres précieuses de cette espece, sans les regarder, & que dans l'intervalle de sept jours il y découvre des défauts, il pourra les rendre : si sept jours sont écoulés, il ne sera plus le maître de les rendre ; s'il les a examinés en les achetant, il n'aura pas le pouvoir de les rendre, même dans les sept jours.

Si quelqu'un a acheté une fille esclave, & que dans l'intervalle d'un mois, il lui découvre un défaut, il peut la rendre dans cet espace d'un mois : si un mois s'est écoulé, il ne pourra plus la rendre ; & s'il l'a examinée en l'achetant, il n'aura pas le pouvoir de la rendre, même dans l'espace d'un mois.

Si quelqu'un achete des chameaux, des buffles, des ânes ou autres bêtes de charge de cette espece, & qu'en cinq jours il y trouve des défauts, il pourra les rendre dans cet intervalle; si cinq jours sont écoulés, il n'aura plus le pouvoir de les rendre : s'il les a examinés en les achetant, il ne pourra pas les rendre même dans les cinq jours.

Si quelqu'un achete, sans les examiner, des vaches, ou des femelles de buffle à lait, & qu'il y découvre des défauts en trois jours, il pourra les rendre dans cet intervalle; si trois jours sont écoulés, il n'aura plus le pouvoir de les rendre : s'il les a examinées en les achetant, il ne pourra pas les rendre même dans les trois jours.

Si quelqu'un a acheté un esclave, & qu'en quinze jours il lui trouve des défauts, il pourra le rendre dans cet espace de tems; si quinze jours sont écoulés, il ne pourra plus le rendre : s'il l'a examiné en l'achetant, il ne pourra pas le rendre, même dans les quinze jours.

Si quelqu'un a acheté de l'herbe ou du bois à brûler, ou des briques, ou du *paddee*, ou du bled, ou de l'orge, ou quelqu'autre graine, ou du vin, ou du miel, ou du *ghee*, ou du sucre, ou du candi, ou du poivre rond, ou du poivre long, ou du *hurreh*, ou du *beheerreh*, ou des *shaddeks* ou du tamarin, ou enfin quelques-unes des productions qu'on désigne sous le nom de douces, d'ameres, d'astringentes & d'acides ; ou du sel, ou des étoffes, ou de l'or, ou du cuivre, ou de l'étain, ou du cuivre blanc, ou de l'airain, &c. & s'il y découvre un défaut dans le même jour, il pourra les rendre dans l'espace de ce jour : si un jour s'est écoulé, il ne pourra plus les rendre : s'il les a examinés en les achetant, il ne sera pas le maître de les rendre, même dans l'intervalle du premier jour.

Si quelqu'un achete de vieux habits, il ne peut jamais les rendre.

Si quelqu'un qui fait métier d'acheter & de vendre différentes sortes de marchandises, & qui est expérimenté dans ce trafic, achete une chose, il ne pourra jamais la rendre lors même qu'il y appercevroit des défauts.

CHAPITRE XII.

DES BORNES ET LIMITES.

Pour fixer des bornes, il faut planter au point de démarcation un *banyan* (sorte d'arbre) mâle & femelle, ou un *plafs*, ou un cotonnier, ou un *faul*, ou un *toddy*, ou un *zukkoom*, ou un *lutta*, ou un *bamboo*, ou quelqu'autre grand arbre qui ne produise pas beaucoup de branches; ou il faut élever un mondrain de terre, ou bien déterminer les bornes d'une maniere marquée par un étang, un puits, un baffin, un foffé, ou d'autres fignes pareils; ou y conftruire à la Divinité un Temple qui ferve de point de féparation.

Après avoir rempli en entier un pot de terre de poufliere, ou d'offemens, de fraifils, ou de morceaux de poterie de terre, ou de poils de la queue d'une vache, ou de graines de la plante de coton; un homme doit fecrétement enterrer cette bouteille fur les confins de fon territoire, & y enterrer auffi près des bornes, des pierres ou des briques, ou du fable de mer : ces différens matériaux, en reftant long-tems en terre, ne font pas fujets à fe corrompre ni à fe pourrir: on pourra y enterrer également toute autre chofe qui ne fe corrompt ni ne fe pourrit pas en reftant long-tems en terre. Les peres inftruiront leurs fils des précautions qu'ils ont ainfi prifes, & de la démarcation des limites; & ces fils en inftruiront de même leurs enfans : en obfervant cette regle, il ne peut pas y avoir de difpute fur les bornes & limites.

S'il s'éleve un procès concernant les limites d'un terrein, le

Magiſtrat le terminera après avoir examiné les marques publiques & cachées de démarcation : s'il y a du doute ou de l'incertitude, le demandeur & le défendeur produiront au Magiſtrat leurs titres reſpectifs de poſſeſſion : s'il n'y a point de bornes, ou qu'ils ne puiſſent pas prouver leurs titres reſpectifs de poſſeſſion, le demandeur amenera des vieillards qui connoiſſent bien les limites des territoires, ou la perſonne qui la premiere a meſuré le terrein, & il terminera la diſpute de cette maniere; mais une diſpute ſur des limites ne ſera pas terminée par le témoignage d'un ſeul homme expérimenté, il faudra qu'il y en ait au moins quatre.

Si le demandeur & le défendeur conſentent à ce que des vieillards & des hommes d'expérience donnent leur témoignage ſur une diſpute touchant des limites, le Magiſtrat ou l'Arbitre pourront interroger les perſonnes admiſes par le demandeur & le défendeur : les témoins mettant un collier rouge & des vêtemens rouges, expoſeront ce qu'ils ſavent de vrai ſur les limites : ſi après leur dépoſition la diſpute ne ſe trouve pas terminée, le Magiſtrat propoſera les mêmes queſtions à quatre, ou à dix hommes de ceux qui font conſtamment des fagots de bois dans ces cantons, ou qui ſont chaſſeurs, ou qui, après la moiſſon, glanent ce qui reſte ſur les champs : ceux-ci poſeront leur main ſur la terre, en faiſant les réverences convenables ; & mettant des colliers rouges & des habits rouges, ils raconteront ce qu'ils ſavent de l'affaire, en diſant : « Si nous rendons un faux-témoignage, puiſſent toutes » nos bonnes actions nous être imputées à mal ». Dans une diſcuſſion concernant les limites, un ſeul témoin ne dépoſera point ; mais ſi le demandeur & le défendeur ſe réuniſſent pour admettre un ſeul témoin, le Magiſtrat l'interrogera ; & celui-ci dépoſera, après avoir jeûné un jour entier, & mis un collier rouge & des habits rouges, & touché convenablement la terre de ſa tête.

DES GENTOUX.

Le Magiſtrat ne terminera pas une diſcuſſion concernant des limites, par la dépoſition d'une perſonne de mauvais principes : ſi la diſcuſſion ne peut pas ſe terminer de la maniere expoſée ci-deſſus, le Magiſtrat ira lui-même examiner les bornes qui ſont un objet de litige ; il interrogera les hommes du village, qui ſont nés dans le village, & qui connoiſſent les différentes bornes des héritages ; il mandera auſſi ceux qui ſont allé dans quelqu'autre canton du pays ; & après en avoir appris la vérité, il terminera le différend.

Si le Magiſtrat, par colere, par avarice, ou par un autre mauvais motif, accorde à quelqu'un la terre d'un autre, cela n'eſt pas approuvé.

Lorſqu'il ſurviendra un différend ſur les bornes du village, on s'adreſſera, pour le terminer, à ceux des habitans qui ont le plus de poids ou d'expérience : s'il y a un différend concernant le labourage, on le terminera, en s'adreſſant aux fermiers des environs ; s'il y a un différend ſur le terrein où eſt ſituée une maiſon, pour le terminer on s'adreſſera à ceux qui habitent les environs de cette maiſon ; s'il n'y a ni habitant dans les alentours, ni témoin, ni borne, ni preuve d'uſufruit, le Magiſtrat poſera des bornes à ſon gré, & le demandeur & le défendeur ſeront ſoumis à cette déciſion : le Magiſtrat condamnera à l'amende, celui des deux qui ne l'approuvera pas.

Si dans un endroit où il y a deux villages, ſitués aux deux bords d'une riviere, il ſort de cette riviere un ruiſſeau, qui après avoir fait un coude dans les terres, retourne mêler ſes eaux à celles de la riviere, & que quelque terrein reſte fixé dans ſa ſituation primitive, entre le coude du ruiſſeau & la riviere, le terrein appartiendra alors au village qui originairement le poſſédoit.

Dans un endroit où il y a une riviere, dont les deux bords fervent de limites aux biens de deux perfonnes; fi cette riviere détache d'un côté une partie du bord, & la porte de l'autre côté, ce morceau détaché appartiendra au propriétaire du terrein dans lequel il tombe; & celui à qui il appartenoit autrefois n'y aura plus de droit : fi la riviere détache tout le terrein d'une perfonne, & le porte dans celui d'un autre, le propriétaire du terrein ainfi enlevé, en reftera toujours le maître.

Si quelqu'un, fans être le véritable propriétaire d'un terrein, s'en met en poffeffion par fraude, le Magiftrat lui reprendra ce terrein, & il le donnera à un autre, & l'ufurpateur ne pourra pas y mettre d'empêchement.

Quand quelqu'un a bâti une nouvelle maifon fur un terrein qui n'étoit réclamé par perfonne, fi un homme puiffant vient conftruire un édifice au même endroit, & s'il joint à fon bâtiment le canton de terre occupé par celui qui a bâti la maifon, cela n'eft pas permis.

Si un homme a commencé à fe fervir d'un étang ou d'un puits, dès le tems qu'il a commencé à bâtir fa maifon, on ne pourra plus dans la fuite lui en interdire l'ufage.

Si un homme a joui d'une fenêtre, une autre perfonne bâtiffant une maifon près de celle-ci, n'a pas droit de fermer la fenêtre du premier; & quand cette feconde perfonne veut faire une fenêtre dans fa propre maifon, du côté qui eft vers la maifon de l'autre homme; fi celui-ci, au tems où l'on fait cette fenêtre, y met empêchement, l'autre ne pourra pas continuer l'ouvrage; fi après que la fenêtre eft achevée, le voifin veut lui caufer du trouble, le Magiftrat condamnera ce voifin à l'amende, fans ordonner qu'on ferme la fenêtre.

Si

Si le conduit, pour l'écoulement des eaux, a pendant un long tems paſſé à travers les bâtimens d'un autre, celui-ci ne pourra pas y mettre d'empêchement; mais s'il y a mis oppoſition dès le moment où l'on a commencé à faire le conduit, l'on ne pourra pas donner cette direction au conduit : celui qui n'a point mis d'oppoſition, lorſqu'on a commencé à faire le conduit, & qui enſuite forme des difficultés, ſera traduit devant le *Sircàr* du Magiſtrat.

Si un homme a fait un édifice très-élevé, & ſi au commencement de la bâtiſſe, aucun des voiſins n'y a mis d'empêchement, ils ne pourront pas dans la ſuite former de difficultés; s'ils ſuſcitent des obſtacles & des tracaſſeries, on pourra les traduire devant le Magiſtrat.

Si lorſqu'on a bâti une maiſon qui a une porte de chacun des quatre côtés, perſonne n'a mis d'empêchement à la conſtruction de ces portes; ſi enſuite quelqu'un veut y mettre oppoſition, il ne le pourra pas : celui qui ſuſcitera des obſtacles ou des tracaſſeries ſur cela au propriétaire, ſera traduiſible devant le Magiſtrat.

Quand du toit d'une maiſon, l'eau tombe dans un terrein voiſin de cette maiſon, mais appartenant à un autre propriétaire; ſi celui ſur le terrein duquel tombe l'eau n'y a point mis d'empêchement dans les commencemens, il ne pourra plus y en mettre dans la ſuite : ſi lorſque la maiſon ſera achevée, il ſuſcite des difficultés, il ſera traduiſible devant le Magiſtrat; & ſi quelqu'un fait un *ſejjah* (ou terraſſe retranchée) au ſommet de ſa maiſon, un autre ne l'en empêchera pas.

S'il y a depuis long-tems un paſſage pour les hommes & les troupeaux, à travers le terrein de quelqu'un, le propriétaire ne pourra pas fermer ce chemin.

B b

Perſonne ne pourra faire des lieux d'aiſance, joignant la maiſon de quelqu'un; on ne pourra pas non plus y jetter des décombres ou des ordures, ni y creuſer un foſſé.

Perſonne ne plantera l'arbre *kooloo* ou le cocotier, dont on tire l'huile amere, ſur un terrein qui touche à la maiſon d'un autre; s'il veut l'y planter, il doit laiſſer la longueur de deux coudées entre les arbres & la maiſon.

Un propriétaire ne fermera pas une porte par laquelle tout le monde paſſe, ni un chemin ſur lequel tout le monde marche, ſous prétexte qu'ils ſe trouvent dans l'étendue de ſon terrein; il ne fera pas de ce ſentier un lieu d'urines, ni un réceptacle pour les ordures, ni le dépôt du ſablon, avec lequel on écure les vaſes: en général il ne fera jamais de pareils dépôts près de ſa maiſon; & quand il aura balayé, il ne jettera ni les ordures, ni les cendres dans le chemin; il n'ira pas y faire ſes beſoins naturels, & il n'y plantera point d'arbres.

Si quelqu'un ferme le chemin où paſſent & repaſſent les Officiers du Magiſtrat, on pourra le traduire en Juſtice.

Si quelqu'un, pendant un tems qui n'eſt pas de calamité générale, jette des ordures & des cendres ſur le grand chemin, ou y fait un trou, ou y ſatisfait à ſes beſoins naturels une ſeule fois, ou y plante des arbres, le Magiſtrat le condamnera à l'amende d'une *màsheh* d'or, & l'obligera à ôter l'ordure de ſes propres mains.

Si quelqu'un, pendant une calamité générale, ſe rend coupable des délits dont on vient de parler, il ne paiera point d'amende, & il ne ſera pas obligé d'ôter l'ordure de ſes propres mains.

Si quelqu'un, dans un tems qui n'eſt pas de calamité générale, jette habituellement des décombres, des ordures & d'autres choſes ſpécifiées plus haut, dans le grand chemin, le Magiſtrat le condamnera à deux *cahawuns* de *cowries* & l'obligera à ôter les ordures de ſes propres mains.

Si dans les tems de calamité, ou qui ne ſont pas de calamité, un vieillard foible, ou un enfant, ou une femme enceinte, jette ſur le grand chemin quelques-unes des choſes dont on a parlé plus haut, ils ne paieront point d'amende, & ils ne ſeront pas obligés d'ôter l'ordure de leurs propres mains, mais le Magiſtrat les avertira d'être plus attentifs dans la ſuite.

Si quelqu'un jette de l'ordure dans un jardin, ou près d'un étang, le Magiſtrat le condamnera à une amende de 100 *puns* de *cowries*, & l'obligera à ôter ces ordures de ſes propres mains.

Si quelqu'un jette dans les places de *Zeéaarut* (terrein conſacré à la Religion) ou autour d'un étang, d'un puits, d'un baſſin d'eau, des ordures, qui empêchent le public d'y aller, & de ſe ſervir de l'eau de cet étang, de ce puits, ou de ce baſſin, le Magiſtrat condamnera le délinquant à l'amende de 250 *puns* de *cowries*, & l'obligera à ôter les ordures de ſes propres mains.

Si entre les bornes du terrein de deux perſonnes, il croît un arbre, les deux propriétaires pourront uſer indifféremment des fleurs & des fruits de cet arbre.

Si les arbres ſe trouvent ſur les bornes du terrein de quelqu'un, & que les branches de ces arbres s'étendent ſur les bornes du terrein d'un autre ; celui ſur le terrein duquel s'étendent ces branches en eſt le propriétaire, & il peut en faire ce qu'il lui plaît.

CODE DES LOIX

Si quelqu'un, en caufant une violente crainte dans l'ame d'un autre, fe met en poffeffion de la maifon, de l'étang, ou des champs de cette perfonne, le Magiftrat fera rendre la propriété à celui à qui elle appartient, & il condamnera l'ufurpateur à 100 *puns* de *cowries*.

Si quelqu'un ayant affirmé par mégarde, que la maifon, l'étang, le puits, le jardin ou la terre de famille, ou une chofe pareille qui appartenoit à un autre, font fa propriété, & qu'en conféquence il les ait employés à fon ufage, le Magiftrat le condamnera à 200 *puns* de *cowries*, & remettra le véritable propriétaire en poffeffion de ce qu'on lui avoit pris.

Si quelqu'un déracine un arbre planté pour fervir de borne à un terrein, c'eft un crime, & le Magiftrat le condamnera à 200 *puns* de *cowries*.

Si quelqu'un en tranfpofant une borne s'approprie frauduleufement une piece de terre, joignant la fienne, le Magiftrat en exigera une amende de 540 *puns* de *cowries*, & il rendra le terrein au propriétaire.

Si quelqu'un détruit la ligne en boffe qui fe trouve entre les champs de deux perfonnes, le Magiftrat le condamnera à l'amende de 108 *puns* de *cowries*.

Si quelqu'un a détruit une grande portion du champ labouré d'un autre, & s'eft approprié plus de terrein qu'il ne lui en appartient, le Magiftrat le condamnera à 108 *puns* de *cowries*, & il fera rendre le terrein au propriétaire.

Si quelqu'un, pour arrofer fes champs, vole l'eau dans l'étang d'un autre homme, le Magiftrat le condamnera à 108 *puns* de *cowries*.

CHAPITRE XIII.

DES PARTAGES DANS LA CULTURE DES TERRES.

1°. Il y a des terres en jachere pour deux ans ou pour un an, & on les appelle *arde kheel*, ou demi-jachere.

2°. Il y a des terres en jachere pour trois ou quatre ans, & on les appelle *kheel* ou jachere, proprement dite.

3°. Il y a des terres en jachere pour cinq ans, ou pour un tems plus long, & on les nomme *jungle*.

Quand quelqu'un cede à un autre, pour être cultivée, la terre qui a été en friche un ou deux ans ; fi cette perfonne, après avoir amélioré le terrein par une exploitation intelligente, en a tiré une récolte ; dans ce cas un fixieme de cette récolte appartient au propriétaire du terrein, & les cinq fixiemes reftans, au cultivateur : fi celui qui eft convenu de prendre le terrein d'un autre pour le cultiver, néglige enfuite de le cultiver ou de le faire cultiver, il donnera au propriétaire du terrein un fixieme de la récolte moyenne que rapportent, dans le même canton, les terreins pareils à celui-ci ; & il paiera en outre au Magiftrat une amende de la même valeur.

Quand un homme cede à un autre, pour le cultiver, un terrein qui a été en friche pendant trois ou quatre ans ; fi celui-ci en exploitant le fol en tire une récolte, le huitieme de la récolte appartient au propriétaire du terrein, & les fept huitiemes reſtans, au cultivateur; ſi celui qui eſt convenu de cultiver le terrein d'un autre, néglige enſuite de le cultiver ou de le faire cultiver, il paiera au propriétaire un huitieme de la récolte moyenne que produiſent, dans le même canton, les terreins pareils à celui-ci; & il paiera en outre une amende de la même valeur au Magiſtrat.

Si un homme cede à un autre, pour le cultiver, un terrein qui a été en friche pendant cinq ans, ou pendant un tems plus long, & que celui-ci en l'exploitant en tire une récolte; un dixieme de cette récolte appartiendra au propriétaire, & les neuf dixiemes reſtans, au cultivateur : ſi celui qui a promis de cultiver la terre d'un autre, néglige de l'exploiter ou de la faire exploiter, il paiera une amende, & un dédommagement proportionné, comme ci-deſſus.

Quand quelqu'un, devenu hors d'état par quelque raiſon que ce ſoit, néglige de labourer ſon propre terrein; ſi un autre, ſans ſa permiſſion expreſſe, exploite ce terrein, après qu'il a été en friche un, deux, trois ou quatre ans, & en tire une récolte; & ſi le propriétaire ſachant cela ne l'en empêche pas; dans ce cas, dès que le propriétaire du terrein, dans l'eſpace de ſept ans, n'a pas fourni une dépenſe proportionnée de la culture des terres, il ne peut pas réclamer ſon terrein; mais le cultivateur fera obligé de donner à ce propriétaire une partie de la récolte, d'après le taux ſpécifié ci-deſſus; s'il ne donne pas cette partie, le maître du terrein pourra réclamer ſa propriété, même dans l'eſpace de ſept ans : le propriétaire qui a fourni quelque avance de culture, pourra reprendre ſon terrein après ſept ans : de même quand la terre eſt cultivée, après avoir été en friche cinq ans ou davantage, ſi le propriétaire, dans l'eſpace de huit ans n'a pas fourni ſa portion des avances de culture, il ne pourra pas réclamer fa terre, mais il en reprendra la poffeffion après neuf ans : fi on cultive une de fes terres qui n'eft pas en friche, il pourra la reprendre à fon propre gré.

Quand à la mort d'un homme, quelqu'autre cultive le terrein du défunt, qui a été en friche un, deux, trois ou quatre ans, & en tire une récolte ; fi dans ce cas les héritiers du mort n'ont pas fourni aux avances de culture de ce terrein en friche, ils ne pourront pas ôter le terrein à celui qui l'a exploité ; mais le cultivateur donnera aux héritiers du défunt, une partie de la récolte dans la proportion expofée ci-deffus : s'il ne donne pas cette portion, le propriétaire du terrein pourra le recouvrer dans l'efpace de fept ans ; & même après la huitieme année il pourra toujours reprendre fon terrein, lors même qu'il n'aura fourni aucune avance : de plus, quand le terrein eft cultivé, après avoir été en friche cinq années ou davantage, fi l'héritier, jufqu'à la huitieme année, n'a fourni aucune avance d'exploitation, il n'aura pas le droit de reprendre fon terrein à celui qui l'a cultivé ; mais il fera le maître de le réclamer après neuf ans.

Quand quelqu'un cultivant le terrein d'un autre, abfent pour caufe de voyage, après que ce terrein a été en friche un, deux, trois ou quatre ans, en tire une récolte ; fi dans ce cas ni le propriétaire ni fes héritiers, dans l'efpace de fept ans, n'ont fourni aucune avance de culture pour ce terrein, on ne pourra pas l'enlever à celui qui l'a exploité ; mais le cultivateur donnera au propriétaire ou à fon héritier, une partie de la récolte, dans la proportion énoncée plus haut : s'il ne donne pas cette partie, le propriétaire du terrein, ou fon héritier, dans l'efpace de fept ans, pourra reprendre le terrein : bien plus, après huit ans, le propriétaire ou fon héritier pourront reprendre le terrein, quoiqu'ils n'aient fourni aucune avance : quand le terrein eft cultivé, après avoir été en friche pendant cinq ans ou davantage; fi dans ce cas, le propriétaire ou fon héritier n'ont pas fourni aux avances de culture pendant huit ans, ils ne pourront pas réclamer ce terrein; mais ils le recouvreront après neuf ans.

Quand quelqu'un cede à un autre, pour le cultiver, un terrein qui n'eft pas en friche; fi celui-ci, par l'exploitation en tire une récolte, un fixieme de la récolte appartiendra au propriétaire du terrein; les cinq fixiemes reftans appartiendront au cultivateur: fi le ceffionnaire, après avoir promis de cultiver la terre d'un autre, néglige enfuite de la cultiver ou de la faire cultiver, il paiera au propriétaire une valeur, & au Magiftrat une amende, dans la proportion énoncée ci-deffus.

Si un homme cede à quelqu'un, pour le cultiver, un terrein en friche, ou qui n'eft pas en friche, il ne pourra point le reprendre, à moins que le ceffionnaire ne fe rende coupable de quelque faute.

Si quelqu'un cultive le terrein d'un autre qui n'y donne pas fon confentement, & fans aucune convention avec le propriétaire, toute la récolte appartiendra au propriétaire du terrein, & le cultivateur n'aura rien.

Si un homme feme du grain fur fon terrein, & que par quelque hafard, une partie de ce grain tombe fur le terrein d'un autre, & qu'il en réfulte une récolte; cette récolte appartiendra au propriétaire du terrein, & non pas au propriétaire du grain qui a été femé.

Quand un homme a femé du grain fur fon propre terrein, fi quelqu'autre gâte ces femailles, le Magiftrat châtira le délinquant, il en exigera une amende, & il lui fera payer la valeur des femailles endommagées.

CHAPITRE

CHAPITRE XIV.

Des Villes et des Bourgs; et des amendes à imposer à ceux qui endommagent une récolte.

On appelle *gràm* ou bourg, tout lieu où il y a beaucoup d'hommes de la tribu des *Sooder*, beaucoup d'agriculteurs, & une grande quantité de terrains propres pour le labourage.

Un lieu qui a huit *cofes* en long & en large (*a*), & sur les bords duquel il y a, des quatre côtés, un fossé, & par-dessus le fossé, une muraille ou parapet des quatre côtés; & des quatre côtés, des bambous; & au côté Est & Nord, un chemin couvert est appelé *nigher* ou ville : de même, s'il y a quatre *cofes* en long & en large, on l'appelle *kheet* ou petite ville; & s'il y a deux *cofes* en long & en large, il est nommé *gherbut* ou très-petite ville.

Le chemin pour passer & repasser, sera au choix des habitans d'une ville; mais si un homme ne possede qu'un petit coin de terre, on ne lui en prendra qu'une petite portion pour la comprendre dans le chemin; celui qui a une grande étendue de terrein, en fournira pour cela une grande portion.

Sur chacun des quatre côtés d'un bourg, on laissera 400 coudées; & c'est après cet espace seulement qu'on commencera à

(*a*) Le Traducteur Anglois ne dit pas si c'est huit *cofes*, pour la longueur & la largeur, joints ensemble; cela paroît assez probable, puisque chaque *cofe* est de près de deux milles.

labourer : fur chacun des quatre côtés d'une ville, on laiffera 1600 coudées; & c'eft après cet efpace feulement qu'on commencera à labourer : fur chacun des côtés d'une petite ville, on laiffera 1200 coudées de terrein non cultivé; & fur chacun des quatre côtés d'une ville très-petite, on en laiffera 800; fi quelqu'un, après avoir cultivé un terrein, néglige de l'enclorre; & fi la récolte eft mangée par les vaches, les buffles & autres animaux de cette efpece, le propriétaire de ces animaux & le pâtre ne pourront pas être traduits en Juftice : quand quelqu'un laiffe fciemment fon bétail paître fur un terrein labouré, le Magiftrat punira le délinquant comme un voleur.

Quand quelqu'un cultive une terre touchant à un chemin fans l'enclorre; fi la récolte eft mangée par les vaches, les buffles, les chevaux, les chameaux, les chevres, les moutons ou autres animaux de cette efpece, le propriétaire & le pâtre ne pourront pas être traduits en Juftice; le Magiftrat punira comme un voleur, celui qui laiffe paître fciemment fon bétail au milieu des récoltes.

Si pendant la nuit, une vache feule entre dans le terrein de quelqu'un, & fi elle y paît fans obftacles, le Magiftrat condamnera le propriétaire de la vache à cinq pieces d'argent; & fi pendant le jour, une vache feule a mangé la récolte fur le terrein de quelqu'un, le Magiftrat condamnera le propriétaire de la vache à fix pieces d'argent : de même, fi pendant le jour ou pendant la nuit, une vache feule paît fur le terrein de quelqu'un, l'efpace de deux *ghurries* fans qu'on l'en empêche, le Magiftrat condamnera le propriétaire de la vache à deux pieces d'argent; & fi la vache étoit fous la garde d'un pâtre, au tems où elle paiffoit fur cette récolte, le pâtre paiera l'amende, & il paiera auffi au propriétaire de la terre, la valeur de la partie de la récolte qu'a mangée la vache.

DES GENTOUX.

Si un chameau a mangé la récolte fur le terrein de quelqu'un, le Magiftrat condamnera le propriétaire du chameau à douze pieces d'argent, & il fera reftituer la valeur de ce qui a été confommé au propriétaire du terrein : fi le chameau étoit fous la garde de quelqu'un quand il a mangé la récolte, le pâtre dédommagera le propriétaire du terrein, & paiera l'amende.

Si un cheval ou un buffle a mangé la récolte fur le terrein de quelqu'un, le Magiftrat obligera le propriétaire de ces deux animaux à payer la récolte, & en outre une amende de vingt pieces d'argent : fi le cheval ou le buffle étoit fous la garde de quelqu'un, au tems où il a mangé la récolte, ce dommage ne regarde point celui à qui ces animaux appartiennent ; le pâtre fera obligé de payer l'amende & la récolte.

Si une chevre ou un mouton a mangé la récolte fur le terrein de quelqu'un, le Magiftrat obligera le propriétaire de la chevre ou du mouton, à payer ce qui a été mangé, & à l'amende de quatre pieces d'argent : fi la chevre ou le mouton étoit fous la garde d'un berger, quand la récolte a été mangée, le berger fera obligé de payer le dommage & une amende ; cela ne regarde point le propriétaire.

Si le poulain d'une jument, ou un petit chameau, ou un veau, ou un petit buffle, ou un autre animal, a mangé la récolte fur le terrein de quelqu'un, le Magiftrat obligera le propriétaire de l'animal à payer ce qui a été mangé, & en outre une amende de deux pieces d'argent : fi cet animal étoit fous la garde de quelqu'un, quand la récolte a été mangée, le pâtre fera obligé de payer la récolte & l'amende.

Si une vache, ou un buffle, ou un cheval, ou un chameau, &c. a mangé une grande quantité de la récolte d'un autre, & s'il eft resté long-tems sur le champ étranger sans qu'on l'en empêche, le Magistrat obligera le propriétaire de l'animal, à payer à celui du terrain, la partie de la récolte qui a été mangée, & il le condamnera au double du taux des amendes spécifiées plus haut : si l'animal étoit sous la garde d'un pâtre, quand cette récolte a été mangée, le pâtre paiera la récolte & les amendes.

Si une vache, un buffle, ou un autre animal, a mangé la récolte de quelqu'un, & s'il a demeuré tout le jour ou toute la nuit sur le terrain, le Magistrat obligera le propriétaire de l'animal à payer la récolte au propriétaire du terrain, & il le condamnera au quadruple des amendes spécifiées ci-dessus : s'il y avoit un pâtre, lorsque la récolte a été mangée, ce pâtre paiera la récolte & l'amende : le propriétaire dans ce cas n'est responsable de rien.

Si un homme fait, sous ses yeux, manger à son animal la récolte d'un autre, le Magistrat le condamnera à payer la récolte au propriétaire, & il le punira comme voleur.

Si une vache, un buffle, un cheval, un chameau, ou un autre animal, commis à la garde d'un pâtre, a mangé la récolte sur un terrain étranger, de maniere qu'il n'y ait plus de récolte sur ce terrain, le Magistrat condamnera le pâtre à payer en amende tout ce qu'il peut avoir; si le pâtre est hors d'état de payer une amende, le Magistrat exigera une amende du maître du pâtre; il châtiera le pâtre, & il fera payer la valeur de la récolte au propriétaire du terrain.

Si un cheval, un chameau, un buffle, ou un autre animal, appartenant à un maître, a mangé la récolte sur un terrain étranger, & si le propriétaire de ce terrain demande la valeur de sa récolte, le maître de l'animal paiera cette récolte, & en outre la quantité d'herbe ou de foin qu'on pouvoit en espérer.

DES GENTOUX.

Si une vache a mangé la récolte fur un terrein étranger, il n'eſt pas bien que le propriétaire du terrein en exige la valeur du propriétaire de la vache : rigoureuſement cela ſe peut, mais il eſt malhonnête d'uſer de ce droit.

Si tandis qu'un pâtre garde des vaches, des buffles, ou autres animaux de cette eſpece, il ſe rend devant un Magiſtrat qui l'a mandé; s'il eſt frappé de la foudre, ou mordu par un ſerpent; s'il tombe d'un arbre, s'il eſt enlevé par un tigre, ou s'il devient malade, & qu'au milieu de l'un de ces accidens ou autres de cette eſpece, les vaches, les buffles, &c. mangent la récolte ſur un terrein étranger, le pâtre n'en ſera pas reſponſable; ſi pendant que le propriétaire lui-même garde ſes vaches, ſes buffles, &c., il arrive quelqu'un de ces accidens, & que les animaux qui étoient ſous ſa garde mangent la récolte ſur un terrein étranger, le propriétaire des animaux n'en ſera pas reſponſable.

Le taureau à qui on mene des vaches pour les faire ſaillir, eſt appellé *beejeshukta*; ſi ce taureau mange les récoltes ſur un terrein étranger, le propriétaire ou le pâtre n'en ſeront pas reſponſables.

Le taureau, ſur la croupe duquel on fait une cicatrice, au tems du *Seradeh*, ou lors de la fête de quelqu'un, & à qui on donne ſa liberté, va où il lui plaît, perſonne n'eſt pâtre de ce taureau, qui eſt appellé *Bereeſocherg*; ſi ce taureau mange la récolte ſur un terrein étranger, le propriétaire du taureau n'en ſera pas reſponſable.

Quand une vache, appartenant à une ville, s'eſt perdue ou s'eſt égaréè, & a pris le chemin d'une autre ville, ſi elle mange des récoltes ſur un terrein de cette ville, le propriéraire & le pâtre de la vache n'en ſeront pas reſponſables.

Si une vache qui a mis bas, mange la récolte ſur un terrein étranger, avant qu'il ſe ſoit écoulé dix jours depuis qu'elle a fait ſon veau, le propriétaire & le berger de la vache n'en ſeront pas reſponſables.

Quand une vache, de son propre mouvement, suit un taureau pour se faire couvrir; si durant cet intervalle, la vache mange la récolte sur un terrein étranger, le propriétaire & le pâtre de la vache n'en seront pas responsables.

Si une vache, ou un cheval, ou un buffle, ou un chameau, ou un autre animal, aveugle ou boiteux, mange la récolte sur un terrein étranger, le propriétaire & le pâtre de ces animaux n'en seront pas responsables.

Si l'éléphant ou le cheval du Magistrat, mange une récolte sur le terrein d'un autre, quel qu'il soit, le propriétaire & le pâtre n'en seront pas responsables.

Si une belette, une souris, un rat, ou un autre petit animal de cette espece, ou une mule, mangent la récolte sur un terrein quelconque, le propriétaire de ces animaux n'en sera pas responsable, non plus que le pâtre, s'il y en a un.

Si une vache sans pâtre, épouvantée à la vue d'une armée, ou par des coups de tonnerre, ou par d'autres accidens, s'enfuit & mange la récolte sur un terrein quelconque, le propriétaire de cette vache n'en sera pas responsable.

Quand un homme a entassé du foin dans un jardin, ou dans un autre endroit, pour nourrir son propre bétail; si la vache, ou le buffle, ou quelque animal appartenant à un étranger, mange le foin ou la récolte, ou va dans la maison, le jardin ou la terre labourée d'un autre; s'il y a de la faute du propriétaire de ces animaux, le propriétaire du foin, de la maison, du jardin, &c., peut prendre & saisir ces animaux, & même les battre légerement : dès qu'il n'y a pas de la faute du propriétaire de ces animaux, si quelqu'un les prend, les saisit ou les bat, le Magistrat l'en rendra responsable.

CHAPITRE XV.

DES EXPRESSIONS SCANDALEUSES, ou des expressions qu'il est criminel de proférer.

SI un homme en accuse faussement un autre, cela est appellé *pàk-pàrish*.

SECTION I. *Des Dénominations du Crime.*

SECTION II. *De la peine du* Pàk-pàrish.

SECTION PREMIERE.

DES TROIS DIFFÉRENTES DÉNOMINATIONS DU CRIME.

1°. UN homme est coupable de tenir des propos d'après lesquels un autre est soupçonné d'*atee pàtuk* ou de *màhè pàtuk*, ou d'*anoo pàtuk*.

Atee pàtuk, c'est lorsqu'un homme commet un inceste avec sa propre mere ou avec sa propre fille, ou avec la femme de son fils.

Le crime de *màhà pàtuk*, c'est lorsqu'un homme assassine un Brame, ou lorsqu'il boit du vin étant Brame, ou lorsque quelqu'un vole 80 *ashrufies* à un Brame, ou lorsqu'un homme commet un adultere avec une des femmes de son pere, autre que sa propre mere, ou avec la femme d'un Brame; le crime de celui qui a des liaisons étroites avec une telle personne pendant l'espace d'une année, est aussi appellé *màhà pàtuk.*

On a des liaisons étroites de cette maniere, savoir:

Si un homme a conversé avec des coupables de l'espece dont on parle ici ; s'il s'est souillé en les touchant, ou s'il s'assied dans le même endroit pour manger avec eux, ou s'il s'assied sur le même tapis qu'eux, s'il y dort, s'il monte avec eux dans la même voiture ou le même palanquin ; quand cette liaison dure l'espace d'une année, on lui donne le nom de *màhà pàtuk.*

Si une personne mange à la même table qu'un homme coupable de *màhà pàtuk*, ou apprête des alimens pour un homme coupable de ce crime, ou lui donne à manger, ou lui apprend une science ; dans ces cas, une liaison d'un seul jour est appellée *màhà pàtuk.*

Anoo pàtuk ; c'est lorsqu'un Sooder prenant le cordon des Brames, se donne à lui-même le nom de Brame ; ou lorsqu'un homme accuse faussement un Magistrat irréprochable, ou lorsqu'un homme par de faux rapports diffame son pere ; ou lorsqu'un homme lit un Shafter qui n'est pas orthodoxe, & oublie les Bedas du Shafter ; ou lorsqu'un homme parle avec mépris ou indécence des Bedas ; ou lorsqu'un homme assassine son ami, ou rend un faux-témoignage, ou mange des alimens destinés à la Caste des blanchisseurs, ou à la Caste des brodeurs de souliers, ou à quelqu'autre Caste vile ; ou lorsqu'un homme gâte les marchandises ou effets d'un autre confiés à ses soins ; ou lorsqu'un homme enleve un homme ou un cheval, ou de l'argent, ou s'approprie un terrein, des diamans ou des bijoux ; ou lorsqu'un lorſqu'un homme commet un adultere avec la femme de ſon oncle paternel, ou avec la femme de ſon grand-pere, ou avec la mere de ſa femme, ou avec la femme du Magiſtrat, ou avec la ſœur de ſon pere, ou avec la ſœur de ſa mere, ou avec la femme d'un Brame qui a lu les Bedas, ou avec la femme de celui qui l'a inſtruit dans la ſcience, ou avec la femme de ſon ami, ou avec la femme d'un homme qui deſcend du même grand-pere que lui, ou avec la femme d'un homme d'une Caſte ſupérieure, ou avec la femme d'un homme d'une Caſte vile, ou avec la fille non mariée d'un Brame, ou avec une femme durant ſes *catamenia*, ou avec une femme employée au culte divin : chacun de ces crimes eſt appellé *anoo pàtuk*.

2°. Quand un homme fait contre un autre des accuſations fauſſes, de maniere que l'accuſé eſt ſoupçonné d'*opoo pàtuk*.

Opoo pàtuk ; c'eſt lorſqu'un homme tue une vache, ou lorſqu'un homme ſe vend lui-même ou commet un adultere avec la femme d'un autre, ou abandonne ſon pere ou ſa mere, ou ſon guide ſpirituel, ou ſon fils, ſans aucune faute de leur part ; ou lorſqu'un homme ayant commencé un *jugg* pour toute ſa vie, abandonne ce *jugg* ; ou lorſqu'un Brame n'étudie pas les Bedas ; ou lorſqu'un homme ſe marie, tandis que ſon frere aîné n'eſt pas encore marié ; ou lorſqu'un homme, dans cette circonſtance, donne ſa fille en mariage à un cadet ; ou lorſqu'un homme donne la ſœur cadette en mariage, tandis que la ſœur aînée n'eſt pas encore mariée ; ou lorſqu'un homme met le doigt dans le *pudendum* d'une fille vierge ; ou lorſqu'un homme, qui n'eſt pas de la Caſte des *Bices*, s'engage dans un commerce prohibé ; ou lorſqu'un Brame ou un *Chehteree*, ayant commencé un acte de Religion, néglige de l'achever ; ou lorſqu'un homme vend ſa femme ou ſon fils, ou ſa fille, ſans leur conſentement ; ou lorſqu'un Brame, un *Chehteree* ou un *Bice* néglige de prendre le cordon des Gentoux, à un tems convenable; ou lorſqu'un homme refuſe de manger & de boire avec des hommes qui deſcendent du même grand-pere que lui, & dont le caractere eſt irréprochable ; ou lorſqu'un homme accepte de l'argent pour en inſtruire un autre dans une ſcience ; ou lorſqu'un homme apprend une ſcience d'une telle perſonne; ou ſi un Brame, une ſeule fois, vend de la cire ou du ſel, ou de la graine de *kunjud* (dont on tire l'huile) ; ou ſi un Brame eſt coupable deux fois de vendre du lait; ou ſi un Brame devient propriétaire d'un endroit où l'on fait du ſel; ou lorſque quelqu'un gâte & fait périr un plantain ou un autre arbre de cette eſpece ; ou lorſqu'un homme vit de l'argent gagné par une femme ; ou lorſqu'un homme fait un *jugg*, pour opérer la mort de quelqu'un ; ou lorſqu'un homme donne un philtre à quelqu'un, afin qu'il puiſſe diſpoſer à ſon gré de cette perſonne ; ou lorſqu'un homme coupe un grand nombre d'arbres vifs, afin d'apprêter ſon repas; ou lorſqu'un homme apprête ſon repas pour lui ſeul ; ou quand un homme mange des alimens qui viennent d'un Aſtrologue ou d'un homme de la Caſte de *Dejool* ou d'un voleur ; ou lorſqu'un homme ne veut pas payer ſes dettes ; ou lorſqu'un Brame néglige d'accomplir chaque jour le *jugg;* ou lorſqu'un homme vole du *paddee* ou du bled, ou du *gràm*, ou du *dòll*, ou des grains de cette eſpece, ou du fer, de l'argent, du cuivre, ou autres métaux de cette eſpece, l'or excepté ; ou lorſqu'un homme étudie une eſpece de *Shaſter* qui n'eſt pas orthodoxe ſur le chapitre de la Providence; ou lorſqu'il emploie ſon tems à danſer, chanter & jouer des inſtrumens de muſique ; ou lorſqu'un homme commet un adultere avec une femme ivre ; ou lorſqu'un homme prive de la vie une femme ou un homme de la Caſte des *Bice*, des *Chehteree* ou des *Sooder ;* ou lorſqu'un homme ne s'embarraſſe ni de ſa mort, ni des actes de Religion qu'il doit accomplir. Tous ces crimes ſe nomment *opoo pàtuk*.

3°. Quand un homme tient des propos contre un autre, de maniere que celui-ci est soupçonné de *jàtee bherun kushker*, ou de *shunkeree kurrun*, ou d'*apàteree kurrun*, ou de *malàbhoo*, ou de *perkernukkà*.

Jatee bherun kushker, c'est lorsqu'un homme fait quelqu'insulte à un Brame; ou quand un homme sent le vin ou l'ail, ou les oignons; ou lorsqu'un homme n'a pas un cœur pur pour son ami; ou quand un homme en frappe un autre sur la fesse.

Shunkeree kurrun; c'est lorsqu'un homme tue un éléphant ou un cheval, ou un chameau, ou un âne, ou un cerf, ou un mouton, ou un esclave, ou un buffle, ou un serpent, ou un poisson.

Apàteree kurrun; c'est lorsqu'un homme reçoit des marchandises ou effets d'une personne d'un mauvais caractere; ou lorsqu'un homme qui n'est pas *Bice* s'engage dans le commerce; ou lorsqu'un homme, quel qu'il soit, devient le serviteur d'un *Sooder*; ou lorsqu'un homme dit des mensonges.

Melàbhoo; c'est lorsqu'un homme tue une fourmi ou un oiseau; ou lorsqu'un homme vole du fruit ou des fagots, ou des fleurs; ou lorsqu'un homme manque de patience; ou si tandis qu'un homme boit du vin, quelqu'autre durant ce tems, à la même fête, mange des fruits, &c.

Perkernukkà; c'est toute espece de crime, excepté l'*atee pàtuk* & les huit autres especes de crimes spécifiés ci-dessus. On va rapporter les différentes peines portées contre les neuf sous-divisions des crimes de *pàk pàrish*.

SECTION II.

DE LA PEINE DU PAK-PARISH, *OU DES EXPRESSIONS SCANDALEUSES ET MAL-HONNÊTES.*

Si un homme qui est d'une Caste & d'un faculté égales à celles d'un autre, le fait soupçonner à faux du crime d'*atee pàtuk*, le Magistrat le condamnera à 1000 *puns* de *cowries*.

Si un homme d'une Caste & d'une faculté inférieures à celles d'un autre, le fait soupçonner à faux du crime d'*atee pàtuk*, le Magistrat le condamnera à 2000 *puns* de *cowries*.

Si un homme d'une Caste & d'une faculté supérieures à celles d'un autre, le fait soupçonner à tort du crime d'*atee pàtuk*, le Magistrat le condamnera à 500 *puns* de *cowries*.

Le Magistrat condamnera à 2000 *puns* de *cowries* quiconque accuse faussement une femme du crime d'*atee pàtuk*.

Si un homme d'une Caste & d'une faculté égales à celles d'un autre, l'accuse à faux, en disant: « Vous avez commis le crime de *màhà pàtuk* », le Magistrat le condamnera à l'amende de 1000 *puns* de *cowries*.

Si un homme d'une Caste & d'une faculté inférieures à celles d'un autre, le fait soupçonner à faux du crime de *màhà pàtuk*, le Magistrat le condamnera à 1000 *puns* de *cowries*.

Si un homme d'une Caste & d'une faculté supérieures à celles d'un autre, l'accuse à faux du crime de *màhà pàtuk*, le Magistrat le condamnera à l'amende de 250 *puns* de *cowries*.

Si un homme accuse une femme, à tort, du crime de *màhà pàtuk*, le Magistrat le condamnera à l'amende de 1000 *puns* de *cowries*.

Si un homme d'une Caste & d'une faculté égales à celles d'un autre, l'accuse faussement, en disant : « Vous avez commis » un des crimes d'*anoo pàtuk* »; le Magistrat le condamnera à l'amende de 100 *puns* de *cowries*.

Si un homme d'une Caste & d'une faculté inférieures à celles d'un autre, l'accuse à faux du crime d'*anoo pàtuk*, le Magistrat le condamnera à l'amende de 200 *puns* de *cowries*.

Si un homme d'une Caste & d'une faculté supérieures à celles d'un autre, l'accuse faussement du crime d'*anoo patuk*, le Magistrat le condamnera à 50 *puns* de *cowries*.

Si un homme accuse à faux une femme du crime d'*anoo pàtuk*, le Magistrat le condamnera à 200 *puns* de *cowries*.

Si un *Sooder* accuse à faux un Brame ou un *Chehteree*, ou un *Bice*, de l'un des crimes d'*atee pàtuk*, de *màhà pàtuk* ou d'*anoo pàtuk*, le Magistrat lui fera couper la langue, & plonger un fer chaud de dix doigts de long dans la bouche.

Si un homme d'une Caste & d'une faculté égales à celles d'un autre, l'accuse à faux de quelques-uns des plus petits crimes d'*opoo pàtuk*, le Magistrat le condamnera à 50 *puns* de *cowries*.

Si un homme d'une Caste & d'une faculté inférieures à celles d'un autre, l'accuse à faux de quelques-uns des plus petits crimes d'*opoo pàtuk*, le Magistrat le condamnera à 100 *puns* de *cowries*.

Si un homme d'une Caste & d'une faculté supérieures à celles d'un autre, l'accuse à faux de quelques-uns des plus petits crimes d'*opoo pàtuk*, le Magistrat le condamnera à 25 *puns* de *cowries*.

Si un homme accuse à faux une femme, de quelques-uns des plus petits crimes d'*opoo pàtuk*, le Magistrat le condamnera à 100 *puns* de *cowries*.

Si un homme d'une Caste & d'une faculté égales à celles d'un autre, l'accuse à faux de quelques-uns des crimes moyens d'*opoo pàtuk*, le Magistrat le condamnera à 250 *puns* de *cowries*.

Si un homme d'une Caste & d'une faculté inférieures à celles d'un autre, l'accuse à faux de quelques-uns des crimes moyens d'*opoo pàtuk*, le Magistrat le condamnera à 500 *puns* de *cowries*.

Si un homme d'une Caste & d'une faculté supérieures à celles d'un autre, l'accuse à faux de quelques-uns des crimes moyens d'*opoo pàtuk*, le Magistrat le condamnera à 125 *puns* de *cowries*.

Si un homme accuse à faux une femme, de quelques-uns des crimes moyens d'*opoo pàtuk*, le Magistrat le condamnera à 500 *puns* de *cowries*.

Si un homme d'une Caste & d'une faculté égales à celles d'un autre, l'accuse à faux de quelques-uns des crimes les plus grands d'*opoo pàtuk*, le Magistrat le condamnera à 500 *puns* de *cowries*.

Si un homme d'une Caste & d'une faculté inférieures à celles d'un autre, l'accuse à faux de quelques-uns des crimes les plus grands d'*opoo pàtuk*, le Magistrat le condamnera à 1000 *puns* de *cowries*.

Si un homme d'une Caste & d'une faculté supérieures à celles d'un autre, l'accuse à faux de quelques-uns des crimes les plus

DES GENTOUX.

grands d'*opoo pàtuk*, le Magistrat le condamnera à 250 *puns* de *cowries*.

Si un homme accuse à faux une femme, de quelques-uns des crimes les plus grands d'*opoo pàtuk*, le Magistrat le condamnera à 1000 *puns* de *cowries*.

Si un homme d'une Caste & d'une faculté égales à celles d'un autre, l'accuse à faux de quelques-uns des moindres crimes de *jàtee bherun kushker* ou de *shunkerree kurrun*, ou d'*apàteree kurrun*, ou de *melhàbhoo*, ou de *perkernukkà*, le Magistrat le condamnera à 50 *puns* de *cowries*.

Si un homme d'une Caste & d'une faculté inférieures à celles d'un autre, l'accuse à faux de quelques-uns des moindres crimes de *jàtee bherun kushker*, ou de *shunkerree kurrun*, ou d'*apàteree kurrun*, ou de *melhàbhoo*, ou de *perkernukkà*, le Magistrat le condamnera à 100 *puns* de *cowries*.

Si un homme d'une Caste & d'une faculté supérieures à celles d'un autre, l'accuse à faux, de quelques-uns des moindres crimes de *jàtee bherun kushker* ou de *shunkeree kurrun*, ou d'*apàteree kurrun*, ou de *melhàbhoo*, ou de *perkernukkà*, le Magistrat le condamnera à 100 *puns* de *cowries*.

Si un homme accuse à faux une femme de quelques-uns des moindres crimes de *jàtee bherun kushker* ou de *shunkerree kurrun*, ou d'*apàteree kurrun*, ou de *melhàbhoo*, ou de *perkernukkà*, le Magistrat le condamnera à 50 *puns* de *cowries*.

Si un homme d'une Caste & d'une faculté égales à celles d'un autre, l'accuse à faux de quelques-uns des crimes moyens de *jàtee bherun kushker* ou de *shunkerree kurrun*, ou d'*apàteree kurrun*, ou de *melàbhoo*, ou de *perkernukkà*, le Magistrat le condamnera à 125 *puns* de *cowries*.

Si un homme d'une Caste & d'une faculté inférieures à celles d'un autre, l'accuse à faux de quelques-uns des crimes moyens de *jàtee bherun kushker* ou de *shunkerree kurrun*, ou d'*apàteree kurrun*, ou de *melàbhoo*, ou de *perkernukkà*, le Magistrat le condamnera à 500 *puns* de *cowries*.

Si un homme d'une Caste & d'une faculté supérieures à celles d'un autre, l'accuse à faux de quelques-uns des crimes moyens de *jàtee bherun kushker* ou de *shunkerree kurrun*, ou d'*apàteree kurrun*, ou de *melàbhoo*, ou de *perkernukkà*, le Magistrat le condamnera à 62 *puns* de *cowries*.

Si un homme accuse une femme, de quelques-uns des crimes moyens de *jàtee bherun kushker* ou de *shunkerree kurrun*, ou d'*apàteree kurrun*, ou de *melàbhoo*, ou de *perkernukkà*, le Magistrat le condamnera à 250 *puns* de *cowries*.

Si un homme d'une Caste & d'une faculté égales à celles d'un autre, l'accuse à faux de quelques-uns des crimes les plus grands de *jàtee bherun kushker* ou de *shunkerree kurrun*, ou d'*apàteree kurrun*, ou de *melàbhoo*, ou de *perkernukkà*, le Magistrat le condamnera à 250 *puns* de *cowries*.

Si un homme d'une Caste & d'une faculté inférieures à celles d'un autre, l'accuse à faux de quelques-uns des plus grands crimes de *jàtee bherun kushker* ou de *shunkerree kurrun*, ou d'*apàteree kurrun*, ou de *melàbhoo*, ou de *perkernukkà*, le Magistrat le condamnera à 500 *puns* de *cowries*.

Si un homme d'une Caste & d'une faculté supérieures à celles d'un autre, l'accuse à faux de quelques-uns des plus grands crimes

DES GENTOUX.

de *jàtee bherun kushker* ou de *shunkerree kurrun*, ou d'*apàteree kurrun*, ou de *melàbhoo*, ou de *perkernukkà*, le Magiftrat le condamnera à 125 *puns* de *cowries*.

Si un homme accufe à faux une femme, de quelqu'un des grands crimes de *jàter bherun kushker* ou de *shunkerree kurrun*, ou d'*apàteree kurrun*, ou de *melàbhoo*, ou de *perkernukkà*, le Magiftrat le condamnera à 500 *puns* de *cowries*.

Quand un homme manque d'une main, ou d'un pied, ou d'une oreille, ou d'un œil, ou du nez, ou de quelqu'autre membre; fi une perfonne, d'une Cafte & d'une faculté égales aux fiennes, lui dit injurieufement: « Il vous manque une main » ou un pied, ou une oreille, ou un œil, ou le nez, ou » quelqu'autre membre »; ou bien, « Tel de vos membres (en » parlant de celui qui manque) eft très-beau »; le Magiftrat le condamnera à 12 *puns* de *cowries*.

Quand un homme manque d'une main ou d'un pied, ou d'une oreille, ou d'un œil, ou du nez, ou de quelqu'autre membre; fi une perfonne, d'une Cafte & d'une faculté inférieures aux fiennes, lui dit injurieufement: « Il vous manque une main ou » un pied, ou une oreille, ou un œil, ou le nez, ou quel- » qu'autre membre »; ou bien, « Tel de vos membres (en » parlant de celui qui manque) eft très-beau »; le Magiftrat le condamnera à 24 *puns* de *cowries*.

Quand un homme manque d'une main ou d'un pied, ou d'une oreille, ou d'un œil, ou du nez, ou de quelqu'autre membre; fi une perfonne, d'une Cafte & d'une faculté fupérieures aux fiennes, lui dit injurieufement: « Il vous manque une main ou un » pied, ou une oreille, ou un œil, ou le nez, ou quelqu'autre » membre »; ou bien, « Tel de vos membres (en parlant de

» celui qui manque) eſt très-beau », le Magiſtrat le condamnera à 6 *puns* de *cowries*.

Quand une femme manque d'une main, ou d'un pied, ou d'une oreille, ou d'un œil, ou du nez, ou de quelque autre membre; ſi un homme lui dit injurieuſement : « Il vous manque tel membre »; ou bien : « Tel de vos membres eſt beau », le Magiſtrat le condamnera à vingt-quatre *puns de cowries*.

Si un homme d'une Caſte & d'une faculté égales à celles d'une perſonne verſée dans quelque profeſſion, lui dit pour rehauſſer ſes propres talens : « Vous n'avez aucun talent », le Magiſtrat le condamnera à deux cens *puns de cowries*.

Si un homme d'une Caſte & d'une faculté inférieures à celles d'un autre verſé dans une profeſſion, lui dit, pour rehauſſer ſes propres talens : « Il eſt ſûr que vous n'avez aucun talent », le Magiſtrat le condamnera à cent *puns de cowries*.

Si un homme d'une Caſte & d'une faculté ſupérieures à celles d'un autre verſé dans quelque profeſſion, lui dit, pour rehauſſer ſes propres talens : « Vous n'êtes point habile du tout », le Magiſtrat le condamnera à quatre cens *puns de cowries*.

Si un homme dit injurieuſement d'un pays : « Ce pays eſt très-mauvais », le Magiſtrat le condamnera à deux cens *puns* de *cowries*.

Si un homme dit d'un Brame : « Cet homme n'eſt pas Brame »; ou d'un *Chehteree* : « Cet homme n'eſt pas *Chehteree* »; ou s'il avance une choſe pareille injurieuſement de quelque Caſte que ce ſoit, le Magiſtrat le condamnera à deux cens *puns de cowries*.

Si un homme, en parlant d'une perſonne religieuſe, dit :

DES GENTOUX.

« Elle n'est pas religieuse », le Magistrat le condamnera à deux cens *puns* de *cowries*.

Si un homme fait des reproches à un Magistrat integre, le Magistrat lui fera couper la langue, ou après avoir confisqué tous ses biens, il le bannira du Royaume.

Si un Magistrat a pris une résolution pour son propre avantage, il fera couper la langue à celui qui refusera de s'y soumettre.

Si un Magistrat ou un Brame sont convaincus de quelque crime, ils ne seront pas mis à mort; on ne leur coupera ni la main, ni le pied, ni aucun autre membre.

Quand un homme est voleur, ou chassé de sa propre Caste, il n'est pas bien de l'appeller voleur ou proscrit; si quelqu'un lui en donne les noms, le Magistrat le condamnera à la moitié de l'amende imposée à un voleur ou à un proscrit.

On ne pourra pas traduire en Justice celui qui empêchera un homme de se tenir en la compagnie d'un voleur, ou de manger & boire avec un proscrit.

Si un homme parle injurieusement de sa mere, ou de son pere, ou de son Directeur spirituel, ou de son frere aîné, ou d'une femme de bon caractere, ou de son fils, le Magistrat le condamnera à cent *puns* de *cowries*.

Si un homme parle injurieusement du pere, ou de la mere de sa femme, le Magistrat le condamnera à cinquante *puns* de *cowries*.

Si deux personnes se disent mutuellement des injures, ou qu'ils proferent l'une contre l'autre des accusations fausses, le Magistrat les condamnera toutes deux à des amendes égales.

Dans tous les cas où on n'a point spécifié d'amende, le Magistrat en exigera cependant une, dès qu'il aura connoissance du délit.

Dans tous les cas où il est fait mention de la Caste & de la science d'une des parties, on exigera une amende, suivant le taux auquel cette Caste particuliere & cette science seront taxées.

Si une personne dans l'ivresse ou dans l'imbécillité, parle injurieusement de quelqu'un, le Magistrat ne la traduira point devant lui.

Si un homme, après avoir parlé malhonnêtement d'un autre, & après l'avoir injurié, dit ensuite : « J'ai dit cela inconsidérément, » ou en badinant, & à l'avenir je ne tiendrai plus de pareils pro-» pos », le Magistrat en exigera la moitié de l'amende qui a été spécifiée pour une telle faute.

Si un homme dit : « que le Magistrat mourra à un tel tems », le Magistrat le condamnera à huit cens *puns* de *cowries*.

Si un homme d'une Caste inférieure, affectant orgueilleusement l'égalité avec une personne d'une Caste supérieure ose lui parler, le Magistrat le condamnera à une amende proportionnée à ses facultés.

CHAPITRE XVI.

DES VIOLENCES QU'UN HOMME PEUT FAIRE A UN AUTRE.

SECT. I. *Des violences qu'un homme peut faire à un autre & de ce qui dispose à l'attaque.*

SECT. II. *Des cas où on n'impose point d'amende.*

SECT. III. *Des amendes imposées contre ceux qui font mourir des animaux.*

SECTION PREMIERE.

DES VIOLENCES QU'UN HOMME PEUT FAIRE A UN AUTRE, ET DE CE QUI DISPOSE A L'ATTAQUE.

SI un homme en attaque ou se prépare à en attaquer un autre avec sa main ou son pied, ou avec un bâton, ou avec du sable, ou avec une arme ou une pierre, cela est appellé *dumr pàrish*, & on en distingue neuf especes, savoir :

1. *Abkoorun.*
2. *Neeshungpàt.*
3. *Keheet dershen.*

Abkoorvn, c'est lorsqu'un homme se prépare à des violences : *Neeshungpàt*, c'est lorsqu'un homme en bat impitoyablement un autre fans lui tirer du fang : *Keheet dershen*, c'eſt lorſqu'un homme en frappe un autre de maniere à lui tirer du fang.

Si un homme d'une Caſte & d'une faculté égales à celles d'un autre, fe prépare à lui jetter fur le corps, de la pouſſiere, ou du fable, ou de la boue, ou de la fiente de vache, ou quelque choſe de la même eſpece, ou s'il ſe difpofe à le frapper avec la main ou le pied; le Magiſtrat le condamnera à une *màsheh* d'argent.

Si un homme d'une Caſte & d'une faculté inférieures à celles d'un autre, ſe prépare à lui jetter fur le corps, de la pouſſiere ou du fable, de la boue ou de la fiente de vache, ou quelque choſe pareille, ou s'il ſe difpofe à le frapper avec la main ou le pied; le Magiſtrat le condamnera à trois *màshehs* d'argent.

Si un homme d'une Caſte & d'une faculté ſupérieures à celles d'un autre, ſe prépare à lui jetter fur le corps, de la pouſſiere ou du fable, de l'argille ou de la fiente de vache, ou quelque choſe pareille, ou s'il ſe prépare à le frapper avec la main ou le pied; le Magiſtrat le condamnera à une demi-*màsheh* d'argent.

Si un homme d'une Caſte inférieure, & d'une faculté ſupérieure à celle d'une autre, ou d'une Caſte ſupérieure & d'une faculté inférieure, ſe difpofe à lui jetter fur le corps, de la pouſſiere, ou du fable, ou de l'argille, ou de la fiente de vache, ou quelque choſe pareille, ou s'il ſe difpofe à le frapper avec la main ou le pied; le Magiſtrat le condamnera à une *màsheh* d'or.

Si un homme d'une Caſte égale & d'une faculté ſupérieure, ou d'une Caſte ſupérieure & d'une faculté égale à celle d'un autre, ſe prépare à lui jetter fur le corps, de la pouſſiere, ou du fable, ou de la boue, ou de la fiente de vache, ou quelque choſe de la même eſpece, ou ſe difpofe à le frapper avec la main ou le pied; le Magiſtrat le condamnera à deux *màshehs* d'argent.

DES GENTOUX.

Si un homme se prépare à jetter sur le corps d'une femme, de la poussiere ou du sable, de la boue ou de la fiente de vache, ou quelque chose de la même espece, ou se dispose à la frapper avec la main ou le pied ; le Magistrat le condamnera à l'amende de deux *máshehs* d'argent.

Si un homme d'une Caste & d'une faculté égales à celles d'un autre, lui jette de la poussiere, du sable, ou de la boue, de la fiente de vache, ou quelque chose de la même espece, ou le frappe avec la main ou le pied ; le Magistrat le condamnera à dix *puns* de *cowries*.

Si un homme d'une Caste & d'une faculté inférieures à celles d'un autre, lui jette de la poussiere ou du sable, de la boue ou de la fiente de vache, ou quelque chose pareille, ou le frappe avec la main ou le pied, le Magistrat le condamnera à trente *puns* de *cowries*.

Si un homme d'une Caste & d'une faculté supérieures à celles d'un autre, lui jette de la poussiere ou du sable, de la boue ou de la fiente de vache, ou quelque chose pareille, ou le frappe avec la main ; le Magistrat le condamnera à cinq *puns* de *cowries*.

Si un homme d'une Caste inférieure & d'une faculté supérieure à celles d'un autre, ou d'une Caste supérieure & d'une faculté inférieure, lui jette sur le corps de la poussiere ou du sable, de la boue ou de la fiente de vache, ou quelqu'autre chose pareille, ou le frappe avec la main ou le pied ; le Magistrat le condamnera à dix *puns* de *cowries*.

Si un homme d'une Caste égale & d'une faculté supérieure, ou d'une Caste supérieure & d'une faculté égale à celle d'un autre, lui jette sur le corps de la poussiere ou du sable, de la boue ou de la fiente de vache, ou quelqu'autre chose pareille, ou le frappe avec la main ou le pied; le Magistrat le condamnera à 20 *puns* de *cowries*.

Si un homme jette sur le corps d'une femme de la poussiere ou du sable, de la boue ou de la fiente de vache, ou quelqu'autre chose pareille, ou le frappe avec la main ou le pied; le Magistrat le condamnera à 20 *puns* de *cowries*.

Si un homme d'une Caste & d'une faculté égales à celles d'un autre, se prépare à lui jetter sur le corps, des pleurs ou du phlegme, des rognures d'ongles, ou la chassie de ses yeux, ou la cire de ses oreilles, ou des restes d'alimens, ou du crachat; le Magistrat le condamnera à 20 *puns* de *cowries*.

Si un homme d'une Caste & d'une faculté inférieures à celles d'un autre, se prépare à lui jetter sur le corps, des pleurs, du phlegme, ou les rognures de ses ongles, ou la chassie de ses yeux, ou la cire de ses oreilles, ou des restes d'alimens, ou du crachat; le Magistrat le condamnera à 60 *puns* de *cowries*.

Si un homme d'une Caste & d'une faculté supérieures à celles d'un autre, se prépare à lui jetter sur le corps, des pleurs, ou du phlegme, les rognures de ses ongles, ou la chassie de ses yeux, la cire de ses oreilles, ou des restes d'alimens, ou du crachat; le Magistrat le condamnera à 10 *puns* de *cowries*.

Si un homme d'une Caste inférieure & d'une faculté supérieure à celles d'un autre, se prépare à lui jetter sur le corps, des pleurs, ou du phlegme, la rognure de ses ongles, ou la chassie de ses yeux, la cire de ses oreilles, ou des restes d'alimens, ou du crachat; le Magistrat le condamnera à 20 *puns* de *cowries*.

DES GENTOUX.

Si un homme d'une Caste égale & d'une faculté supérieure à celle d'un autre, se prépare à lui jetter sur le corps, des pleurs, ou du phlegme, la rognure de ses ongles, ou la chassie de ses yeux, la cire de ses oreilles, ou des restes d'alimens, ou du crachat; le Magistrat le condamnera à 40 *puns* de *cowries*.

Si un homme se dispose à jetter sur le corps d'une femme de sa Caste, des pleurs, du phlegme, la rognure de ses ongles, ou la chassie de ses yeux, la cire de ses oreilles, des restes d'alimens, ou du crachat; le Magistrat le condamnera à 40 *puns* de *cowries*.

Si un homme d'une Caste & d'une faculté égales à celles d'un autre, lui jette sur le corps, des pleurs, du phlegme, la rognure de ses ongles, ou la chassie de ses yeux ou la cire de ses oreilles, ou du crachat, ou des restes d'alimens; le Magistrat le condamnera à 40 *puns* de *cowries*.

Si un homme d'une Caste & d'une faculté inférieures à celles d'un autre, lui jette sur le corps, des pleurs, ou du phlegme, la rognure de ses ongles, ou la chassie de ses yeux, la cire de ses oreilles, ou du crachat, ou des restes d'alimens; le Magistrat le condamnera à 100 *puns* de *cowries*.

Si un homme d'une Caste & d'une faculté supérieures à celles d'un autre, lui jette sur le corps, des pleurs, ou du phlegme, la rognure de ses ongles, ou la chassie de ses yeux, la cire de ses oreilles, ou du crachat, ou des restes d'alimens; le Magistrat le condamnera à 20 *puns* de *cowries*.

Si un homme d'une Caste inférieure & d'une faculté supérieure, ou d'une Caste supérieure & d'une faculté inférieure à celle d'un autre, lui jette sur le corps, des pleurs, ou du phlegme, la rognure de ses ongles, ou la chassie de ses yeux, la cire de ſes oreilles, ou du crachat, ou des reſtes d'alimens ; le Magiſtrat le condamnera à 40 *puns* de *cowries*.

Si un homme d'une Caſte égale & d'une faculté ſupérieure, ou d'une Caſte ſupérieure & d'une faculté égale à celle d'un autre, lui jette ſur le corps, des pleurs, ou du phlegme, la rognure de ſes ongles, ou la chaſſie de ſes yeux, la cire de ſes oreilles, ou du crachat, ou des reſtes d'alimens ; le Magiſtrat le condamnera à 80 *puns* de *cowries*.

Si un homme jette ſur le corps d'une femme, des pleurs, ou du phlegme, la rognure de ſes ongles, ou la chaſſie de ſes yeux, la cire de ſes oreilles, ou du crachat, ou des reſtes d'alimens ; le Magiſtrat le condamnera à 80 *puns* de *cowries*.

Si un homme d'une Caſte & d'une faculté égales à celles d'un autre, lui jette, du nombril en bas, juſqu'à ſes pieds, de l'ordure, de l'urine, ou de la liqueur ſéminale ; le Magiſtrat le condamnera à 40 *puns* de *cowries*.

Si un homme d'une Caſte & d'une faculté inférieures à celles d'un autre, lui jette, du nombril à ſes pieds, de l'ordure, de l'urine, ou de la liqueur ſéminale ; le Magiſtrat le condamnera à 120 *puns* de *cowries*.

Si un homme d'une Caſte & d'une faculté ſupérieures à celles d'un autre, lui jette, du nombril en bas, juſqu'à ſes pieds, de l'ordure, de l'urine, ou de la liqueur ſéminale ; le Magiſtrat le condamnera à 20 *puns* de *cowries*.

Si un homme d'une Caſte inférieure & d'une faculté ſupérieure, ou d'une Caſte ſupérieure & d'une faculté inférieure à celle d'un autre, lui jette ſur le corps, du nombril en bas, juſqu'aux pieds, de l'urine, de l'ordure, ou de la liqueur féminale ; le Magiftrat le condamnera à 40 *puns* de *cowries*.

Si un homme d'une Cafte égale & d'une faculté fupérieure, ou d'une Cafte fupérieure & d'une faculté égale à celle d'un autre, lui jette fur le corps, des pleurs, ou du phlegme, la rognure de fes ongles, ou la chaffie de fes yeux, ou la cire de fes oreilles, ou du crachat, ou des reftes d'alimens; le Magiftrat le condamnera à 80 *puns* de *cowries*.

Si un homme jette fur le corps d'une femme, des pleurs, ou du phlegme, la rognure de fes ongles, ou la chaffie de fes yeux, ou la cire de fes oreilles, ou du crachat, ou des reftes d'alimens ; le Magiftrat le condamnera à 80 *puns* de *cowries*.

Si un homme d'une Cafte & d'une faculté égales à celles d'un autre, lui jette, du nombril en bas, jufqu'aux pieds, de l'urine, de l'ordure, ou de la liqueur féminale; le Magiftrat le condamnera à 60 *puns* de *cowries*.

Si un homme d'une Cafte & d'une faculté inférieures à celles d'un autre, lui jette dans la partie du corps, qui eft du nombril au pied, de l'urine, de l'ordure, ou de la liqueur féminale; le Magiftrat le condamnera à 120 *puns* de *cowries*.

Si un homme d'une Cafte & d'une faculté fupérieures à celles d'un autre, lui jette dans la partie du corps, qui eft du nombril au pied, de l'urine, de l'ordure, ou de la liqueur féminale; le Magiftrat le condamnera à 30 *puns* de *cowries*.

Si un homme d'une Cafte inférieure & d'une faculté fupérieure, ou d'une Cafte fupérieure & d'une faculté inférieure à celle d'un autre, lui jette fur le corps, dans la partie qui eft du nombril au pied, de l'urine, du crachat, de l'ordure, ou de la liqueur féminale ; le Magistrat le condamnera à 40 *puns* de *cowries*.

Si un homme d'une Caste égale & d'une faculté supérieure, ou d'une Caste supérieure & d'une faculté égale à celle d'un autre, lui jette sur le corps, dans la partie qui est du col en haut, du crachat, de l'urine, de l'ordure, ou de la liqueur féminale ; le Magistrat le condamnera à 160 *puns* de *cowries*.

Si un homme jette sur une femme, dans la partie du corps, qui est depuis le col en haut, du crachat, de l'urine, de l'ordure, ou de la liqueur féminale ; le Magistrat le condamnera à 160 *puns* de *cowries*.

Si un homme d'une Caste & d'une faculté égales à celles d'un autre, se dispose à l'attaquer avec une pierre, ou avec un morceau de fer ou de bois ; le Magistrat le condamnera à 250 *puns* de *cowries*.

Si un homme d'une Caste inférieure, & d'une faculté supérieure à celle d'un autre, se dispose à l'attaquer avec une pierre, ou avec un morceau de fer ou de bois ; le Magistrat le condamnera à 750 *puns* de *cowries*.

Si un homme d'une Caste & d'une faculté supérieures à celles d'un autre, se dispose à l'attaquer avec une pierre, ou avec un morceau de fer ou de bois ; le Magistrat le condamnera à 125 *puns* de *cowries*.

Si un homme d'une Caste inférieure & d'une faculté supérieure, ou d'une Caste supérieure & d'une faculté inférieure à celle d'un autre, se dispose à l'attaquer avec une pierre, ou avec un morceau de fer ou de bois ; le Magistrat le condamnera à 250 *puns* de *cowries*.

DES GENTOUX.

Si un homme d'une Caſte égale & d'une faculté ſupérieure, ou d'une Caſte ſupérieure & d'une faculté égale à celle d'un autre, ſe diſpoſe à l'attaquer avec une pierre, ou avec un morceau de fer ou de bois; le Magiſtrat le condamnera à 500 *puns* de *cowries*.

Si un homme ſe diſpoſe à attaquer une femme avec une pierre, ou avec un morceau de fer ou de bois; le Magiſtrat le condamnera à 500 *puns* de *cowries*.

Si un homme d'une Caſte & d'une faculté égales à celles d'un autre, le frappe avec une pierre, ou avec un morceau de fer ou de bois; le Magiſtrat le condamnera à 500 *puns* de *cowries*.

Si un homme d'une Caſte & d'une faculté inférieures à celles d'un autre, le frappe avec une pierre, ou avec un morceau de fer ou de bois; le Magiſtrat le condamnera à 1500 *puns* de *cowries*.

Si un homme d'une Caſte & d'une faculté ſupérieures à celles d'un autre, le frappe avec une pierre, ou avec un morceau de fer ou de bois; le Magiſtrat le condamnera à 250 *puns* de *cowries*.

Si un homme d'une Caſte inférieure & d'une faculté ſupérieure, ou d'une Caſte ſupérieure & d'une faculté inférieure à celle d'un autre, le frappe avec une pierre, ou avec un morceau de fer ou de bois; le Magiſtrat le condamnera à 510 *puns* de *cowries*.

Si un homme d'une Caſte égale & d'une faculté ſupérieure à celle d'un autre, le frappe avec une pierre, ou avec un morceau de fer ou de bois; le Magiftrat le condamnera à mille *puns* de *cowries*.

Si un homme frappe une femme avec une pierre, ou avec un morceau de fer ou de bois; le Magiftrat le condamnera à mille *puns* de *cowries*.

Si un homme, fans le favoir, jette fur un autre, de la pouffiere, ou du fable, ou de la boue, ou du phlegme, ou de la brique, ou de la pierre, ou du fer, ou du bois, ou autre chofe pareille, ou le frappe avec l'un de ces corps; le Magiftrat ne le condamnera pas à l'amende.

Si un homme d'une Cafte & d'une faculté égales à celles d'un autre, le traîne par le pied, par les cheveux, par la main ou par les vêtemens; le Magiftrat le condamnera à dix *puns* de *cowries*.

Si un homme d'une Cafte & d'une faculté inférieures à celles d'un autre, le traîne par le pied, par les cheveux, par la main, ou par les vêtemens, le Magiftrat le condamnera à trente *puns* de *cowries*.

Si un homme d'une Cafte & d'une faculté fupérieures à celles d'un autre, le traîne par le pied, par les cheveux, par la main, ou par les habits, le Magiftrat le condamnera à cinq *puns* de *cowries*.

Si un homme d'une Cafte inférieure & d'une faculté fupérieure à celles d'un autre, ou d'une Cafte fupérieure, & une faculté inférieure, le traîne par le pied, ou par les cheveux, ou par la main, ou par les habits, le Magiftrat le condamnera à dix *puns* de *cowries*.

DES GENTOUX.

Si un homme d'une Caste égale & d'une faculté supérieure à celles d'un autre, le traîne par le pied, ou par les cheveux, ou par la main, ou par les habits, le Magistrat le condamnera à vingt *puns* de *cowries*.

Si un homme traîne une femme par le pied, par les cheveux, par la main, ou par les habits, le Magistrat le condamnera à vingt *puns* de *cowries*.

Si un homme d'une Caste & d'une faculté égales à celles d'un autre, le saisit & lui met le pied sur le corps, le Magistrat le condamnera à cent *puns* de *cowries*.

Si un homme d'une Caste & d'une faculté inférieures à celles d'un autre, le saisit & lui met le pied sur le corps, le Magistrat le condamnera à trois cens *puns* de *cowries*.

Si un homme d'une Caste & d'une faculté supérieures à celles d'un autre, le saisit & lui met le pied sur le corps, le Magistrat le condamnera à cinquante *puns* de *cowries*.

Si un homme d'une Caste inférieure, & d'une faculté supérieure, ou d'une Caste supérieure, & d'une faculté inférieure à celles d'un autre, le saisit & lui met le pied sur le corps, le Magistrat le condamnera à cent *puns* de *cowries*.

Si un homme d'une Caste égale & d'une faculté supérieure, ou d'une Caste supérieure & d'une faculté égale à celles d'un autre, le saisit & lui met le pied sur le corps, le Magistrat le condamnera à deux cens *puns* de *cowries*.

Si un homme saisit une femme & lui met le pied sur le corps, le Magistrat le condamnera à deux cens *puns* de *cowries*.

CODE DES LOIX

Si un homme d'une Caste & d'une faculté égales à celles d'un autre, leve une arme offensive pour l'attaquer avec cette arme, le Magistrat le condamnera à cinq cens *puns* de *cowries*.

Si un homme d'une Caste & d'une faculté inférieures à celles d'un autre, leve une arme offensive pour l'attaquer, le Magistrat le condamnera à quinze cens *puns* de *cowries*.

Si un homme d'une Caste & d'une faculté supérieures à celles d'un autre, leve une arme offensive pour l'attaquer, le Magistrat le condamnera à deux cens cinquante *puns* de *cowries*.

Si un homme d'une Caste inférieure, & d'une faculté supérieure, ou d'une Caste supérieure, & d'une faculté inférieure à celles d'un autre, leve une arme offensive pour l'attaquer, le Magistrat le condamnera à cinq cens *puns* de *cowries*.

Si un homme d'une Caste égale, & d'une faculté supérieure, ou d'une Caste supérieure, & d'une faculté égale à celles d'un autre, leve une arme offensive pour l'attaquer, le Magistrat le condamnera à mille *puns* de *cowries*.

Si un homme leve une arme offensive pour attaquer une femme, le Magistrat le condamnera à mille *puns* de *cowries*.

Si un homme d'une Caste & d'une faculté égales à celles d'un autre, le frappe avec une arme, le Magistrat le condamnera à mille *puns* de *cowries*.

Si un homme d'une Caste & d'une faculté inférieures à celles d'un autre, le frappe avec une arme, le Magistrat le condamnera à trois mille *puns* de *cowries*.

Si un homme d'une Caste & d'une faculté supérieures à celles d'un autre, le frappe avec une arme, le Magistrat le condamnera à cinq cens *puns* de *cowries*.

Si un homme d'une Caste inférieure & d'une faculté supérieure, ou d'une Caste supérieure & d'une faculté inférieure à celles d'un autre, le frappe avec une arme, le Magistrat le condamnera à mille *puns* de *cowries*.

Si un homme d'une Caste égale & d'une faculté supérieure, ou d'une Caste supérieure & d'une faculté égale à celles d'un autre, le frappe avec une arme, le Magistrat le condamnera à deux mille *puns* de *cowries*.

Si un homme frappe une femme avec une arme, le Magistrat le condamnera à deux mille *puns* de *cowries*.

Si un homme d'une Caste & d'une faculté égales à celles d'un autre, le frappe avec une arme, ou avec quelqu'autre chose, de maniere qu'il ne fasse point sortir de sang, le Magistrat le condamnera à trente *puns* de *cowries*; si le coup fait sortir un peu de sang, le Magistrat le condamnera à soixante-quatre *puns* de *cowries*; si la peau est déchirée, de maniere qu'il en sorte beaucoup de sang, le Magistrat le condamnera à cent *puns* de *cowries*; si la peau & la chair sont déchirées, & qu'il en sorte une très-grande quantité de sang, il le condamnera à vingt-quatre *ashrufies*; si la peau & la chair sont déchirées, & s'il y a un os brisé, il confisquera tous les biens du coupable, & il le bannira du royaume.

Si un homme d'une Caste & d'une faculté inférieures à celles d'un autre le frappe avec une arme ou avec quelque autre chose, de maniere qu'il n'en sorte point de sang, le Magistrat le condamnera à quatre-vingt-dix *puns* de *cowries*; si le coup fait sortir un peu de sang, le Magistrat le condamnera à cent quatre-vingt-dix *puns* de *cowries* ; fi la peau eft déchirée de maniere qu'il en forte beaucoup de fang, il le condamnera à trois cens *puns* de *cowries* ; fi la peau & la chair font déchirées, & qu'il en forte une très-grande quantité de fang, il le condamnera à foixante-douze *ashrufies* ; fi la peau & la chair font déchirées, & s'il y a un os brifé, il confifquera tous les biens du coupable, & il le bannira du Royaume.

Si un homme d'une Cafte & d'une faculté fupérieures à celles d'un autre le frappe avec une arme ou avec quelque autre chofe, fans qu'il en forte du fang, le Magiftrat le condamnera à quinze *puns* de *cowries* ; fi le coup fait fortir un peu de fang, il condamnera le coupable à trente-deux *puns* de *cowries* ; fi la peau eft déchirée de maniere qu'il en forte beaucoup de fang, il le condamnera à cinquante *puns* de *cowries* ; fi la peau & la chair font déchirées de maniere qu'il en forte une très-grande quantité de fang, il le condamnera à douze *ashrufies* ; fi la peau & la chair font déchirées, & s'il y a un os brifé, le Magiftrat confifquera tous les biens du coupable, & le bannira du Royaume.

Si un homme d'une Cafte inférieure & d'une faculté fupérieure, ou d'une Cafte fupérieure & d'une faculté inférieure à celles d'un autre, le frappe avec une arme ou avec quelque autre chofe, fans qu'il forte du fang, le Magiftrat le condamnera à trente *puns* de *cowries* ; fi le coup fait fortir un peu de fang, il condamnera le coupable à foixante-quatre *puns* de *cowries* ; fi la peau eft déchirée de maniere qu'il en forte beaucoup de fang, il le condamnera à cent *puns* de *cowries* ; fi la peau & la chair font déchirées, & qu'il en forte une très-grande quantité de fang, il le condamnera à vingt-quatre *ashrufies* ; fi la peau & la chair font déchirées, & qu'il y ait un os brifé, le Magiftrat confifquera tous les biens du coupable, & le bannira du Royaume.

Si un homme d'une Cafte égale & d'une faculté fupérieure, ou d'une Cafte fupérieure & d'une faculté égale à celles d'un autre, le frappe avec une arme ou avec quelque autre chofe, fans qu'il forte du fang, le Magiftrat le condamnera à foixante *puns* de *cowries*; fi le coup fait fortir un peu de fang, il condamnera le coupable à cent vingt-huit *puns* de *cowries*; fi la peau eft déchirée de maniere qu'il en forte beaucoup de fang, il le condamnera à deux cens *puns* de *cowries*; fi la peau & la chair font déchirées, & qu'il en forte une très-grande quantité de fang, il le condamnera à quarante-huit *ashrufies*; fi la peau & la chair font déchirées, & s'il y a un os de brifé, le Magiftrat confifquera tous les biens du coupable, & le bannira du Royaume.

Si un homme frappe une femme avec une arme ou avec quelque autre chofe, fans qu'il forte du fang, le Magiftrat le condamnera à foixante *puns* de *cowries*; fi le coup fait fortir un peu de fang, il condamnera le coupable à cent vingt-huit *puns* de *cowries*; fi la peau eft déchirée, de façon qu'il forte beaucoup de fang, il le condamnera à deux cens *puns* de *cowries*; fi la peau & la chair font déchirées, & qu'il en forte une très-grande quantité de fang, il le condamnera à quarante-huit *ashrufies*; fi la peau & la chair font déchirées, & s'il y a un os brifé, le Magiftrat confifquera tous les biens du coupable, & le bannira du Royaume.

Si un homme d'une Cafte & d'une faculté égales à celles d'un autre le frappe avec une arme fur l'oreille, ou fur le nez, ou fur la main, ou fur le pied, ou fur la levre, ou dans l'œil, ou fur la langue, ou fur le *penis*, ou fur la jointure du genou, le Magiftrat le condamnera à cinq cens *puns* de *cowries*; s'il le frappe fur quelqu'un des membres mentionnés ci-deffus, de maniere qu'il coupe & sépare du corps l'un de ces membres, le Magistrat le condamnera à mille *puns* de *cowries*.

Si un homme d'une Caste & d'une faculté inférieures à celles d'un autre le frappe avec une arme sur l'oreille, ou sur le nez, ou sur la main, ou sur le pied, ou sur la levre, ou dans l'œil, ou sur la langue, ou sur le *penis*, ou sur la jointure du genou, sans que l'un de ces membres soit séparé du corps, le Magistrat le condamnera à mille cinq cens *puns* de *cowries* ; si le coup coupe ou sépare quelqu'un des membres spécifiés ci-dessus, le coupable sera condamné à trois mille *puns* de *cowries*.

Si un homme d'une Caste & d'une faculté supérieures à celles d'un autre le frappe avec une arme sur l'oreille, ou sur le nez, ou sur la main, ou sur le pied, ou sur la levre, ou dans l'œil, ou sur la langue, ou sur le *penis*, ou sur la jointure du genou, sans que l'un de ces membres soit séparé du corps, le Magistrat le condamnera à deux cens cinquante *puns* de *cowries* ; si le coup fait tomber quelqu'un des membres spécifiés ci-dessus, il le condamnera à cinq cens *puns* de *cowries*.

Si un homme d'une Caste inférieure & d'une faculté supérieure, ou d'une Caste supérieure & d'une faculté inférieure à celles d'un autre le frappe avec une arme sur l'oreille, ou sur le nez, ou sur la main, ou sur le pied, ou sur la levre, ou dans l'œil, ou sur la langue, ou sur le *penis*, ou sur la jointure du genou, sans qu'aucun de ces membres soit séparé du corps, le Magistrat le condamnera à cinq cens *puns* de *cowries* ; si ce coup fait tomber quelqu'un de ces membres, le coupable sera condamné à mille *puns* de *cowries*.

Si un homme d'une Caste égale & d'une faculté supérieure, ou d'une Caste supérieure & d'une faculté égale à celles d'un autre le frappe avec une arme fur l'oreille, ou fur le nez, ou fur la main, ou fur le pied, ou fur la levre, ou dans l'œil, ou fur la langue, ou fur le *penis*, ou fur la jointure du genou, fans qu'aucun de ces membres foit féparé du corps, le Magiftrat le condamnera à mille *puns* de *covries*; fi ce coup détache du corps quelqu'un des membres fpécifiés ci-deffus, le coupable fera condamné à deux mille *puns* de *cowries*.

Si un homme frappe une femme avec une arme fur l'oreille, ou fur le nez, ou fur la main, ou fur le pied, ou fur la levre, ou dans l'œil, ou fur la langue, ou fur le *pudendum*, ou fur la jointure du genou, fans qu'un morceau de chair fe détache du corps, le Magiftrat le condamnera à mille *puns* de *cowries*; fi ce coup fépare du corps un morceau de chair, il condamnera le coupable à deux mille *puns* de *cowries*.

Si un homme en prive un autre de la vie, le Magiftrat privera auffi le coupable de la vie; fi un Brame prive quelqu'un de la vie, on n'ôtera pas la vie au Brame, mais il fera condamné à cent *ashrufies*: un Brame ne fera jamais mis à mort pour quelque raifon que ce foit.

Si un homme creve les yeux d'un autre, le Magiftrat privera le coupable de fes deux yeux; il le condamnera en outre à une prifon perpétuelle, & à huit cens *puns* de *cowries*.

Si un homme frappe un Brame avec fa main, le Magiftrat fera couper la main au coupable; s'il le frappe avec fon pied, le Magiftrat lui fera couper le pied: on lui coupera également tout autre membre avec lequel il aura frappé le Brame; mais fi un *Sooder* frappe quelqu'un de l'une des trois Caftes des Brames, des *Chehteree* ou des *Bices* avec sa main ou son pied, le Magistrat lui fera couper la main ou le pied.

Si plusieurs personnes ont attaqué un homme seul, le Magistrat consultant le taux des amendes spécifiées ci-dessus, exigera le double de cette amende de chaque individu.

Quand un Magistrat a commis un crime, même celui d'assassiner cent Brames, si quelqu'un découvrant ce crime, bat & maltraite le Magistrat, le Magistrat fera percer d'une broche de fer & brûler celui qui manque de respect au Magistrat.

Si un Brame a commis un crime de cette espece, on le condamnera à l'amende de cent *ashrufies*, ainsi qu'on l'a dit plus haut, mais on ne le condamnera pas à mort.

Si deux personnes d'une Caste égale, se préparent mutuellement à se frapper l'une & l'autre avec leurs poings, le Magistrat condamnera chacune d'elles à dix *puns* de *cowries*; si elles se frappent réellement l'une l'autre, le Magistrat condamnera chacune d'elles à vingt *puns* de *cowries*.

Si deux personnes d'une Caste égale, se préparent mutuellement à se donner l'une à l'autre des coups de pied, le Magistrat condamnera chacune d'elles à vingt *puns* de *cowries*; si elles se donnent réellement des coups de pied, il les condamnera chacune à quarante *puns* de *cowries*.

Si un homme d'une Caste inférieure, affecte par orgueil d'être l'égal d'un homme d'une Caste supérieure, marche à son côté sur le chemin, s'assied ou s'endort sur le même tapis que lui, le Magistrat exigera de cet inférieur une amende proportionnée à ses facultés.

DES GENTOUX.

Si un *Sooder* s'affied fur le tapis d'un Brame, le Magiſtrat, après lui avoir fait plonger un fer chaud dans la feſſe, & après l'avoir fait marquer, le bannira du royaume.

Si un *Sooder*, par orgueil, crache du phlegme fur le corps d'un Brame, le Magiſtrat lui fera couper la levre; & fi un *Sooder* piſſe fur le corps d'un Brame, le Magiſtrat lui fera couper le *penis*; s'il lâche un vent fur le corps d'un Brame, le Magiſtrat lui fera couper le fondement.

Si un *Sooder* a arraché les cheveux ou la barbe d'un Brame; s'il l'a pris par le col ou par les teſticules, le Magiſtrat lui fera couper les deux mains.

Si un homme en a battu un autre, de maniere qu'il lui ait bleſſé on briſé les membres, le Magiſtrat l'obligera à payer à la partie lézée, une ſomme d'argent, capable d'acquitter tous les frais de guériſon.

Quiconque dans une diſpute ou dans un trouble, a commis un vol ou une filouterie, ſera condamné par le Magiſtrat, à rendre au propriétaire la choſe volée, & à une amende du double de la valeur de cette choſe.

Si une femme ou un fils, ou un homme eſclave, ou une femme eſclave, ou un pupille, ou un frere cadet, ont commis une faute, on pourra les châtier à coups de fouet, ou avec une baguette de *bambou*; ce châtiment pourra s'infliger fur toutes les parties du corps où il n'y a pas d'apparence qu'on faſſe une bleſſure dangereuſe; mais ſi quelqu'un les fouette de maniere à mettre leur vie en péril, on lui impoſera la peine portée contre les voleurs.

Si un pupille commet une faute, ſon maître le châtiera d'abord avec des expreſſions dures; il lui montrera de la colere & un front de mécontentement; il lui dira : « Si vous commettez la même faute une feconde fois, je vous battrai »; fi un pupille commet cette faute pendant l'hiver, le Magiftrat pourra lui jetter de l'eau froide fur le corps.

Quand un homme en a battu un autre, fi celui-ci rend enfuite les coups qu'il a reçus, l'agreffeur paiera une amende plus confidérable, & l'autre en paiera une plus petite.

Si un homme met le feu à la maifon d'un autre, dans le deffein de la détruire, ou s'il fait prendre du poifon à cette perfonne, ou s'il a l'intention de l'affaffiner avec un fabre, ou s'il enleve la femme d'un autre de fa maifon, & s'il la garde pour lui, ou s'il pille les effets de cet homme, s'il ravage fes champs; dans ce cas, quand l'attaqué prive l'agreffeur de la vie, on ne pourra pas le traduire en Juftice; mais même pour fe défendre, il ne pourra tuer, ni une vache, ni un Brame, comme on l'a dit dans le Chapitre de la Juftice.

Quand un homme d'une Cafte inférieure, injurie un homme d'une Cafte fupérieure, fi enfuite l'homme de la Cafte fupérieure, châtie celui de la Cafte inférieure, l'homme de la Cafte fupérieure ne pourra pas être traduit pour cela en Juftice.

Si un homme, après s'être fait lui-même une bleffure par malice, porte plainte contre un autre, le Magiftrat étudiera avec foin le fon de la voix des deux parties, pour découvrir la vérité; il examinera, fi au tems où la bleffure s'eft faite, les deux parties étoient dans le même endroit, ou dans des endroits différens; fi l'accufé eft capable d'avoir fait une telle bleffure; quand durant ces recherches, la voix de l'accufateur chancelle; ou quand on produit l'inftrument avec lequel il s'eft bleffé lui-même, il fera prouvé que l'accufé eft innocent : fi l'on ne peut pas découvrir la
vérité

vérité de cette maniere, on appellera & on entendra des témoins, & on exigera le ferment ou l'épreuve du *purrikeh* des deux parties; & enfuite le Magiftrat infligera au coupable l'amende fpécifiée pour ce délit.

Celui qui donne un afyle ou des alimens à un affaffin, ou qui lui fournit une arme pour commettre un meurtre, fera condamné par le Magiftrat à mille *puns* de *cowries*.

SECTION II.
DES CAS OU ON N'IMPOSE POINT D'AMENDE.

QUAND une femme eft née d'une mere de la Cafte des *Sooder*, & d'un pere de la Cafte des *Chehteree*, cette femme eft appellée *Wokree*; le fils qui eft né d'une mere *Chehteree* & d'un pere *Sooder*, fe nomme *Kehtà*; le fils né d'une femme *Wokree* & d'un homme *Kehtà*, s'appelle *Shepàk*; fi un *Shepàk* maltraite ou attaque quelqu'un, la perfonne maltraitée pourra le châtier; fi par lui-même il eft incapable de le châtier, le Magiftrat punira le coupable fuivant fon délit, mais il n'en exigera point d'amende.

Si un homme né eunuque, un homme de la Cafte de *Chendàl*, ou de la Cafte des pêcheurs, ou de celle des chaffeurs, ou des conducteurs d'éléphans, ou d'un efclave *Gerhejàt* (efclave né d'une mere efclave), attaque ou injurie quelqu'un, la perfonne maltraitée pourra les châtier; fi par elle-même elle fe trouve incapable de les châtier, le Magiftrat infligera au coupable fuivant le délit, un châtiment autre qu'une amende.

Si le fils d'un Brame, qui n'a pas pris le cordon de Brame, &

qu'on appelle *Beràyut* jufqu'à dix-huit ans; fi un homme d'une Cafte baffe, dont l'attouchement oblige à la purification par le bain; fi un fils, quel qu'il foit, né d'une mere d'une Cafte fupérieure, & d'un pere d'une Cafte inférieure, attaquent un homme, celui-ci pourra les châtier; quand par lui-même il fera incapable de les châtier, le Magiftrat châtiera le coupable fuivant fon délit; mais il n'en exigera point d'amende.

Lorfque celui qui enfeigne le *Goiteree* (il s'appelle *Achàrige*), celui qui contredit ce qu'avance un *Achàrige*, ou qui ment conftamment, ou qui eft coupable de tromperie, ou des crimes de *Màha-pàtuk*, ou d'*atee-pàtuk*, ou d'autres crimes pareils, attaquent quelqu'un, la perfonne attaquée pourra les châtier; fi par elle-même elle eft incapable de les châtier, le Magiftrat les punira fuivant leurs délits, mais il n'en exigera point d'amende.

SECTION III.

DES AMENDES IMPOSÉES A CEUX QUI TUENT DES ANIMAUX.

SI un homme prive de la vie, une chevre, ou un cheval, ou un chameau, le Magiftrat lui coupera une main & un pied.

Si un homme fait couper les tefticules à quelque animal, tel qu'à un taureau, ou à un cheval, ou à une chevre, ou à un autre animal de cette efpece, le Magiftrat le condamnera à cinquante *puns* de *cowries*.

Si un homme tue un oifeau de peu de valeur, le Magiftrat le condamnera à trois *puns* de *cowries*; fi l'oifeau eft d'un prix un peu

DES GENTOUX.

plus grand, il le condamnera à douze *puns* de *cowries*; & fi c'eft un très-bel oifeau, le Magiftrat le condamnera à cinquante *puns* de *cowries*.

Si un homme tue un poiffon, le Magiftrat le condamnera à dix *puns* de *cowries*.

Si un homme tue un infecte, le Magiftrat le condamnera à un *pun* de *cowries*.

Si un homme tue un des moins précieux des animaux fauvages ou des animaux des forêts, tels que le cerf, le tigre, l'ours, le mouton, ou un autre de cette efpece; le Magiftrat le condamnera à huit *puns* de *cowries*; fi l'animal tué eft d'un certain prix, le Magiftrat condamnera le coupable à douze *puns* de *cowries*; fi parmi ces animaux c'eft un des plus précieux, le Magiftrat condamnera le coupable à cinquante *puns* de *cowries*.

Si un homme tue un ferpent ou un chat, ou une belette, ou un chien, ou un ours, de ceux qui ne font pas les plus prifés dans cette efpece; le Magiftrat le condamnera à trois *puns* de *cowries*; fi c'eft un des plus prifés de cette efpece, le Magiftrat condamnera le coupable à douze *puns* de *cowries*.

Si un homme emploie au labourage, ou à quelqu'autre ufage, une vache pleine, ou le taureau appellé *orcherg*, ou le taureau appellé *beejeshuktà*, ou une vache très-vieille & très-infirme (dans le Chapitre des Cités & des Villes, on parle plus en détail de ces différens animaux); le Magiftrat le condamnera à cinquante *puns* de *cowries*; & s'il prive de la vie un de ces animaux, il fera condamné à mille *puns* de *cowries*.

Si une perfonne qui gagne fa vie en tuant des animaux, vendant leur chair, leur peau & leurs os, tue des animaux, il ne fera pas condamné à l'amende par le Magiſtrat : excepté ceux qui ſe trouvent dans ce cas, ſi quelqu'autre tue ces animaux, le Magiſtrat en exigera une amende, d'après le taux ſpécifié ci-deſſus.

Si un homme tue un bouc ou un mouton, ou un buffle, ou quelqu'autre animal de cette eſpece, pour en faire un ſacrifice à *Dewtah*, c'eſt-à-dire, à la Divinité, on ne pourra pas le traduire devant le Magiſtrat.

Si un homme vend la chair des chiens & des jackals, en diſant que c'eſt de la chair de chevre ou de cerf, le Magiſtrat le condamnera à cent *puns* de *cowries* ; s'il eſt conſtamment coupable de cette fourberie, le Magiſtrat lui fera couper la main & le nez, & briſer les dents, & il le condamnera à mille *puns* de *cowries*.

Quand le conducteur d'un *hackerry* dit : « Que tout le peuple » ſe tienne d'un côté ; ce chemin eſt pour les *hackerrys* » ; ſi, après cet avertiſſement, quelqu'un néglige de ſe ranger de ce côté, & qu'en tombant ſous la voiture, il y perde la vie, ce n'eſt point la faute du conducteur ; mais ſi le conducteur de la voiture néglige d'avertir, & que quelqu'un ſe tue en tombant ſous le *hackerry*, le conducteur ſubira la même peine qu'un voleur. Si une vache ou un âne, ou un chameau, ou un cheval, ou un buffle, ou quelqu'autre animal de cette eſpece eſt tué en tombant ſous le *hackerry* ; le Magiſtrat condamnera le conducteur à la moitié de l'amende, ſuivant le tarif des amendes ſpécifiées pour ceux qui tuent des animaux. Si un jeune éléphant ou un jeune cheval, ou un jeune chameau, ou quelqu'animal de cette eſpece eſt tué, le Magiſtrat condamnera le conducteur à deux cens *puns* de *cowries* : ſi un joli faon, un oiſeau ſont tués, le Magiſtrat condamnera le conducteur à une amende de cinquante *puns* de *cowries* ; & ſi un âne ou une chevre, ou un mouton ſont tués, on condamnera le conducteur à cinq *mashèhs d'argent* ; & ſi un

DES GENTOUX.

chien ou une belette font tués, le conducteur fera condamné à une *mashèh d'argent*.

Quand le propriétaire d'un *hackerry* prend un conducteur incapable, qui n'est pas bien versé dans son métier, si par ignorance un animal, un homme, une bête sauvage ou un oiseau perd la vie, le Magistrat condamnera le propriétaire du *hackerry* à deux cens *puns* de *cowries*.

Si quelques-uns des animaux des especes mentionnées ci-dessus font tués, le Magistrat obligera celui qui les a tués, à donner au propriétaire de l'animal tué, un animal de la même espece, & il en exigera en outre une amende suivant le tarif déjà spécifié plus haut.

CHAPITRE XVII.

Du Vol.

SECTION I. *Du Vol public & caché.*

SECTION II. *Des Amendes portées contre le Vol public.*

SECTION III. *Des Amendes portées contre le vol caché.*

SECTION IV. *De la saisie des Voleurs.*

SECTION V. *De ceux qui doivent être réputés Voleurs.*

SECTION VI. *Des* Chokeydàrs *qui font responsables des choses volées.*

SECTION PREMIERE.

Du Vol public et caché.

C'est un vol lorsqu'un homme prend quelque chose sans la connoissance de celui à qui elle appartient, ou sans la participation & la connoissance de celui à qui elle a été confiée, & qu'il dit ensuite : « Je n'ai pas pris cette chose ». Il y a deux sortes de vols, le public & le caché. — Le vol public, c'est lorsqu'un homme ayant pesé & annoncé le poids d'une chose, commet un vol dans le poids, en livrant la chose ; par exemple, un Orfevre, un Quincaillier, un Epicier, &c. qui trompent

sur le poids; ou un Médecin qui, ne donnant pas à la personne malade la médecine convenable à sa maladie, lui administre des remedes hors de saison, de maniere que la maladie devient plus grave; & qui dit ensuite: « Cet homme est attaqué d'une mala-
» die très-difficile à guérir »; & qui malgré cela se fait payer de sa Médecine: ou quelqu'un qui, par le hasard des dés, ou par d'autres jeux également illicites, enleve la propriété d'un homme; ou un Arbitre qui se laisse corrompre par le demandeur ou le défendeur; ou lorsque plusieurs personnes ayant été conjointement employées dans une affaire, l'une d'elles trompe les autres, & s'approprie frauduleusement quelque chose; ou si une personne dit à une autre: « Vous êtes menacée d'un
» grand accident; donnez-moi quelque chose, afin que je
» puisse faire des offrandes à *Dewtah* pour qu'il détourne de
» vous ce malheur »; & qu'ensuite il prenne pour lui la chose ainsi obtenue, au lieu de l'offrir à la Divinité; ou un homme qui cachant le défaut d'une marchandise, la vend pour une chose sans défauts; ou un homme qui, en rendant un faux-témoignage, enleve la propriété d'un autre; ou un homme qui, en faisant des tours d'adresse ou de passe-passe, avec les Magiciens & les Charlatans, se procure quelque chose; ou un homme qui, en épouvantant un autre, ou en le cajolant, vient à bout d'en extorquer quelque chose, commettent des vols publics ou apparens: le Magistrat fera saisir tous ces voleurs; & après avoir exposé la nature du vol, il exigera une amende du voleur, jusqu'à la concurrence des choses qui auront été volées. Quiconque s'associe avec des voleurs, ou est surpris avec des instrumens pour percer les murailles, ou avec d'autres ustensiles de vol, ou avec des effets volés, sera saisi; & après avoir été convaincu de vol, on lui infligera la peine du voleur. Le Magistrat qui punit avec soin les voleurs, étend sa réputation & assure la tranquillité du Royaume.

SECTION II.

Des Amendes portées contre le Vol public.

SI un homme en pesant quelque chose en a retenu frauduleusement un huitieme, le Magistrat le condamnera à deux cens *puns* de *cowries*; s'il a retenu un neuvieme, il sera condamné aux sept huitiemes de deux cens *puns* de *cowries*: s'il a commis un vol du septieme de la chose vendue, il sera condamné à deux cens *puns* de *cowries*, & en outre à un huitieme de cette somme; & si un homme en comptant ou en écrivant, ou dans le prix de quelque chose, commet un vol d'un huitieme, le Magistrat le condamnera à une amende, d'après les taux énoncés ci-dessus; s'il est souvent coupable de cette espece de vol, le Magistrat lui fera couper les cheveux (*a*); celui qui a une passion ou un penchant dominant à de pareils vols, on lui coupera l'oreille ou le nez, ou la main; si quelqu'un donnant à un autre quelque chose qui n'est pas considérable, se procure, en échange, par artifice, ou par tromperie, quelque chose de considérable; ou s'il prend à un bas prix une chose qui doit être estimée fort cher; si par artifice ou par tromperie il a occasionné à l'autre la perte d'un sixieme de la chose, le Magistrat le condamnera à deux cens cinquante *puns* de *cowries*; s'il y a une perte d'un cinquieme ou d'une quantité encore plus grande, le Magistrat le condamnera à cinq cens *puns* de *cowries*.

Si un homme vend pour les semailles, un grain qui n'est pas

(*a*) Celui qui a subi cette operation perd sa Caste.

propre à être femé, le Magiftrat le châtiera, & il exigera une amende proportionnée au délit.

Si un homme cache les défauts d'une marchandife quelconque, ou mêle enfemble des marchandifes bonnes & mauvaifes, & les vend toutes comme bonnes, ou répare quelque chofe de vieux qu'il vend enfuite comme neuf, le Magiftrat l'obligera à payer à l'acheteur le double de la valeur de la chofe vendue, & il le condamnera à une amende équivalente au prix de la vente.

Si un homme, après avoir montré à un autre le *butkàràh*, ou fon poids de pierre, dit : « Cette pierre pefe un *feer* », tandis que réellement elle pefe moins d'un *feer*; & fi l'autre, ignorant la foibleffe du poids, achete quelques marchandifes dans la boutique de cet homme, au poids de cette pierre, le Magiftrat condamnera le coupable à huit fois le prix de la chofe vendue ; & s'il fe rend fouvent coupable de ce délit, le Magiftrat confifquera tous fes biens.

Quiconque fe fert de fauffes balances & les arrange frauduleufement, fera condamné par le Magiftrat à mille *puns* de *cowries*. Si un homme, effayant de l'or & de l'argent, dit : « Cet or & cet » argent (qui eft falfifié) eft pur & bon », & le donne à un homme comme tel; ou fi en parlant d'un or & d'un argent pur, il dit qu'il eft falfifié, & le prend comme tel, le Magiftrat le condamnera à mille *puns* de *cowries*.

Si le confeil du Magiftrat lui donne un avis injufte, ou fe laiffe habituellement corrompre, le Magiftrat confifquera fes poffeffions & le bannira du Royaume.

Quand un homme qui n'eft pas verfé dans la Médecine, fait prendre à quelqu'un une médecine ; ou fi, verfé dans fa profefsion, il ne donne pas à un malade le remede convenable à sa maladie; s'il a administré sa médecine à un homme d'une Caste supérieure, le Magistrat le condamnera à mille *puns* de *cowries*; s'il l'a donné à un homme d'une Caste inférieure, il le condamnera à cinq cens *puns* de *cowries*.

Si un homme, par artifice ou par tromperie, prend quelque chose à quelqu'un qui ne peut pas distinguer entre le bien & le mal, le Magistrat le condamnera à cinq cens *puns* de *cowries*.

Si un homme ignorant dans l'Astrologie, dit à un Magistrat, de son propre mouvement, qu'il lui arrivera quelque malheur; le Magistrat le condamnera à une amende proportionnée à ses facultés.

Si un Blanchisseur porte les habits d'un autre, le Magistrat le condamnera à trois *puns* de *cowries*.

Si un homme vend du cuivre blanc ou un autre métal qui imite l'argent, le Magistrat lui fera briser la main, le nez & les dents, & il le condamnera à mille *puns* de *cowries*.

Si un homme vend de l'argent, ou quelqu'autre chose qui imite l'or, le Magistrat lui fera briser la main, le nez & les dents, & il le condamnera à mille *puns* de *cowries*; s'il est habituellement coupable de ces délits, le Magistrat le fera couper en morceaux avec un razoir.

Si un homme vend une pierre blanche qui imite une pierre précieuse; ou un tissu de coton qui imite la soie; ou du bois à brûler ordinaire qui imite le bois de sandale; le Magistrat le condamnera à une amende de huit fois la somme qu'il aura vendu ces choses au-delà de leur valeur réelle.

DES GENTOUX.

Si un homme vend de la boue ou de la terre qui imite le *musc* ou quelqu'autre chose, le Magistrat le condamnera à une amende de huit fois la somme qu'il l'aura vendue au-delà de sa valeur réelle; quelque prix qu'en ait donné l'acheteur, cette somme lui sera restituée, & le Magistrat fera rendre au vendeur la chose livrée.

Si un homme vend une chose d'une imitation & d'un travail si parfaits, qu'elle ressemble à des perles ou à du corail, le Magistrat fera rendre à l'acheteur la somme que le vendeur aura eue pour cette chose; & après avoir condamné le vendeur à une amende du double de cette somme, il lui fera rendre la chose vendue.

L'or qui, après avoir été brûlé un jour & une nuit, ne perd rien de son poids, s'appelle de l'or pur; lorsqu'un homme montre un pareil or à une personne versée dans l'art d'essayer ce métal, & lui demande ce qu'elle pense de cet or; si l'essayeur répond que l'or en question n'est pas pur, le Magistrat le condamnera à une amende proportionnée à ses facultés.

Si cent *tolechehs* d'argent, après avoir été en fusion au feu un jour entier & une nuit, n'ont perdu que deux *tolechehs*, cet argent est appelé pur. Lorsqu'un homme montrant un pareil argent à une personne versée dans l'art d'essayer ce métal, lui demande ce qu'elle pense de cet argent; si elle répond que « l'argent en ques- » tion n'est pas pur, que le déficit sera moindre que les deux *tole-* » *chehs* ordinaires »; le Magistrat le condamnera à une amende proportionnée à ses facultés.

Si cent *tolechehs* d'*arzeez* (d'étain) & de plomb, après avoir été en fusion au feu un jour & une nuit, n'ont perdu que huit *tolechehs*, cet étain & ce plomb sont purs; quand un homme montrant de l'étain, ou du plomb de cette espece à quelqu'un versé dans l'art d'essayer ces métaux, lui demande ce qu'il en pense ; s'il répond « que cet étain & ce plomb ne sont pas purs, » que le déficit sera plus considérable que les huit *tolechehs* ordi- » naires », le Magistrat le condamnera à une amende proportionnée à ses facultés.

Si cent *tolechehs* de cuivre, après avoir été en fusion dans le feu, pendant tout un jour & une nuit, ont perdu cinq *tolechehs*; ou que cent *maunds*, après avoir été au feu un jour entier & une nuit, ont perdu dix *maunds*; quand un homme montre du cuivre ou du fer de cette espece à quelqu'un versé dans l'art d'essayer les métaux ; si cette personne dit : « Ce cuivre & ce fer ne sont » pas purs », le Magistrat le condamnera à une amende proportionnée à ses facultés.

Si un homme donne à un Tisserand cent *tolechehs* pesans de gros coton ou de soie grossiere ; quand le travail sera fini, le poids sera augmenté de dix *tolechehs*; s'il donne la chaîne, il sera augmenté de cinq *tolechehs*; s'il donne une chaîne fine, il sera augmenté de trois *tolechehs*; si un homme montrant cette toile à une personne versée sur cette matiere, cette personne annonce un poids moindre que celui qui est ici spécifié, le Magistrat le condamnera à une amende proportionnée à ses facultés.

SECTION III.

DES AMENDES PORTÉES CONTRE LE VOL CACHÉ.

Celui qui, en perçant des murailles, a volé souvent beaucoup d'effets, sera contraint par le Magistrat à rendre au propriétaire ce qu'il a volé, & après lui avoir coupé les deux mains on le crucifiera.

Le Magistrat fera passer une corde autour du col de celui qui vole sur le grand chemin, & il le fera étrangler.

Le Magistrat, après l'avoir privé de tous ses biens, fera crucifier le voleur qui, en pillant dans son propre pays, ravage la province; s'il vole dans un autre royaume, on ne confisquera pas ses biens, mais on le crucifiera.

Si quelqu'un enleve un homme d'une Caste supérieure, le Magistrat fera attacher autour de son corps l'herbe *beena* (une espece particuliere d'herbe qu'on appelle ainsi), & le fera brûler; s'il enleve une femme d'une Caste supérieure, le Magistrat le fera étendre sur une plaque de fer chaude; & après l'avoir fait entourer de *beena*, il le fera brûler.

Si quelqu'un enleve un homme ou une femme d'une Caste moyenne, le Magistrat lui fera couper les mains & les pieds, & le fera jetter, ainsi mutilé, sur un grand chemin où aboutissent quatre routes.

Si quelqu'un enleve un homme d'une Caste inférieure, le Magistrat le condamnera à mille *puns* de *cowries*; s'il enleve une femme d'une Caste inférieure, le Magistrat confisquera toute sa propriété.

Si un homme, en tems de guerre, enleve un éléphant ou un cheval, le Magistrat le privera de la vie; si ce n'est pas en tems de guerre, il lui fera couper une main & un pied.

Si un homme vole un éléphant ou un cheval excellent à tous égards; le Magistrat, après lui avoir fait couper une main ou un pied & les fesses, le condamnera à mort.

Si un homme vole un chameau ou une vache, le Magistrat lui fera couper une main & un pied.

Si un homme vole une chevre ou un mouton, le Magistrat lui fera couper une main.

Si un homme vole un petit animal, autre que le chat & la belette, le Magistrat lui fera couper la moitié du pied.

Si un homme vole plus de dix *kombehs* de *paddee* ou de bled, ou d'orge, ou de petit grain, ou de *doll*, ou de graine de moutarde, ou de *kunjud*, ou d'autres especes pareilles de grain; le Magistrat le privera de la vie.

Voici comment on compte le *kombeh*.

3 *Tolechehs*, 2 *Maushs*, & 8 *Surcks*, font . un *pul*.
4 *Puls*, font . . . . un *koodup*.
4 *Koodups* . . . . un *perüst*.
4 *Perüsts* . . . . un *adhuk*.
4 *Adhuks* . . . . un *deroon*.
20 *Deroons* . . . . un *kombeh*.

DES GENTOUX.

Suivant les réglemens de *Kulp-Teroo. Pacheshputtee Misr*, dit que :

12 Poignées, font	. . . .	un *koodup*.
4 Koodups	. . . .	un *perùst*.
4 Perùsts	. . . .	un *adhuk*.
4 Adhuks	. . . .	un *deroon*.
20 Deroons	. . . .	un *kombeh*.

Mais suivant les réglemens de *Sewartàh Behtàchàrige* :

8 Poignées, font	. . . .	un *koonchy*.
8 Koonchys	. . . .	un *pooskul*.
4 Pooskuls	. . . .	un *adhuk*.
4 Adhuks	. . . .	un *deroon*.
20 Deroons	. . . .	un *kombeh*.

°₀° Ceci est approuvé, ou d'usage.

Si un homme enleve moins de dix *kombehs* de *paddee* ou de bled, ou d'orge, ou de petit *grain*, ou de *doll*, ou de graine de moutarde, ou de *kunjud*, ou d'autres grains pareils, le Magistrat exigera du voleur, comme une amende, onze fois la valeur de la chose volée, & il fera restituer au propriétaire ce qu'on lui aura pris.

Si un homme vole dans un grenier autant de *paddee* ou de bled, ou d'orge, ou de petit *grain*, ou de *doll*, ou de graine de moutarde, ou de *kunjud*, ou autres graines pareilles qu'il en faut pour la charge d'un homme ; le Magistrat fera rendre au propriétaire la quantité de grain volée, & il condamnera le voleur à cent *puns* de *cowries*.

Si quelqu'un vole dans le grenier d'un autre, autant de grain qu'il en faut pour la charge d'un homme, le Magistrat fera restituer au propriétaire la quantité de grain volée, & il condamnera le voleur à cinquante *puns* de *cowries*.

Si un homme vole du grain qui a été récolté, mais qui n'a pas encore été féparé de la paille; le Magiftrat le condamnera à cinq pieces d'or, & il fera reftituer au propriétaire le grain volé.

Quand un homme a cultivé par portions la terre labourable de quelqu'un; fi, faute d'avoir eu affez de vigilance & de foin, la récolte a été volée fur le champ; le Magiftrat le condamnera à dix fois la valeur de la partie du produit du terrein que le cultivateur auroit dû recevoir; & il fera donner, au propriétaire du terrein, la part à laquelle il avoit droit; fi cette récolte a été volée par la faute du ferviteur du cultivateur, celui-ci paiera feulement cinq fois l'amende impofée par le Magiftrat; mais le ferviteur fera obligé de completter l'amende.

Si un homme vole du camphre ou du poivre rond, ou du *cardamome*, ou des mufcades, ou des clous de gérofle, ou autres chofes de cette efpece qu'on pefe dans de petites balances, le Magiftrat fera reftituer au propriétaire la chofe volée, & il condamnera le voleur à dix fois la valeur de la chofe volée; s'il en vole pour plus de dix roupies, le Magiftrat le privera de la vie.

Si un homme vole de l'or ou de l'argent, ou une belle étoffe, de la valeur de plus de cent roupies, le Magiftrat le privera de la vie; s'il en vole pour moins de cent roupies, & pour plus de cinquante, il lui fera couper la main; s'il en vole pour moins de cinquante, & pour plus de vingt-cinq, le Magiftrat le condamnera à onze fois la quantité volée; s'il a volé pour moins de vingt-cinq roupies, le Magiftrat le châtiera, & fera reftituer au propriétaire la chofe volée.

Si

DES GENTOUX.

Si un homme vole des bijoux d'une valeur confidérable, le Magiftrat le privera de la vie; s'ils font de peu de valeur, il le condamnera à mille *puns* de *cowries*, & il fera reftituer les bijoux au propriétaire.

Si un homme, dans la faifon de la culture des terres & des femailles, vole une charrue, ou un autre inftrument aratoire, le Magiftrat fera reftituer au propriétaire la chofe volée, & il condamnera le voleur à cent *puns* de *cowries*.

Si un homme vole du *Turrhe*, c'eft-à-dire du *fagh*, ou des légumes & des racines, telles que du gingembre, ou des oignons, ou du *Turb*, c'eft-à-dire des navets, ou autres chofes pareilles, le Magiftrat le condamnera à cent *puns* de *cowries*, & fera reftituer au propriétaire la chofe volée.

Si un homme vole du lait, ou quelque chofe où il y a du lait, le Magiftrat fera rendre au propriétaire la chofe volée, & il exigera, comme amende, le double de la valeur de cette chofe.

Si un homme vole les fleurs appellées *Mâaififer*, ou *Koofm*, ou d'autres fleurs de cette efpece, dont on fe fert dans la teinture des étoffes, ou l'arbre *Lutta*, ou quelque autre arbriffeau, le Magiftrat fera reftituer au propriétaire la chofe volée, & il exigera du voleur une amende de cinq pieces d'or.

Si un homme vole une canne, ou un bambou, ou un autre bois pareil, creux en-dedans, le Magiftrat lui fera reftituer au propriétaire la chofe volée, & il en exigera, comme une amende, le double de la valeur.

Si un homme vole du fil, ou du coton, ou de la fiente de vache, ou du foin, ou de l'eau, ou du fucre, ou un *Tokerie*, (un *Tokerie* est un pannier de Canne) ou du sel, ou des pots de terre, ou de l'argille, ou du sable, ou de la poussiere, ou des poissons, ou des oiseaux, ou de l'huile amere, ou de la farine, ou du miel, ou du cuir, ou des dents, ou des os d'animaux, ou des liqueurs spiritueuses, ou des alimens, ou des fruits, le Magistrat fera rendre au propriétaire les choses volées, & il condamnera le voleur au double de la valeur.

Si un homme a volé une quantité considérable de ces choses, le Magistrat le condamnera à cinq fois la valeur de ce qu'il aura pris.

Si un homme vole du bois qui a été préparé pour quelque ouvrage particulier, ou de la pierre, ou des figures d'argille d'une belle forme, ou un pannier de *Beet* (le *Beet* est une espece d'herbe à piquans), le Magistrat fera restituer au propriétaire la chose volée, & il exigera, comme amende, cinq fois la valeur de la chose volée.

Si un homme vole l'eau d'un puits ou d'un bassin, le Magistrat le condamnera à deux cents cinquante *puns* de *cowries*, & il fera restituer au propriétaire la quantité d'eau qui lui a été volée.

Quand un homme, après avoir volé quelque chose, affirme qu'il ne l'a pas volée; si ensuite son vol est prouvé, le Magistrat en exigera une amende de cinq fois la valeur de la chose dérobée, & il fera restituer au propriétaire ce qu'on lui a pris.

Si un homme vole une roue, ou quelqu'autre chose, appartenant à une *hackerry*, le Magistrat fera restituer au propriétaire ce qu'on lui a pris, & il condamnera le voleur à quarante *puns* de *cowries*.

DES GENTOUX.

Si un homme vole un *chuckreh* (petite espece d'*hackerry* qui sert à transporter des fardeaux), le Magistrat le condamnera à cent quatre-vingt *puns* de *cowries*.

Si un homme vole le feu du *Jugg*, le Magistrat le condamnera à cent *puns* de *cowries*.

Si un homme vole le seau & la corde d'un puits, le Magistrat le condamnera à une *masheh* d'or.

Quand un homme, dans l'intention de voler, va dans un endroit fermé, s'il y est saisi, le Magistrat lui fera couper le doigt ; s'il y est surpris pour la seconde fois, il lui fera couper une main & un pied ; si c'est pour la troisieme, il le fera mettre à mort.

Si un homme, saisissant une chose qui n'est pas fermée, dans l'intention de voler, est surpris en flagrant délit, le Magistrat le fera punir comme voleur.

Si un homme vole des fleurs, ou des fruits, ou du bois, ou de l'herbe, appartenant à un Brame, le Magistrat lui fera couper la main.

Si le voleur est un Brame, le Magistrat ne le mettra pas à mort, dans tous les cas où il priveroit de la vie un autre homme.

Si un Brame qui est riche, qui n'étudie pas les *Bedas*, commet un vol qui mérite la mort, le Magistrat ne le privera pas de la vie, mais il confisquera tous ses biens, & il le bannira du Royaume.

Si un Brame qui est pauvre, & qui néglige d'ailleurs d'étudier les *Bedas*, commet un vol qui mérite la mort, le Magistrat fera attacher une chaîne à la jambe de ce Brame ; il le réduira en servitude pour le reste de ses jours, & il lui donnera assez d'alimens pour lui conserver la vie à tout événement.

Si un Brame savant, riche ou pauvre, commet un vol qui mérite la mort, le Magistrat le mettra en prison pour sa vie.

Si un Brame d'un talent médiocre, qui n'est ni savant ni ignorant, commet un vol qui mérite la mort, le Magistrat imprimera sur son front, avec un fer chaud, la marque du *pudendum muliebre*, & il le bannira du Royaume.

Si un Brame sans capacité, qui n'est pas ferme dans les principes de sa secte, commet un vol qui mérite la mort, le Magistrat lui fera crever les yeux.

Si un homme qui chaque jour accomplit le *jugg*, commet un vol qui mérite la mort, le Magistrat lui fera couper les cheveux.

Si un Brame qui n'a pas de moyens de subsister, vole, dans sa disette, uniquement ce qui est nécessaire pour se sustanter, le Magistrat ne le condamnera à aucune amende, mais il l'obligera au *perashchut*, (ou à l'expiation).

Si un homme vole d'autres choses que celles spécifiées ci-dessus, le Magistrat le condamnera à une amende égale à la valeur des choses volées, quelle qu'elle soit.

SECTION IV.

DE LA SAISIE DES VOLEURS.

CELUI qui surprendra un homme avec du fer, pour entrer de force dans les maisons, ou avec quelque autre instrument propre au vol, il l'appellera voleur, & il le saisira.

Si un homme en voit un autre possédant des choses qui ne semblent pas convenir à son état, il soupçonnera que c'est un voleur.

Un homme qui n'a point de revenus, & qui fait beaucoup de dépenses, sera soupçonné de vol.

Quand une personne est soupçonnée de vol, on lui demandera dans quel royaume, dans quelle ville & dans quel endroit elle habite, de quelle Caste elle est, & quel est son nom; si en répondant à ces questions, elle change de couleur, si sa voix s'altere, ou si elle tremble, si elle parle avec peine, & d'une maniere qui n'est pas satisfaisante, si elle profere une fausseté, ou qu'elle ne puisse pas prouver qu'elle habite réellement le lieu, & qu'elle est réellement de la Caste qu'elle a dit; si elle dissipe son argent en dépenses criminelles, & si elle a des liaisons avec des pervers, elle sera jugée voleur : on ne la soupçonnera pas de vol si ces indices ne se rencontrent point.

Si de l'endroit où on a volé une chose, on peut suivre les traces des voleurs jusqu'à la maison de quelqu'un, ou si la chose volée s'est perdue par parcelles en chemin, on en suivra les traces jufqu'à une maifon; ou fi on trouve fur quelqu'un les chofes volées, cet homme fera proclamé voleur, & on le faifira.

Si on peut fuivre les traces d'un voleur pendant un petit efpace, ou fi la chofe volée s'eft perdue par parcelles fur un petit efpace, fans qu'on en retrouve des veftiges plus loin, le voleur fera réputé caché dans la bourgade ou la ville la plus proche de l'endroit où l'on a remarqué ces veftiges. S'il y a deux bourgades près de cet endroit, on foupçonnera que le voleur eft dans celle des deux où il y a le plus de gens capables de commettre un vol.

Tout homme fufpect de vol qui fera faifi, fera obligé de prêter ferment, ou de fubir le *purrikeh* ou l'épreuve.

Si un Brame, ou un *Chehteree*, ou un *Bice*, qui fe trouvent en voyage, n'ayant pas ce qu'il faut pour fuffire aux dépenfes de la route, enlevent fur les terres d'un étranger deux plantes de canne à fucre, ou deux navets pour les manger, on ne doit pas les faifir comme voleurs : ils peuvent cueillir fur les arbres autant de fruits qu'ils peuvent en confommer; & ils peuvent auffi prendre & manger les racines de ces arbres.

Si un homme coupe le bois des arbres d'un autre, pour accomplir le *jugg*, il ne fera pas réputé voleur, non plus que celui qui prend de l'herbe pour en faire une offrande aux vaches.

Si un homme prend, fur le terrein d'un autre, du bois pour le *jugg*, ou des fleurs, ou l'herbe *kofe* (c'eft une efpece particuliere d'herbe), il ne fera pas faifi comme voleur.

SECTION V.

DE CEUX QUI DOIVENT ÊTRE RÉPUTÉS VOLEURS.

SI quelqu'un portant le cordon de Brame, reçoit quelque chose d'un homme qu'il connoît pour voleur, à condition de lui donner des leçons dans une science, ce Brame doit être réputé complice du vol.

Si quelqu'un met le feu à la maison d'un autre, dans l'intention d'y voler, il doit être réputé voleur.

Si un homme fournit des alimens à un voleur, qu'il connoît pour tel, il doit aussi être réputé voleur.

Si un homme fournit à un autre des fers pour briser une maison, & d'autres instrumens propres à commettre un vol, il doit être réputé voleur.

Si un homme donne un asile à un voleur, connu pour tel, cet homme doit aussi être réputé voleur.

Quand un voleur a dessein de voler quelque chose, celui qui lui fournit l'occasion de voler cette chose doit être réputé voleur.

Si un homme donne à un voleur des instrumens propres à commettre un vol, il sera réputé voleur.

Quand un homme va à quelque distance pour commettre un vol, si un autre qui le connoît pour un voleur, lui fournit des provisions pour son voyage, il sera réputé voleur : le Magiſtrat condamnera à mille *puns de cowries* quiconque ſe trouvera dans l'un de ces cas.

Si un homme qui découvre un vol, ne ſaiſit pas le voleur quand il le peut, il doit être réputé voleur; & le Magiſtrat lui infligera la moitié de la peine portée contre le voleur.

Celui qui recele une choſe volée, ſera réputé voleur; le Magiſtrat lui infligera la moitié de la peine portée contre un voleur.

Celui qui achete une choſe volée, ſachant qu'elle a été volée, doit auſſi être réputé voleur.

Si un Magiſtrat n'a pas aſſez d'autorité pour punir un voleur, il n'eſt point coupable, quand même il lui donneroit de quoi ſubſiſter.

Si celui que le Magiſtrat a nommé pour prendre ſoin de la tranquillité & de la paix du pays, ne remplit pas bien ſon devoir, il doit être réputé voleur; le Magiſtrat lui infligera la moitié de la peine portée contre un voleur.

Quand quelqu'un trouve une choſe volée dans les mains d'un homme qui eſt ſur le grand chemin, s'il ne punit pas cet homme autant qu'il eſt en lui, le Magiſtrat le bannira du royaume.

SECTION

SECTION VI.

DES CHOKEYDARS (OU GARDES) QUI RÉPONDENT DES CHOSES VOLÉES.

Celui qui eſt nommé par le Magiſtrat pour garder une ville ou bourgade, ſera obligé de défendre cette ville ou bourgade. Quand il ſe vole quelque choſe dans cette ville ou bourgade, ſi les ſurveillans de la ſûreté publique ne peuvent pas produire le voleur, ils répondront de la choſe volée.

S'il ſe commet un vol hors d'une ville ou bourgade, le principal perſonnage de cette ville ou bourgade répondra du vol; ſi le vol ſe commet dans une partie du pays qui n'eſt pas fréquentée, le Magiſtrat en répondra; ſi enſuite le Magiſtrat découvre le voleur, il le rendra reſponſable de la choſe volée; quand le Magiſtrat n'agit pas ainſi il eſt coupable. S'il peut ſaiſir le voleur, il le livrera au propriétaire de la choſe volée.

Si un homme à qui on a volé un certain nombre d'effets, trouve quelqu'un de ces effets en la poſſeſſion d'un autre, il rendra celui-ci reſponſable de tout. Quand le propriétaire de cette choſe dit : « On a volé un grand nombre d'autres choſes dans » le même tems que celle-ci ». Si l'autre replique : « Je n'ai rien pris » que cela », dans ce cas l'accuſé prêtera ſerment, & ſubira le *purrikeh* (l'épreuve) ; & ſi la choſe dont il eſt queſtion a été trouvée quelque part, ou achetée, & que l'accuſé puiſſe citer la perſonne qui l'a vendue, on ne peut rien lui faire.

Si les gardes ſurprennent un voleur tenant des choſes volées, & ne connoiſſent pas le propriétaire de ces choſes, le Magiſtrat les déposera en un lieu sûr pendant une année ; si, dans cet intervalle, le propriétaire se présente, & prouve que ces choses lui appartiennent, le Magistrat les lui livrera ; & s'il n'y a point de propriétaire, il les gardera pour lui.

Suivant les Réglemens de *Pacheshputtee Misr.*

Si les gardes trouvent un voleur tenant des choses volées, le Magistrat déposera ces choses en un lieu sûr pendant une année ; si, dans cet intervalle, le propriétaire de ces choses ne se présente pas, il donnera la quatrieme partie aux gardes, & il s'appropriera les trois autres quarts.

Suivant les Réglemens de *Chendeesur*, cela est approuvé (ou suivi).

Si un garde, ayant trouvé des choses volées, un homme dit : « cela est à moi », il demandera d'abord à cet homme ce qu'on lui a volé, de quelle espece, de quelle grandeur sont les choses qu'on lui a dérobées, où on les a prises, & quel jour : si cet homme peut répondre à chaque question, & prouver ce qu'il dit, le Magistrat lui fera donner les choses volées ; s'il ne peut pas prouver qu'elles lui appartiennent, le Magistrat le condamnera à une amende égale à la valeur de ce qu'il réclamoit.

CHAPITRE XVIII.

Du Shahesh ou de la Violence;
(il y en a de trois sortes.)

1º. Quand un homme brise, ou jette, ou prend un fruit, des fleurs, ou la pierre blanche appellée *pehteek*, ou des racines, telles que du gingembre & des navets, & autres choses de cette espece, ou une charrue, ou des instrumens aratoires, ou des choses pareilles de peu de valeur, appartenantes à un étranger.

2º. Quand un homme jette un serpent dans la maison d'un autre, ou renverse la muraille d'un autre, ou un pont, ou déchire un pavillon, ou saisit de force, estropie ou renverse des animaux, ou prend des vivres, des boissons, ou des habits d'une valeur médiocre, ou autres choses de cette espece appartenantes à un étranger.

3º. Quand un homme s'approprie de force, gâte ou renverse une image du *Dewtah* (de la Divinité), ou un puits, ou une chauffée, ou des grains, ou les murailles d'une ville, ou des vêtemens précieux, ou des bijoux d'un grand prix, ou des choses consacrées à la Divinité, ou les effets d'un Brame, ou autres choses précieuses, ou commet un assassinat.

Si un homme s'approprie, ou gâte, ou abat des fruits choisis, ou des fleurs appartenans à un autre, le Magistrat l'obligera à restituer au propriétaire les fruits & les fleurs, & il le condamnera à cent *puns* de *cowries* ; & s'il gâte ou s'approprie des fruits ou des fleurs ordinaires, le Magiſtrat le condamnera à cinq fois leur valeur.

Si un homme gâte beaucoup ou briſe la pierre blanche appellée *pehteek*, appartenante à un autre, le Magiſtrat l'obligera à reſtituer au propriétaire une pierre de la même eſpece, ou la valeur de cette pierre, & il le condamnera à deux cens cinquante *puns* de *cowries* ; s'il n'y a pas fait un dommage auſſi grand, le Magiſtrat exigera une amende un peu moindre ; s'il ne l'a que peu endommagée il en exigera une amende encore moindre.

Si un homme engorge le canal à travers lequel l'eau va remplir un étang, le Magiſtrat le condamnera à deux cens cinquante *puns* de *cowries*, & il l'obligera à réparer le canal.

Si un homme, par violence, enfonce la maiſon d'un autre, & perce la muraille qui l'entoure, le Magiſtrat l'obligera à réparer cette maiſon & cette muraille, & il le condamnera à cinq cents *puns* de *cowries* ; s'il renverſe la muraille, le Magiſtrat l'obligera à réparer la muraille, le condamnera à quarante *puns* de *cowries* ; s'il ne fait qu'un trou à la muraille, le Magiſtrat le condamnera à vingt *puns* de *cowries* ; s'il a aſſez travaillé pour que la muraille ſoit bientôt percée, il le condamnera à quinze *puns* de *cowries*.

Si un homme jette par violence, dans la maiſon d'un autre, un ſerpent, ou quelque animal de cette eſpece, dont la morſure ou l'aiguillon ſoit mortel, le Magiſtrat le condamnera à cinq cents *puns* de *cowries*, & l'obligera à retirer le ſerpent de ſa propre main.

Si un homme jette de force dans la maiſon d'un autre quelque

DES GENTOUX.

chose qui lui cause un embarras nuisible, le Magistrat condamnera cette personne à cent *puns* de *cowries*, & l'obligera à en retirer de sa propre main cette chose pernicieuse.

Si un homme jette une épine dans la maison d'un autre, le Magistrat le condamnera à seize *puns* de *cowries*, & il l'obligera à en retirer l'épine de sa propre main.

Si un homme renverse un pont, ou déchire un pavillon, le Magistrat le condamnera à cinq cents *puns* de *cowries*, & l'obligera à réparer le pont & à rétablir le pavillon.

Si un homme brise un grand pont, le Magistrat le privera de la vie.

Si un homme, par violence, gâte ou brûle une image précieuse du *Dewtah*, le Magistrat le condamnera à mille *puns* de *cowries*; si c'est une image d'un prix ordinaire, il le condamnera à huit cent *puns* de *cowries*; si c'est une image de peu de valeur, il le condamnera à deux cents cinquante *puns* de *cowries*.

Si un homme bouleverse ou gâte un jardin, un puits ou un champ, le Magistrat le condamnera à huit cents *puns* de *cowries*.

Si un homme, dans la violence, gâte des grains ou semences appartenantes à un autre, le Magistrat le condamnera à une amende proportionnée au délit.

Si un homme met le feu au champ ou à la plantation d'un autre, ou à une maison, ou à un grenier, ou à un terrein inhabité, où il y a beaucoup de fruits & de fleurs, le Magistrat, après avoir entouré le corps du coupable de l'herbe appellée *Beena*, le fera brûler.

Si un homme renverfe les murailles d'une ville, ou comble le foffé qui défend la ville, le Magiftrat le privera de la vie.

Si un homme emprifonne un innocent qui ne le mérite pas, & s'il relâche une perfonne qu'il eft de fon devoir de garder; le Magiftrat le condamnera à mille *puns* de *cowries*.

Si un Magiftrat exige de force, & d'une maniere violente, une amende d'un homme qui n'eft point coupable, ou accorde des graces à un coupable, le Magiftrat le condamnera au double de ce qu'il aura exigé ou accordé.

Si plufieurs fe réuniffent pour faire mourir une créature vivante, le Magiftrat condamnera celui par qui l'animal a été tué à une amende proportionnée à celle déja fpécifiée pour la mort de chaque animal en particulier, & il condamnera tous les autres à une amende moindre de la moitié.

Si un homme, avec connoiffance de caufe, ou fans le favoir, gâte un grand nombre de chofes appartenant à un autre, le Magiftrat le condamnera au double de ce qui a été fpécifié pour l'amende impofée contre ceux qui gâtent une feule chofe en particulier.

Si un homme frappe avec la main, fa mere, fon pere, ou fon guide fpirituel; le Magiftrat lui fera couper la main; s'il frappe avec le pied, il lui fera couper le pied.

Outre les crimes & les amendes fpécifiés ci-deffus, fi un homme commet un crime compris dans la premiere diftinction du *shàhesh*, le Magiftrat, faifant reftituer au propriétaire ce qu'il peut avoir perdu, & examinant la nature du délit, condamnera le coupable refpectivement de cent à deux cens cinquante *puns* de *cowries*: s'il commet un crime compris dans la feconde diftinction du *shàhesh* ou des délits moyens, le Magistrat examinera l'espece de ce délit, & il condamnera le coupable de deux cens cinquante à cinq cens *puns* de *cowries* : s'il commet un crime compris dans la troisieme distinction du *shàhesh* où des délits les plus graves; le Magistrat faisant des recherches sur sa Caste & sur le degré du délit, suivant l'offense, condamnera le coupable au double de la chose, ou à une amende égale à la valeur de la chose, ou à mille *puns* de *cowries*, ou il lui confisquera toute sa propriété, ou il lui imprimera sur le front, avec un fer chaud, la marque du *pudendum muliebre*, ou le bannira du royaume, ou il lui fera couper la main ou le pied, ou quelqu'autre membre, & il le privera de la vie.

Quand quelqu'un est trouvé mort dans un endroit, si on ne sait pas qui l'a tué, le peuple demandera à son fils, ou à toute autre personne de sa famille, si le défunt étoit l'ennemi de quelqu'un, ou s'il avoit quelque maladie cruelle, ou si sa femme est débauchée; avec qui il est sorti, & à quelle occasion ? On examinera aussi sur le lieu où l'homme est mort, comment il est mort ? si le défunt étoit l'ennemi d'un homme qui habite le voisinage, on examinera si celui-ci l'a tué, & s'il avoit une maladie dangereuse; on examinera s'il est mort de cette maladie; si sa femme a de mauvais principes, le soupçon tombe sur elle; & si celui avec lequel il est sorti est d'un mauvais caractere, le soupçon tombe sur lui; le soupçon tombe également sur celui chez qui on trouvera quelque chose appartenant au défunt : le Magistrat ou les Officiers du Magistrat obligeront tous ceux qui seront soupçonnés, à subir le *purrikeh* (l'épreuve), ou à prêter serment. Dès que le serment ou l'épreuve aura décélé un coupable, le Magistrat le punira de mort ainsi que les complices; on relâchera ceux qu'on découvrira être innocens.

CHAPITRE XIX.

DE L'ADULTERE ET DE L'INCONTINENCE.

SECTION I. *Des différentes especes d'adultere.*

SECTION II. *Des peines portées contre les différentes especes d'adultere.*

SECTION III. *Suite des peines de l'adultere.*

SECTION IV. *De l'adultere commis avec une fille qui n'est pas mariée.*

SECTION V. *De ceux qui mettent le doigt dans le pudendum d'une fille qui n'est pas mariée.*

SECTION VI. *De l'enlevement d'une fille qui n'est pas mariée.*

SECTION VII. *De l'adultere commis avec une femme de mauvaise vie, ou avec une prostituée publique.*

SECTION VIII. *De la conjonction charnelle d'un homme avec une bête.*

SECTION PREMIERE.

DES DIFFÉRENTES ESPECES D'ADULTERE (ON EN DISTINGUE TROIS.)

LORSQUE dans un endroit où il n'y a pas d'autres hommes, quelqu'un, dans l'intention de commettre un adultere, entretient
une

une converfation avec une femme, & qu'ils emploient l'un & l'autre les coups d'œil, les galanteries & les fourires, ou que l'homme & la femme caufent enfemble le matin, ou le foir, ou pendant la nuit, ou à des heures indues; ou lorfque l'homme badine avec les vêtemens d'une femme, ou qu'il lui envoye un émiffaire; ou que l'homme & la femme font enfemble dans un jardin, ou dans un lieu qui n'eft pas fréquenté, ou dans tel autre endroit fecret, ou fe baignent enfemble, ou lorfque l'homme & la femme fe rencontrent en vifite : voilà la premiere efpece d'adultere, & la moins grave.

Lorfqu'un homme envoye du bois de fandal, ou un collier, ou des alimens, ou des liqueurs, ou des vêtemens, ou de l'or, ou des bijoux, à une femme, c'eft la feconde ou moyenne efpece d'adultere.

Quand un homme & une femme couchent enfemble, & jouent fur le même tapis, ou fe baifent & s'embraffent dans quelque lieu retiré, & badinent avec les cheveux l'un de l'autre; ou lorfque l'homme portant la femme dans un endroit retiré, la femme ne dit rien, c'eft la troifieme efpece d'adultere, & la plus grave.

SECTION II.

DES PEINES PORTÉES CONTRE LES DIFFÉRENTES ESPECES D'ADULTERE.

DANS le premier cas, le Magiftrat exigera une amende de deux cens cinquante *puns* de *cowries*; dans le fecond il en exigera une de cinq cens; & dans le troifieme, une de mille; il condamnera à une amende encore plus confidérable l'homme riche, coupable de ces différens adulteres.

Si un homme d'une Cafte inférieure, commet, par un motif criminel, l'adultere de la premiere efpece, avec une femme d'une Cafte fupérieure, le Magiftrat le condamnera à huit cens *puns* de *cowries* ; s'il commet l'adultere de la feconde efpece, le Magiftrat lui fera couper un membre ; s'il commet celui de la troifieme efpece, le Magiftrat le privera de la vie.

Si un homme, après avoir commencé une converfation fur des bagatelles avec une femme, l'étend & la prolonge enfuite, le Magiftrat le condamnera à deux cens cinquante *puns* de *cowries*.

Si un homme, fans intention criminelle, a une converfation d'affaires avec une femme, qui n'a point de rapport à lui, il ne fera pas condamné à l'amende.

Si un homme marié commet les différentes efpeces d'adultere, dont on a parlé plus haut, avec une fille, dont la profeffion eft de chanter & de danfer, en préfence du maître de cette fille, il ne fera point condamné à l'amende ; s'il lui dit quelque chofe en fecret, le Magiftrat en exigera une petite amende.

Si une femme qui a un maître, va de fon propre mouvement à la maifon d'un autre homme, & converfe avec lui, cet homme ne fera point condamné à l'amende.

Quand un homme a défendu à un autre de converfer avec une fille qui lui appartient, fi celui à qui on a fait cette défenfe parle cependant à cette fille, le Magiftrat le condamnera à deux cens *puns* de *cowries* ; & quand après avoir fait à fa fille la même défenfe, elle caufe avec la perfonne dont on lui a interdit l'entretien, le Magiftrat condamnera cette fille à cent *puns* de *cowries* ;

quand il a fait cette défense à l'homme & à la femme, si ensuite ils conversent ensemble, le Magistrat condamnera chacun d'eux à deux cens cinquante *puns* de *cowries*.

Si quelqu'un s'établissant le médiateur, porte des messages entre un homme & une femme, & leur procure une entrevue dans un lieu retiré, le Magistrat le condamnera à la moitié de la peine portée contre l'homme adultere.

Si un homme fournit à un autre un lieu pour y commettre un adultere, le Magistrat le condamnera à la moitié de la peine portée contre l'adultere.

Si quelqu'un, sans une intention criminelle, se pare de joyaux & met un bel habit, & va trouver une fille non mariée, ou une femme qui a été mariée, le Magistrat le censurera; s'il l'a vue dans une intention criminelle, le Magistrat le condamnera à une amende proportionnée à ses facultés.

SECTION III.

Suite des peines contre l'Adultere.

SI un homme commet de force un adultere avec une femme d'une Caste égale ou inférieure à la sienne, contre le consentement de cette femme, le Magistrat confisquera tous ses biens, lui fera couper le *penis*; & après l'avoir châtré, il le fera conduire monté sur un âne, tout autour de la ville ou de la bourgade.

Si un homme, par artifice ou par ruse, commet un adultere avec une femme d'une Caste égale ou inférieure à la sienne, contre le consentement de la femme, le Magistrat confisquera tous ses biens; & après lui avoir imprimé fur le front la figure du *pudendum muliebre*, il le bannira du royaume.

Si un homme, par violence, par artifice ou par tromperie, ou contre le confentement de la femme, commet un adultere avec une femme d'une Cafte fupérieure, le Magiftrat le privera de la vie.

Si un *Sooder* commet un adultere avec une femme de la Cafte des *Brames*, ou des *Chehteree*, ou des *Bices*, qui n'a point de maître; le Magiftrat, après avoir confifqué tous fes biens, lui fera couper le *penis* & les tefticules.

Si un *Sooder* commet un adultere avec une femme de la Cafte des Brames, qui a un maître, & du confentement de cette femme; le Magiftrat confifquera tous fes biens, lui fera couper le *penis* & les tefticules; & après l'avoir fait attacher fur une plaque chaude de fer, il le fera brûler avec l'herbe appellée *beena*.

Si un *Sooder* commet un adultere avec une femme de la Cafte des *Chehteree* ou des *Bices*, qui a un maître, du confentement de la femme; le Magiftrat confifquera tous fes biens, ordonnera qu'on lui coupe le *penis* & les tefticules; & après avoir entouré fon corps de *beena*, il le fera brûler.

Si un *Sooder* commet un adultere avec une femme de la Cafte des *Sooder*, qui a un maître, & du confentement de cette femme; le Magiftrat le condamnera à mille *puns* de *cowries*; fi la femme n'a point de maître, le Magiftrat le condamnera à trois cens *puns* de *cowries*.

Si un *Bice* commet un adultere avec une femme de la Cafte des Brames, qui n'a point de maître, du confentement de cette femme; le Magiftrat le tiendra une année en prifon, & le condamnera

DES GENTOUX.

à mille *puns* de *cowries* ; fi la femme a un maître, le Magiftrat fera attacher le *Bice* fur une plaque de fer chaud ; & après l'avoir entouré de *beena*, il le fera brûler, ou il le fera brûler avec l'herbe appellée *kofe*.

Si un *Bice* commet un adultere avec une femme de la Cafte des *Chehteree*, qui n'a point de maître, & du confentement de cette femme, le Magiftrat le condamnera à mille *puns* de *cowries* : fi la femme a un maître, le Magiftrat privera le *Bice* de la vie.

Si un *Chehteree* commet un adultere avec une femme de la Cafte des Brames, qui n'a point de maître, & du confentement de cette femme ; le Magiftrat le condamnera à mille *puns* de *cowries* : fi la femme a un maître, le Magiftrat fera attacher le *Bice* fur une plaque de fer chaud ; & après qu'on aura entouré fon corps de *beena*, on le brûlera, ou on le brûlera avec l'herbe appellée *fer*.

Si un *Chehteree* commet un adultere avec une femme *Chehteree*, qui a un maître, & du confentement de la femme, le Magiftrat le condamnera à mille *puns* de *cowries* ; fi la femme n'a point de maître ; le Magiftrat le condamnera à cinq cens *puns* de *cowries*, ou il lui fera rafer les cheveux avec de l'urine d'âne.

Si un *Chehteree* commet un adultere avec une femme de la Cafte des *Bice* ou des *Sooder*, qui a un maître, & de fon confentement, le Magiftrat le condamnera à mille *puns* de *cowries* ; fi la femme n'a point de maître, le Magiftrat le condamnera à cinq cens *puns* de *cowries*.

Si un Brame commet un adultere avec une femme de la Cafte des Brames, des *Chehteree*, des *Bice* ou des *Sooder*, qui a un maître, & de fon confentement, le Magiftrat le condamnera à mille *puns* de *cowries* ; fi la femme n'a point de maître, il condamnera le Brame à cinq cens *puns* de *cowries*.

Si un homme commet un adultere avec l'une des femmes de fon pere (autre que fa propre mere), ou avec la fœur de fa mere, ou avec la femme de fon oncle maternel, c'eft-à-dire (du frere de fa mere), ou avec la fœur de fon pere, ou avec la femme de fon oncle paternel, ou avec la femme de fon ami, ou avec la femme de fon pupille, ou avec fa fœur, ou avec la femme de fon fils, ou avec fa fille, ou avec la femme de celui qui lui apprend le *Goiteree*, ou avec la femme d'un parent defcendu du même grand-pere que lui, ou avec une femme qui s'eft mife fous fa protection, ou avec la femme du Magiftrat, ou avec une femme vertueufe, ou avec une femme employée au culte de Dieu, ou avec une femme d'une Cafte fupérieure, ou avec une femme d'un parent defcendu du même grand-pere que lui, qui a fa nourrice; le Magiftrat lui fera couper le *penis*, & le privera de la vie ; fi la femme elle-même y a donné fon confentement, le Magiftrat lui fera couper le *pudendum* & la privera de la vie.

Un Brame coupable d'un adultere, qui dévoue les hommes des autres Caftes à la mort, ne fera point privé de la vie, mais on lui coupera les cheveux ; s'il commet fouvent le même crime, après lui avoir coupé les cheveux, on le bannira du royaume.

Si un homme de la Cafte des *Chehterees*, ou des *Bices*, commet un adultere avec une femme de la Cafte des *Chendal*, ou des Blanchiffeurs, ou de quelqu'autre Tribu baffe, le Magiftrat le bannira du Royaume, après lui avoir imprimé fur le front la figure d'un homme fans tête,

Si un Brame commet un adultere avec une femme de la Cafte de *Chendal*, ou de la Cafte des Blanchiffeurs, ou de quelqu'autre Tribu basse, le Magistrat le condamnera à mille *puns* de *cowries*, & le bannira hors du Royaume, après lui avoir imprimé sur le front la figure d'un homme sans tête.

Si un *Sooder* commet un adultere avec une femme de la Caste des *Chendal*, ou de la Caste des Blanchisseurs, ou de quelqu'autre Tribu basse, le Magistrat le privera de la vie, après lui avoir imprimé sur le front la figure d'un homme sans tête.

Si la femme d'un Brame, de son propre consentement, commet un adultere avec un *Chehteree* ou un *Bice*, le Magistrat lui fera couper les cheveux ; & après avoir fait oindre son corps de *Ghee*, il le fera conduire, nud & monté sur un âne, à travers toute la bourgade, & il le fera jetter sur le côté septentrional de la bourgade.

Si la femme d'un Brame, de son propre consentement, commet un adultere avec un *Sooder*, le Magistrat ordonnera qu'on lui coupe les cheveux, qu'on oigne son corps de *Ghee*, qu'on l'amene, nue & montée sur un âne, à travers toute la bourgade, & qu'on la jette sur le côté septentrional de la bourgade, où il la fera manger par les chiens.

Si un homme d'une Caste inférieure commet un adultere avec une femme d'une Caste supérieure, le Magistrat fera brûler la femme à petit feu.

Si un homme commet un adultere avec une femme d'une Caste inférieure, ou en employant la force, ou du consentement de la femme, la femme ne sera sujette pour cela à aucun châtiment, mais elle accomplira le *pérashchut* (l'expiation).

Si un homme commet de force un adultere avec une femme d'un état égal, qui a un maître, le mari de cette femme la regardera comme infâme, & il n'aura aucun commerce avec elle jufqu'à ce qu'elle ait accompli le *pérashchut*, mais il lui procurera les vivres néceffaires pour fa fubfiftance. Si l'homme a commis cet adultere du confentement de la femme, même dans ce cas, la femme ne fera fujette à aucune peine, mais elle accomplira le *pérashchut*.

Si une femme va de fon propre mouvement trouver un homme, & l'excite à avoir avec elle un commerce criminel, le Magiftrat fera couper les oreilles, les levres & le nez de cette femme, & il ordonnera qu'on la mette fur un âne, & qu'on la noye, ou il la fera manger par les chiens.

Si une femme qui a un maître eft coupable d'un crime, outre l'amende pécuniaire, le Magiftrat lui infligera quelque peine. Pour tous les crimes qui entraînent une amende, le Magiftrat exigera cette amende du maître de la femme : fi le maître de la femme eft abfent à raifon de voyage, elle fera mife en prifon jufqu'à fon retour, & on exigera l'amende du maître dès qu'il fera arrivé.

Quand une femme, de fon propre mouvement, va trouver un homme dans des intentions criminelles, fi l'homme commet un adultere avec elle, le Magiftrat condamnera cet homme à la moitié de l'amende portée contre l'homme adultere.

Si la femme d'un homme né eunuque, ou d'un homme impuiffant de quelque maniere que ce foit, ou une femme abandonnée par fon mari, va trouver un homme dans une intention criminelle, l'homme qui commet un adultere avec cette femme fera fujet à la même peine.

SECTION

SECTION IV.

Du Commerce d'un Homme avec une Fille qui n'est pas mariée.

SI un homme habite par violence avec une fille qui n'eſt pas mariée, & qui eſt d'une Caſte égale à la ſienne, le Magiſtrat le privera de la vie; ſi c'eſt du conſentement de la fille, il pourra l'épouſer.

Si un homme, par violence ou du conſentement de la fille, habite avec une fille non mariée, & qui eſt d'une Caſte ſupérieure, le Magiſtrat le mettra à mort.

Si un homme habite avec une fille non mariée, qui eſt d'une Caſte inférieure, du conſentement de cette fille, il ne ſera pas réputé coupable; s'il y a mis de la violence, le Magiſtrat le condamnera à une petite amende.

Si un homme habite avec une fille non mariée d'une Caſte égale à la ſienne, ayant le conſentement de la fille, & celui de ſon pere & de ſa mere, l'homme donnera au pere de la fille de l'argent, & à la fille des préſens qui conſtituent la propriété d'une femme, & il l'épouſera.

CODE DES LOIX

SECTION V.

DE CEUX QUI METTENT UN DOIGT DANS LE PUDENDUM D'UNE FILLE QUI N'EST PAS MARIÉE.

SI un homme met de force son doigt dans le *pudendum* d'une fille qui n'est pas mariée, & qui est d'une Caste égale à la sienne, le Magistrat lui fera couper deux doigts, & le condamnera à six cents *puns* de *cowries*.

°₀° Suivant les Réglemens de *Chendeesur* & de *Parreejàut*, approuvé ou suivi. *Hurree Hur* dit à cette occasion qu'on lui coupera le *penis* de la longueur de deux doigts, & qu'on le condamnera à six cents *puns* de *cowries*.

Si un homme met son doigt dans le *pudendum* d'une fille qui n'est pas mariée, & qui est d'une Caste inférieure, du consentement de cette fille, il ne sera sujet à aucune peine : s'il a employé la violence, le Magistrat le condamnera à une amende.

Si un homme met son doigt dans le *pudendum* d'une fille qui n'est pas mariée, & qui est d'une Caste égale à la sienne, du consentement de cette fille, le Magistrat le condamnera à deux cents *puns* de *cowries*.

Si un homme met son doigt dans le *pudendum* d'une fille qui n'est pas mariée, & qui est d'une Caste supérieure, par violence ou avec la permission de cette fille, le Magistrat le condamnera à mort, après avoir confisqué tous ses biens.

Si une fille qui n'est pas mariée, met le doigt dans le *pudendum* d'une autre fille qui n'eſt pas mariée, & s'y ouvre un paſſage, le Magiſtrat, après l'avoir condamnée à deux cents *puns* de *cowries*, lui fera donner dix coups de fouets.

Si une femme qui eſt mariée, en mettant ſon doigt dans le *pudendum* d'une fille qui ne l'eſt pas, s'ouvre un paſſage, le Magiſtrat lui fera couper les cheveux; & ſi elle y met le doigt une ſeconde fois, il ordonnera qu'on lui coupe deux doigts, &, que, montée ſur un âne, on l'expoſe dans toute la bourgade.

SECTION VI.
DE L'ENLEVEMENT D'UNE FILLE QUI N'EST PAS MARIÉE.

SI un homme, parent d'une fille qui eſt d'une Caſte égale à la ſienne, par violence ou de ſon conſentement, l'enleve afin d'habiter avec elle, le Magiſtrat le condamnera à mille *puns* de *cowries*; ſi la fille n'eſt pas parente du raviſſeur, le Magiſtrat le condamnera à deux cents cinquante *puns* de *cowries*.

Si un homme enleve une fille d'une Caſte ſupérieure, afin d'habiter avec elle, le Magiſtrat le fera mettre à mort.

Si un homme enleve une fille d'une Caſte inférieure, du conſentement de la fille, afin d'habiter avec elle, il ne ſera ſujet à aucune peine; s'il a employé de la violence, le Magiſtrat en exigera une petite amende.

SECTION VII.

DE L'ADULTERE COMMIS AVEC UNE FEMME DE MAUVAISE VIE, OU AVEC UNE PROSTITUÉE.

SI un homme commet un adultere avec une femme qui est d'une Caste égale à la sienne, & qui a déja manqué à la continence, le Magistrat le condamnera à cinq pieces d'or.

Si un homme commet un adultere avec une femme de mauvaise vie, & qui est d'une Caste inférieure à la sienne, le Magistrat le condamnera à douze *puns* de *cowries*.

Si une femme d'une mauvaise vie (excepté la femme d'un Brame), qui n'a point de maître, va de son propre mouvement trouver un homme dans une intention criminelle, cet homme, après en avoir informé le Magistrat, peut avoir un commerce charnel avec elle : cet adultere ne le soumet à aucune peine.

Si un homme commet, du consentement de la fille, un adultere avec une fille esclave, ou avec une femme qui a été chassée par son maître, il ne sera point réputé coupable, s'il en a informé le Magistrat ; quand quelqu'un fournit à une femme de cette espece la nourriture & le vêtement, & qu'il la prend pour sa concubine, si quelqu'autre commet un adultere avec elle, le Magistrat condamnera le coupable à cinquante *puns* de *cowries*.

Si un homme, par violence, commet un adultere avec son esclave, le Magistrat le condamnera à dix *puns* de *cowries*.

Si, sans le consentement de la femme, plusieurs hommes

commettent un adultere avec une esclave, le Magistrat condamnera chacun d'eux à vingt-quatre *puns* de *cowries*.

Si un Brame commet un adultere avec une prostituée, le Magistrat condamnera le Brame à cinquante *puns* de *cowries*. Si un *Chehteree* ou un *Bice* commet le même crime, on le condamnera à une amende égale à ce qu'il aura donné à la prostituée; si c'est un *Sooder*, on en exigera une amende de dix *puns* de *cowries*.

Si un homme commet un adultere avec une femme dont un grand nombre d'hommes ont reçu les faveurs, le Magistrat le condamnera à la peine portée contre ceux qui commettent un adultere avec une prostituée.

SECTION VIII.
DE LA COPULATION CHARNELLE D'UN HOMME AVEC UNE BÊTE.

SI un Brame a des approches avec une vache, le Magistrat le condamnera à quatre-vingt pieces d'or; si c'est un *Chehteree* ou un *Bice*, il le condamnera à cinq cents *puns* de *cowries*; si c'est un *Sooder*, il le fera mettre à mort.

Si un homme a des approches avec la femelle d'un animal de quelque espece qu'elle soit (autre que de l'espece des vaches), le Magistrat le condamnera à cinq cents *puns* de *cowries* : suivant les Réglemens de *Pachesputtee Misr*, approuvé (ou suivi). *Chendeesur* dit que l'amende sera de cent dix *puns* de *cowries*.

Dans les cas où on n'a pas spécifié d'amende au Chapitre

de l'adultere, le Magiſtrat examinera la Caſte du criminel, & le degré du crime, & il déterminera l'amende en conſéquence.

Quand un Royaume eſt ſans voleurs, ſans adulteres, ſans aſſaſſins, & ſans hommes de mauvais principes, le Magiſtrat de cet Etat eſt ſûr d'aller en paradis : & ſi le Magiſtrat punit ſoigneuſement les coupables, il eſt ſûr auſſi d'aller en paradis; ſon Royaume s'améliore, & il étend ſa gloire.

CHAPITRE XX.

DE CE QUI CONCERNE LES FEMMES.

UN homme doit le jour & la nuit contenir tellement sa femme dans la soumission, qu'elle ne puisse rien faire de sa propre volonté : une femme qui est maîtresse de ses actions, se comporte toujours mal, quoiqu'elle vienne d'une Caste supérieure.

Tant que la femme ne sera pas mariée, son pere prendra soin d'elle ; tant qu'elle sera jeune, sa mere en aura soin, & dans la vieillesse son fils en prendra soin. Si avant le mariage d'une femme, son pere meurt, le frere, ou le fils du frere, ou tels autres proches parents du pere en prendront soin ; quand après le mariage son mari meurt, si la femme n'a pas fait d'enfant mâle, les freres & les fils des freres, & tels autres proches parents du mari en prendront soin ; s'il n'y a point de freres, de fils de freres, ou d'autres proches parens pareils du mari, les fils, ou les fils des freres du pere de cette femme en prendront soin ; s'il n'y en a aucun, le Magistrat en prendra soin : dans tous les états de la vie, si ceux qui seront chargés de prendre soin de la femme n'en prennent pas soin, ils seront condamnés à des amendes par le Magistrat, chacun suivant sa faute.

Si un mari est foible & dans l'abjection, il tâchera néanmoins de garder sa femme avec précaution, afin qu'elle ne soit point incontinente & qu'elle ne contracte pas de mauvaises habitudes.

Si un homme ne peut pas garder sa femme en la menaçant &

en la retenant chez lui, il lui donnera une somme confidérable d'argent, il la rendra maîtreffe de fon revenu & de fes dépenfes, & il la chargera d'apprêter les alimens deftinés au *Dewtah* (à la Divinité.)

Une femme n'eft jamais fatisfaite des approches d'un homme, ainfi que le feu n'eft jamais fatisfait du bois qu'on lui donne à dévorer; ou le grand océan des fleuves qu'il reçoit dans fon fein ; ou l'empire de la mort, des hommes & des animaux qui s'y précipitent à chaque inftant; il ne faut donc jamais compter fur la chafteté des femmes.

Six chofes caractérifent les femmes ; 1°. une paffion défordonnée pour les bijoux, les ajuftemens brillans, les habits magnifiques, & les nourritures délicates; 2°. une concupifcence immodérée ; 3°. une violente colere ; 4°. un reffentiment profond ; perfonne ne connoît les fentimens cachés dans leur cœur ; 5°. le bien que fait un autre paroît un mal à leurs yeux ; 6°. elles commettent des actions défordonnées.

Si une femme eft enceinte, on doit lui accorder le *sâdheh* (le *sâdheh*, c'eft donner à une femme, dans le neuvieme mois de fa groffeffe, du riz, du lait, des confitures, & d'autres comeftibles de la même efpece, & la revêtir de beaux habits.)

Si un mari va faire un voyage, il doit donner à fa femme ce qu'il lui faut pour la nourrir & la vêtir jufqu'au moment de fon retour : dès qu'il part fans lui laiffer des provifions, fi le befoin de nourriture & de vêtement la réduit à une grande détreffe, elle devient incontinente, quand même elle auroit naturellement de bons principes.

Chaque famille où il y a une bonne intelligence entre le mari &

la femme, où la femme n'eſt pas incontinente, & dont le mari ne commet pas d'actions criminelles, offre un exemple excellent à ſuivre.

L'Être ſuprême a créé la femme pour que l'homme puiſſe habiter avec elle, & qu'il naiſſe des enfans de cette union.

Une femme qui agit toujours ſuivant le bon plaiſir de ſon mari, & qui ne parle mal de perſonne ; qui peut faire elle-même tout ce qui eſt analogue à ſon ſexe, qui a de bons principes, qui enfante un fils, qui ſe leve avant ſon mari, ne s'obtient que par un très-grand nombre de bonnes œuvres, & par une deſtinée ſingulierement heureuſe : ſi un homme abandonne une telle femme de ſon propre mouvement, le Magiſtrat lui infligera la peine portée contre un voleur.

On tâchera d'adoucir par de bons conſeils, pendant l'eſpace d'un an, la femme qui maltraite toujours ſon mari ; ſi des conſeils prolongés une année ne la corrigent pas, & qu'elle ne ceſſe point de maltraiter ſon mari, l'époux n'aura plus de communication avec elle, il ne la gardera plus près de lui, mais il lui fournira la nourriture & les vêtemens.

Une femme qui diſſipe ou gâte ſa propriété, ou qui ſe procure un avortement, ou qui a l'intention d'aſſaſſiner ſon mari, ou qui ſe querelle continuellement avec tout le monde, & qui mange avant ſon mari, ſera chaſſée de la maiſon.

Un mari ſera le maître de ceſſer, quand il voudra, de *connoître* ſa femme qui eſt ſtérile ou qui engendre toujours des filles.

Si une femme, après ſes infirmités menſtruelles, imaginant que ſon mari eſt foible, vil & mépriſable, ne s'approche pas de lui, le mari informant de ce délit le peuple, la chaſſera de ſa maiſon.

Une femme, qui, fuivant fon inclination, va par-tout où il lui plaît, & ne fait aucune attention à ce que lui dit fon maître, fera auffi chaffée de la maifon de fon mari.

Une femme qui eft d'un bon caractere, & qui porte d'une maniere décente fes bijoux & fes vêtemens, & qui a de bons principes, devient gaie quand le mari eft gai; elle eft trifte quand fon époux eft trifte; & quand il entreprend un voyage, elle s'habille négligemment, & elle met de côté fes bijoux & les autres ornemens; elle n'injurie perfonne, & elle ne dépenfe pas un feul *dàm* fans le confentement de fon mari; elle engendre un fils, elle prend un foin convenable du ménage; & dans les tems de culte, elle rend à Dieu le culte qui lui eft dû; elle ne fort point de la maifon, & elle n'eft point incontinente; elle n'a ni querelle, ni difpute; elle n'a point la paffion de la gourmandife; elle s'occupe toujours de quelque bonne œuvre, & elle a des égards convenables pour tout le monde (voilà le portrait d'une bonne femme.)

Une femme ne fortira jamais de la maifon fans le confentement de fon mari, & elle aura toujours le fein couvert : les jours de fêtes elle mettra fes habits les plus riches & fes bijoux, & elle ne parlera jamais avec un étranger, mais elle pourra converfer avec un *Sinnaffee*, un hermite ou un vieillard : fes vêtemens iront toujours du bas de la jambe au-deffus du nombril, & elle ne fouffrira pas qu'on voie fa gorge; elle ne rira point fans fe couvrir le vifage d'un voile; elle agira d'après les ordres de fon mari; elle aura un refpect convenable pour la Divinité, pour le pere de fon mari, pour fon guide fpirituel & pour fes hôtes; elle ne mangera pas avant de les avoir fervis (elle pourra cependant prendre une médecine ou une potion avant qu'ils aient mangé) : une femme n'ira jamais dans la maifon d'un étranger; elle ne reftera point à la porte, & elle ne regardera jamais par la fenêtre.

Six choses déshonorent une femme ; 1°. de boire du vin & de manger des conserves, ou autres alimens, ou de prendre des boissons qui enivrent ; 2°. de vivre avec un homme de mauvais principes ; 3°. de rester séparée d'avec son mari ; 4°. d'aller à la maison d'un étranger sans une raison suffisante ; 5°. de dormir pendant le jour ; 6°. de rester dans la maison d'un étranger.

Quand une femme, dont le mari est absent pour cause de voyage, a dépensé tout l'argent qu'il lui avoit donné pour sa nourriture & son entretien durant son absence, ou si le mari est parti sans lui laisser de quoi fournir à ses dépenses, elle pourvoira à ses besoins, en peignant, en filant, ou en travaillant de quelque autre maniere.

Si un homme va faire un voyage, sa femme ne se divertira pas par le jeu ; elle n'ira à aucun spectacle public, elle ne rira point ; elle ne mettra ni ses bijoux, ni ses beaux habits ; elle ne regardera point danser ; elle n'exécutera point de musique ; elle ne s'assiera point à la fenêtre, elle ne montera point à cheval ; elle ne contemplera aucune curiosité, mais elle fermera bien la porte de la maison ; elle vivra retirée ; elle ne mangera aucune friandise ; elle ne noircira point ses yeux avec de la poudre à œil ; elle ne se regardera pas au miroir ; elle ne s'adonnera à aucun exercice agréable pendant l'absence de son mari.

Il est convenable qu'une femme se brûle avec le cadavre de son mari : toute femme qui se brûle ainsi, accompagnera son mari en Paradis, & elle y restera trois *crores* & cinquante *lacks* d'années : si elle ne peut pas se brûler, elle doit conserver une chasteté inviolable ; si elle reste toujours chaste, elle ira en Paradis ; & si elle ne conserve pas sa chasteté, elle ira en Enfer.

CODE DES LOIX

CHAPITRE XXI.

RÉGLEMENS SUR DIFFÉRENTES MATIERES.

SECTION I. *Du Jeu.*

SECTION II. *De ceux qui trouvent une chose perdue (ce qui s'appelle* needee. *)*

SECTION III. *Des Amendes contre ceux qui coupent des arbres.*

SECTION IV. *De la taxe mise sur ceux qui achetent & vendent des Marchandises.*

SECTION V. *Des querelles entre un Pere & un Fils.*

SECTION VI. *De ceux qui servent des alimens mal-propres.*

SECTION VII. *Du châtiment infligé à un* Sooder *qui lit les* Bedas.

SECTION VIII. *De l'utilité des Châtimens, &c.*

SECTION IX. *De l'Adoption.*

SECTION X. *Mélanges de Réglemens.*

SECTION PREMIERE.

Du Jeu.

IL y a deux sortes de jeux; le premier, nommé *choperbázee*, est celui qu'on joue avec trois grands dés, avec des échecs ou des tables, des dés ordinaires & autres, qu'on appelle *dote*; le second, lorsqu'on fait combattre des éléphans contre des éléphans, des taureaux contre des taureaux, des coqs contre des coqs, des rossignols contre des rossignols, ou d'autres animaux, ce qui se nomme *shemàbhee*. Personne ne peut se livrer à ces jeux, même pour badiner.

Si un homme en public ou en secret, joue avec un autre à l'un des deux jeux dont on vient de parler, & fait un pari, le Magistrat le châtiera, après l'avoir condamné à la somme qu'il jugera à propos.

Si un homme a un penchant à l'une de ces deux especes de jeux, il jouera en préfence du Magistrat, ou il fera asseoir près de lui un surveillant, attaché au Magistrat, tandis qu'il se livrera au jeu; dans ces deux cas le perdant paiera l'argent du jeu.

Si un homme, sans la permission du Magistrat, joue une somme stipulée, le gagnant ne pourra pas se faire payer de cette somme; mais le Magistrat condamnera les deux parties à l'amende.

Dans les cas où l'on fera des paris sur le jeu, il faudra qu'ils se fassent en préfence d'un grand nombre de spectateurs.

Quand un homme, après avoir joué avec un autre pour un

pari, recevra l'argent qu'il a gagné, il donnera cet argent à l'officier du Magiftrat ; & l'officier du Magiftrat en donnera la moitié à cette perfonne, & l'autre moitié au Magiftrat.

Si un homme, pour gagner, fe rend coupable d'artifice ou de tromperie, le Magiftrat le condamnera à une amende proportionnée à fes facultés.

Celui qui joue fans un pari ftipulé, ne pourra recevoir aucun argent à raifon de ce jeu.

Si un homme fe rend coupable de fraude ou de tromperie à ces deux efpeces de jeux, le Magiftrat lui fera couper deux doigts.

Si un homme, après avoir joué pour un pari, & reçu l'argent qu'il a gagné, ne donne pas au Magiftrat la part qui lui revient, le Magiftrat le condamnera à l'amende.

SECTION II.

DE CEUX QUI TROUVENT UNE CHOSE PERDUE (CE QUI S'APPELLE NEEDEE.)

SI un homme, après avoir perdu une chofe depuis long-tems, fans efpoir de la retrouver, la recouvre, il en informera le Magiftrat. Si cet homme eft ignorant & peu verfé dans les fciences, le Magiftrat lui prendra un fixieme de la chofe retrouvée : fi c'eft un homme de fcience, le Magiftrat en prendra la moitié, & lui laiffera le refte.

Si un Brame, après avoir perdu une chofe depuis long-tems, fans efpoir de la recouvrer, la retrouve, il en informera le Magiftrat, mais le Magiftrat ne lui prendra rien.

DES GENTOUX.

Si un savant Brame, qui regle toutes ses actions conformément aux *Bedas*, trouve quelque chose qui ait été perdue par un étranger, & dont on ne connoît pas le propriétaire, il en informera le Magistrat : le Magistrat ne prendra rien sur la chose retrouvée, mais il la laissera dans son entier au Brame.

Si un Brame non savant trouve une chose qui a été perdue par un étranger, & dont on ne connoît pas le propriétaire, il en informera le Magistrat, qui prendra le sixieme de la chose trouvée, & qui donnera au Brame les cinq sixiemes restans.

Si un *Chehteree* trouve une chose qui a été perdue par un autre, & dont on ne connoît pas le propriétaire, il la divisera en quatre parts : il en donnera une au Magistrat, une autre au Brame, & il gardera les deux autres pour lui.

Si un *Bice* trouve une chose qui a été perdue par un autre, & dont le propriétaire n'est pas connu, il en donnera une moitié aux Brames, & au Magistrat une moitié du reste, & il gardera l'autre moitié pour lui.

Si un *Sooder* trouve une chose qui a été perdue par un autre, & dont le propriétaire n'est pas connu, après avoir divisé cette chose en douze parts, il en donnera cinq au Magistrat & cinq aux Brames, & il gardera les deux autres pour lui.

Si un homme qui a trouvé une chose perdue appartenante à un étranger ou à lui, néglige d'en informer le Magistrat, il sera puni comme un voleur.

Si le Magistrat trouve une chose perdue, & dont on ne connoît pas le propriétaire, il en donnera une moitié aux Brames, & il gardera l'autre moitié pour lui.

SECTION III.
DES AMENDES PORTÉES CONTRE CEUX QUI COUPENT DES ARBRES.

SI quelqu'un coupe les branches d'un *banyan* mâle, ou d'un *mango*, ou d'un *moolferry*, ou d'un *tamarin*, ou d'un *banyan* femelle, ou d'un autre grand arbre pareil, le Magiſtrat le condamnera à vingt *puns* de *cowries*; s'il coupe l'arbre par le milieu, il ſera condamné à quarante *puns* de *cowries*; s'il le coupe à la racine, il ſera condamné à quatre-vingt *puns* de *cowries*.

Si un homme coupe des arbres qui ſont dans la cour d'une maiſon, ou dans un endroit où l'on jette les morts, ou ſur les bords d'une terre, ou dans un *haut*, ou dans un *baʒar*, ou dans un endroit approprié au *Dewtah*, c'eſt-à-dire à la divinité, le Magiſtrat le condamnera au double du prix de l'arbre.

Si un homme coupe un *plaſs*, le Magiſtrat le condamnera au double du prix de l'arbre.

Si un homme coupe quelqu'un des arbres rampans appellé *lut*, grands ou petits, ou les eſpeces de *lut* qui, étant coupées, produiſent beaucoup de branches, ou tout arbre dont les branches ſont extrêmement crochues, ou un petit arbre, ou tout autre qui meurt dès que ſon fruit eſt mûr, le Magiſtrat le condamnera à dix *puns* de *cowries*; s'il coupe de l'herbe, le Magiſtrat le condamnera à un *pun* de *cowries*.

Si un homme coupe un arbre capable de porter des fruits, le Magiſtrat le condamnera à mille *puns* de *cowries*.

Si

Si un homme coupe un arbre capable de produire des fleurs, le Magiſtrat le condamnera à cinq cents *puns* de *cowries*.

Si un homme coupe quelqu'un des arbres dont on vient de faire l'énumération, le Magiſtrat l'obligera à rendre au propriétaire un arbre de la même eſpece que celui qui a été coupé. S'il n'a point d'arbre pareil, il l'obligera à en payer la valeur, & il le condamnera à une amende proportionnée au tarif ſpécifié plus haut. Cependant un homme pourra couper des arbres pour accomplir le *jugg*, ou pour faire une charrue, ou pour un uſtenſile de ménage, ſans être ſujet à l'amende.

SECTION IV.

DE LA TAXE MISE SUR CEUX QUI ACHETENT ET VENDENT DES MARCHANDISES.

SI un homme achete des marchandiſes dans ſon propre pays, & les revend dans la même contrée, il donnera au Magiſtrat un dixieme du profit qu'il aura fait; & ſi après les avoir achetées dans un royaume étranger, il les revend dans le ſien, il payera au Magiſtrat un vingtieme du profit.

Si un homme, après avoir acheté des fleurs ou des racines, telles que du gingembre, ou des navets, ou des choſes de cette eſpece, ou du miel, ou de l'herbe, ou du bois à brûler, dans un autre royaume, les revend dans le ſien, le Magiſtrat prendra pour lui un ſixieme du profit, & il donnera à cet homme les cinq autres ſixiemes.

Si un homme vend une choſe d'une valeur moindre qu'un

cahawun (ou feize *puns* de *cowries*) le Magiftrat ne prendra aucune taxe fur cette chofe.

Si un homme, après avoir acheté dans un autre Royaume du *paddee*, ou du bled, ou des bananes, ou un fruit dont l'arbre ou la plante meurt après avoir produit une fois, apporte ces chofes & les vend dans fon propre pays, il donnera au Magiftrat un fixieme du profit, & il gardera les cinq autres fixiemes pour lui.

Le Magiftrat ne percevra aucune taxe fur les profits qu'un peintre, un forgeron, ou un autre ouvrier de cette efpece, peuvent faire du travail de leurs mains ; il ne percevra non plus aucune taxe fur les bénéfices que fait quelqu'un en exerçant la profeffion d'un *Coffir*, ou d'un meffager, ni fur ceux qui vendent de jeunes vaches.

Si on a volé à un homme une partie de fa propriété, le Magiftrat ne percevra aucune taxe fur la vente du refte de cette propriété.

Si un *Serwutteree*, c'eft-à-dire, un Brame favant dans les *Bedas*, vend quelque chofe, le Magiftrat ne percevra point de taxe.

Si un homme a acheté une chofe deftinée au culte du *Dewtah* (ou de la divinité), le Magiftrat ne percevra aucune taxe fur cette chofe.

SECTION V.

DES QUERELLES ENTRE UN PERE ET UN FILS.

S'IL s'éleve une querelle entre un pere qui eft un homme habile, & fon fils, le Magiftrat condamnera à dix *puns* de *cowries* le premier qui fera trouvé témoin de cette querelle.

Quand il exifte une querelle entre un pere qui eft un homme habile, & fon fils, fi quelqu'un cherche à la prolonger, le Magiftrat le condamnera à mille *puns* de *cowries*.

S'il s'éleve une querelle entre un pere qui eft peu habile, & fon fils, le Magiftrat condamnera à trois *puns* de *cowries* quiconque en fera le témoin.

Quand il exifte une querelle entre un pere qui eft un homme peu habile, & fon fils, fi quelqu'un cherche à la prolonger, le Magiftrat le condamnera à huit cents *puns* de *cowries*.

Celui qui eft caution dans une querelle entre un pere & fon fils, fera condamné par le Magiftrat à vingt-quatre *puns* de *cowries*.

Si un fils commet une faute pendant qu'il eft brouillé avec fon pere, le pere ne fera pas réputé auffi coupable de la faute que s'il n'y avoit point de querelle entre eux.

SECTION VI.
DE CEUX QUI SERVENT DES ALIMENS MAL-PROPRES.

SI un homme fait manger à un Brame supérieur de la fiente ou de l'urine, le Magistrat le condamnera à seize *ashrufies* ; si ce n'est pas un Brame supérieur, il le condamnera à mille *puns* de *cowries* ; & s'il lui fait manger des oignons ou de l'ail, le Magistrat le condamnera à cent *ashrufies* ; s'il fait boire du vin à un Brame, il le condamnera à mort.

Si un homme fait manger à un *Chehteree* supérieur de la fiente ou de l'urine, le Magistrat le condamnera à huit *ashrufies* ; si ce n'est pas un *Chehteree* supérieur, il le condamnera à cinq cents *puns* de *cowries* ; & s'il lui fait manger des oignons, ou de l'ail, ou boire du vin, il le condamnera à cinquante *ashrufies*.

Si un homme fait manger à un *Bice* supérieur de la fiente ou de l'urine, le Magistrat le condamnera à quatre *ashrufies* ; si ce n'est pas un *Bice* supérieur, il condamnera le coupable à deux cents cinquante *puns* de *cowries* ; & s'il lui fait manger des oignons, ou de l'ail, ou boire du vin, il le condamnera à vingt-cinq *ashrufies*.

Si un homme fait manger à un *Sooder* supérieur de la fiente ou de l'urine, le Magistrat le condamnera à deux cents cinquante *puns* de *cowries* ; si ce n'est pas un *Sooder* supérieur, il le condamnera à cent vingt *puns* de *cowries*.

Si un homme fait manger de la fiente ou de l'urine à un *Arzal*, ou à quelqu'un de la Caste la plus basse, le Magistrat le condamnera à cinquante-quatre *puns* de *covries*.

Si un Brame mange volontairement des oignons ou de l'ail, le Magistrat le bannira du Royaume.

SECTION VII.

Du chatiment infligé a un Sooder qui lit les Bedas.

SI un *Sooder* lit les *Bedas* de *Shafter*, ou le *pooran*, à un Brame, à un *Chehteree*, ou à un *Bice*, le Magiſtrat fera chauffer de l'huile amere, & il la verſera dans la bouche de ce *Sooder*. Si un *Sooder* écoute les *Bedas* de *Shafter*, on lui verſera de l'huile chaude dans les oreilles, & on bouchera l'orifice de ſes oreilles avec de l'*arʒeeʒ* & de la cire fondues enſemble. Ce Réglement s'appliquera auſſi à la Caſte d'*Arʒàl*.

Si un *Sooder* apprend par cœur les *Bedas* du *Shafter*, le Magiſtrat le mettra à mort.

Si un *Sooder* prend le cordon de Brame, le Magiſtrat le condamnera à huit cents *puns* de *cowries*.

Si un *Sooder* fait dans le *jugg* ou le culte des fonctions qui ne lui appartiennent pas, le Magiſtrat le mettra à mort, ou le condamnera à deux cents *ashrufies*.

Si un *Sooder* cauſe de fréquens embarras à un Brame, le Magiſtrat le fera mettre à mort.

Si un *Sooder* prend les uſages & l'eſprit extérieur d'un *Chehteree*, & paſſe ſon tems comme ceux de cette Caſte, le Magiſtrat confiſquera tous ſes biens & le bannira du Royaume ; & ſi, portant le cordon conſacré des Brames, il paſſe ſon tems comme ceux de cette Caſte, il ſera condamné à huit cents *puns* de *cowries*.

SECTION VIII.
DE L'UTILITÉ DES CHATIMENS ET DES PEINES.

LE châtiment (*a*) eſt le Magiſtrat ; le châtiment inſpire la terreur ; le châtiment eſt le conſervateur du peuple ; le châtiment eſt le défenſeur contre les calamités ; le châtiment eſt le gardien de ceux qui dorment ; le châtiment au viſage noir & à l'œil rouge épouvante le coupable. Si le Magiſtrat inflige le châtiment ſuivant le *Shaſter*, le châtiment produit dans le Royaume du Magiſtrat les ſuites qu'on a déjà énoncées.

Celui qui eſt d'un bon caractere, & un homme véridique, & qui conforme ſes actions aux Réglemens du *Shaſter*, & qui entretient auprès de lui des ſavans pundits, & qui eſt auſſi lui-même homme de ſcience, ſans être avare, celui-là eſt digne d'être Magiſtrat, & d'avoir le pouvoir d'infliger le châtiment.

Celui qui n'eſt pas aſſiſté par des ſavans pundits, & qui eſt avare, & qui n'eſt pas un homme de ſcience, & qui n'a aucun égard pour le *Shaſter*, & qui ne met pas en pratique ce qu'il a lu, ou qui ne parle pas vrai, ou qui n'eſt pas d'un bon caractere, celui-là ne mérite pas d'être Magiſtrat, & d'avoir le pouvoir d'infliger le châtiment.

Si un Magiſtrat n'inflige pas le châtiment ſuivant le *Shaſter*, ſes ſujets, ſon Royaume, ſes biens, & les enfans de ſes parens tomberont dans la miſere & le mépris.

Si un Magiſtrat inflige le châtiment au coupable, & traite l'innocence avec diſtinction, il a toutes les qualités néceſſaires à la Magiſtrature, & il ſera toujours heureux : il jouit d'un bon caractere, & dans l'autre monde il ira en Paradis.

(*a*) On perſonnifie ici le châtiment.

SECTION IX.

DE L'ADOPTION.

CELUI qui defire adopter un enfant, doit en informer le Magiftrat, accomplir le *jugg*, & donner de l'or & du riz au pere de l'enfant qu'il veut adopter. Enfuite quand l'enfant n'a pas eu les oreilles percées, ou qu'il n'a pas reçu le cordon des Brames, ou qu'il ne s'eft pas marié dans la maifon de fon pere, ou qu'il n'a pas cinq ans; fi le pere cede cet enfant, ou fi la mere le livre par ordre du pere, & qu'il n'y ait pas d'autres freres de cet enfant, il fera adopté.

Une femme ne peut pas adopter un enfant fans l'ordre de fon mari; fi elle a l'ordre de fon mari, elle pourra engager les Brames à célébrer un *Jugg* pour elle, & elle pourra alors adopter un enfant. — Suivant les Réglemens du *Sewartèh-Behtàchàrige*, approuvé (ou obfervé); — *Pacheshputtee Mifr*, dit fur cela, que même avec le confentement du mari, une femme ne peut pas adopter un enfant.

Un *Sooder* peut adopter un enfant, en faifant célebrer un *Jugg* par les Brames.

Celui qui n'a point de fils, ni de petit-fils, ni de fils de petit-fils, ni de fils de fon frere, adoptera un fils; & tant qu'il aura un fils adoptif, il n'en adoptera pas un fecond.

SECTION X.

RÉGLEMENS SUR DIFFÉRENTES CHOSES.

Quand un homme, ayant un animal à dents & à cornes, néglige d'arrêter & de dompter cet animal dès qu'il en a le pouvoir; fi cet animal bleffe quelqu'un avec fes cornes, ou mord avec fes dents, le Magiftrat condamnera le propriétaire à deux cens quatre-vingt *puns* de *cowries* ; mais lorfque le propriétaire n'a ni affez de force, ni affez d'induftrie pour contenir l'animal ; fi cet animal bleffe quelqu'un, le propriétaire de l'animal n'en fera pas refponfable.

Quand un homme entretient une vache, ou un buffle, ou un cheval, ou un éléphant, ou un chameau, ou un loup, ou un chien ; & que l'un de ces animaux fe tient fur le chemin ; fi une perfonne qui y paffe demande au propriétaire de l'animal de le tenir d'un côté, & fi le propriétaire en ayant le pouvoir, néglige de le faire ; dès que l'animal bleffe celui qui a paffé, le Magiftrat condamnera le propriétaire à cinq cens *puns* de *cowries*.

Si un homme force au travail un taureau qui eft affamé, ou qui a foif, ou qui eft fatigué, le Magiftrat le condamnera à deux cens cinquante *puns* de *cowries*.

Si un homme, en donnant à fon ferviteur des gages plus confidérables que les gages ordinaires du pays, met par-là les autres maîtres dans un grand embarras ; ou fi lorfque le Magiftrat a fixé le prix d'une chofe, il l'achete ou la vend à un prix plus haut ou plus bas ; ou fi par artifice & par fourberie il achete une chofe de

prix,

prix, à une valeur trop baſſe, le Magiſtrat le condamnera à mille *puns* de *cowries*.

Si un homme, fans l'ordre du Magiſtrat, vend un éléphant ou un cheval, ou un chameau, propres au travail, ou des bijoux précieux; ou ſi un homme vend une choſe que le Magiſtrat a défendu de vendre; il ſera condamné à une amende égale à la valeur de la choſe vendue.

Si un homme emploie des expreſſions dures contre celui qui lui a appris le *Goiteree*, ou ſi un pupille n'obſerve pas les ordres de ſon guide ſpirituel, ou s'il ſe diſpoſe à attaquer la femme de ſon frere aîné, ou ſi un homme qu'on a chargé de porter une choſe à un autre, ne livre pas cette choſe; ou ſi un homme a ouvert la ſerrure de la maiſon d'un autre, ou s'il a des diſpoſitions de mal-veillance envers un étranger, le Magiſtrat le condamnera, dans tous & chacun de ces délits, à cinquante *puns* de *cowries*.

Quand un homme, qui a été incommodé par un voleur, ou par une autre perſonne mal diſpoſée, dit à quelqu'autre : « J'ai été » incommodé de telle maniere par un voleur ou par telle autre » perſonne mal-veillante, venez me prêter du ſecours »; ſi celui dont on réclame la protection, n'aide pas celui qui le prie, ou ne parle pas pour lui, dès qu'il en a le pouvoir; le Magiſtrat le condamnera à cent *puns* de *cowries*.

Si un homme qui n'a pas été incommodé par un voleur, dit: « J'ai été attaqué par un voleur ou par telle autre perſonne » mal-veillante, je prie le peuple de venir à mon ſecours »; le Magiſtrat le condamnera à cent *puns* de *cowries*.

Quand un *Sooder* ou un *Sinnaſſee* célebrent un *Serâdeh*, ou rendent un culte à *Dewtah* ; fi à l'invitation du *Sooder* & du *Sinnaſſee*, un Brame mange & boit avec eux, ou fi un homme prête un ferment qu'il ne lui appartient pas de prêter, ou fi un homme accomplit un acte que le *Shaſter* ne lui permet pas d'accomplir ; ou s'il a adminiſtré quelque eſpece de philtre, de maniere à empêcher les arbres de porter des fruits, ou s'il donne à une vache une médecine qui l'empêche de faire des veaux ; ou fi un homme, après avoir fouſtrait une choſe des fonds d'une communauté, la convertit à ſon propre uſage, ou fi un homme *Arʒàl* ou d'une Caſte baſſe, frappe à deſſein, avec la main, un Brame, un *Chehteree*, ou un autre individu d'une Caſte ſupérieure, le Magiſtrat condamnera le coupable, dans tous & chacun de ces cas, à cent *puns* de *cowries*.

Si un pere abandonne un fils d'un caractere irréprochable, à qui on ne peut reprocher, ni la perte de ſa Caſte, ni rien de déshonorant ; ou fi un fils, de ſon propre mouvement, abandonne ſon pere, qui eſt d'un caractere irréprochable ; ou fi un ami abandonne ſon ami, qui eſt ſans tache ; ou fi un frere abandonne un frere, qui n'a commis aucune faute ; ou fi un mari abandonne ſa femme, ſans découvrir en elle aucune faute, il ſera condamné, par le Magiſtrat, à cent *puns* de *cowries*.

Si ſans aucune raiſon, mais uniquement de leur propre choix, l'une des deux parties aſſociées abandonne l'autre, le Magiſtrat la condamnera à deux cens *puns* de *cowries*.

Si des deux parties, l'une eſt propre pour les affaires, & l'autre ne l'eſt pas, quand celle qui ne l'eſt pas quittera l'autre, de ſon propre choix, le Magiſtrat la condamnera à ſix cens *puns* de *cowries*.

Quand deux perſonnes ſe rencontrent ſur le chemin, celle des deux à qui les Réglemens du *Shaſter* ordonnent de céder le pas, cédera le pas : — voici fur cette matiere les regles qu'on fuit ; quand un homme eft aveugle, fi l'autre a l'ufage de fes yeux, ce dernier cédera le pas à l'aveugle ; quand une perfonne eft fourde, fi l'autre entend bien, celle-ci cede le pas au fourd : un homme cede le pas à une femme ; & un homme qui ne porte rien, à un homme qui eft chargé : un fujet cede le pas au Magiftrat ; le pupille à fon guide fpirituel : tout inférieur cede le pas à fon fupérieur ; une Cafte inférieure, à une Cafte fupérieure ; une perfonne qui a moins de connoiffances à celle qui en a davantage ; un homme en fanté, à un homme malade ; & tout le monde cede le pas à un Brame : fi quelqu'un contrevient à ces regles, le Magiftrat le condamnera à vingt *puns* de *cowries*.

Si un homme ne préfente pas un tapis pour s'affeoir, à celui à qui il doit en offrir un, ou s'il ne traite pas avec un refpect convenable une perfonne à laquelle on doit du refpect, ou fi négligeant un Brame, à qui on ne peut reprocher aucune faute, & qui eft dans fon voifinage, invite un Brame qui demeure fort loin, ou fi ayant invité quelqu'un, il ne lui offre rien à manger, ou fi ayant accepté une invitation, il ne va pas à la maifon où il a été invité, le Magiftrat le condamnera à une *màsheh* d'or.

Si un homme, après avoir accepté l'invitation d'un autre, ne va pas y manger, il fera obligé de payer toutes les dépenfes faites à caufe de l'invitation.

Quand le Magiftrat place fur le chemin un homme, & le charge de percevoir un droit fur tous les paffagers qui vont & viennent par eau ; fi cet homme leve un droit fur ceux qui vont & viennent par terre, le Magiftrat le condamnera à dix *puns* de *cowries* : de même, quand il l'a nommé pour percevoir des droits à terre, s'il les perçoit fur ceux qui voyagent par eau, le Magiftrat le condamnera également à dix *puns* de *cowries*.

Quand un homme va auprès d'une femme, & commet de force un adultere avec elle ; si la femme, par pudeur & par modestie, crie que les voleurs ont attaqué sa maison, le Magistrat condamnera cette femme à cinq cens *puns* de *cowries*.

Quand un homme commet de force un adultere avec une femme ; si la femme voulant crier afin d'appeller les voisins, se laisse corrompre par quelque chose qu'on lui donne, le Magistrat la condamnera à une amende de huit fois la somme qu'elle aura reçue.

Si un homme, disant que les vêtemens qu'il a ôtés de dessus le corps d'un homme mort, sont encore d'usage & précieux, les vend comme tels ; ou sans l'ordre du Magistrat, se produit dans le monde avec la dignité d'un Magistrat, ou s'assied sur le *Musnud* du Magistrat ; il sera condamné à cinq cens *puns* de *cowries*.

Si un homme célebre un *Jugg* pour opérer la mort d'un innocent, le Magistrat le condamnera à deux cens *puns* de *cowries*.

Si un homme, pour opérer la mort d'un innocent, trouve moyen de lui faire boire une potion, ou médite sa mort de quelqu'autre maniere, le Magistrat le condamnera à deux cens *puns* de *cowries*.

Si un homme perce un joyau qui n'est pas propre à être percé, ou perce mal les joyaux qui sont propres à être percés, ou mêle quelque chose de vil ou de mauvais à une chose qui est précieuse, le Magistrat le condamnera à deux cens cinquante *puns* de *cowries*.

Si un homme vend une chose qui n'est pas bonne à manger, disant qu'elle est bonne à manger ; ou si une Caste vend des choses qu'il lui est défendu de vendre ; ou si un Brame quittant sa maniere de vivre, adopte d'autres mœurs, dans tous & chacun de ces cas, le Magistrat condamnera le coupable à mille *puns* de *cowries*.

Si un homme démolit le *bundàreh*, c'est-à-dire, le trésor & le magasin du Magistrat, ou célebre le *Jugg* ou le *Poojeh*, ou fait tels autres exercices religieux, avec une intention mal-veillante envers le Magistrat ; ou si étant nommé pour conduire une affaire, il gâte cette affaire, ou s'il se laisse corrompre habituellement, dans tous & chacun de ces cas, il sera banni du royaume, après qu'on aura confisqué tous ses biens.

Si un homme jettant des ronces dans le chemin, ferme le passage, ou mêle du poison avec une préparation de sel ou d'acide, d'amer ou de doux, ou s'il marie à un esclave une femme qui n'est pas esclave, dans tous ces cas, le Magistrat lui fera couper un des membres ; si le coupable est dans l'habitude de commettre ces délits, le Magistrat le mettra à mort.

Si quelqu'un, sans la permission du Magistrat, met sa main, ou parle dans un lieu où le Magistrat joue au *choperbàzer*, ou aux tables, ou à quelqu'autre espece de jeu, il sera condamné à mort.

Si quelqu'un, sans la permission du Magistrat, se revêt d'habits pareils à ceux du Magistrat, ou si étant nommé à un emploi, au service du Magistrat, il néglige continuellement son devoir, pour s'adonner à des amusemens oiseux, ou pour entendre chanter, ou pour se livrer à quelqu'autre dissipation, s'il perd son tems, ou s'il perçoit un plus grand revenu que le Magistrat ne l'a ordonné, ou s'il aspire à la Magistrature, sans descendre de la famille du

Magistrat, dans tous ces cas, le Magistrat condamnera le coupable à la mort.

Si un homme, pour son propre intérêt, a fait une fausse déclaration dans les registres du Magistrat, ou si après avoir découvert un voleur ou un adultere, il le laisse échapper sans le punir, le Magistrat le condamnera à mille *puns* de *cowries*.

Quand un homme, de son propre mouvement, dit que le Magistrat lui a confié la discussion d'une affaire particuliere, que réellement le Magistrat ne lui a point confiée; si d'après cette assertion, il cause du dommage à quelqu'un, le Magistrat, dans ce cas, le condamnera à une amende proportionnée à ses facultés; s'il se rend plus d'une fois coupable de la même offense, il lui fera couper un de ses membres; s'il a un penchant violent à de pareils crimes, il le mettra à mort.

Si quelqu'un désobéit à un ordre possible & convenable du Magistrat, le Magistrat lui fera couper une main, ou un pied, ou un autre membre; s'il retombe toujours dans le même délit, il le fera mettre à mort.

Si un homme porte une plainte devant le Magistrat, contre le Conseiller du Magistrat, sans que celui-ci soit coupable d'aucune faute réelle, ou fait quelque affaire ou quelque service pour celui qui accuse le Magistrat, il sera condamné à mort.

Quand un Officier du Magistrat a traduit quelqu'un devant le Magistrat pour un crime; si à l'examen de cette personne, par le Magistrat, l'accusé nie le crime qu'on lui impute, il sera condamné à une amende considérable, dès qu'on prouvera qu'il a commis un petit délit, même sur une bagatelle.

Si une femme fait prendre du poison à quelqu'un, ou met le feu à la maison d'un autre, ou assassine un homme; le Magistrat, après lui avoir attaché une pierre au col, la noyera, si toutefois elle n'est pas enceinte.

Si une femme assassine son guide spirituel, ou son mari, ou son fils, le Magistrat, après lui avoir coupé les oreilles, le nez, les mains & les levres, l'exposera pour qu'elle soit tuée par les vaches, si toutefois elle n'est pas enceinte.

Si un homme gâte une chose faite de cuir, ou des vases de bois ou d'argille, le Magistrat le condamnera à cinq fois la valeur de ce qu'il aura gâté.

Si un homme fait faire une mauvaise action à un autre, le Magistrat le condamnera au double de l'amende portée contre celui qui commet de lui-même ce délit. Quand un homme dit à un autre : « Si vous commettez cette mauvaise action, je ferai » toutes les dépenses qui pourront en résulter »; le Magistrat le condamnera à quatre fois autant.

Si un homme fait commencer une mauvaise action à un autre, ou s'il le met sur la voie de commettre une mauvaise action, ou s'il lui fournit des outils ou des moyens pour cela, ou s'il donne un asyle à quelqu'un qu'il soupçonne de vol, le Magistrat le condamnera à une amende proportionnée à ses facultés.

Quand un homme en a assassiné un autre, si une troisieme personne qui a le pouvoir d'arrêter l'assassin, néglige de le faire, ou quand, sans avoir le pouvoir par lui-même d'arrêter l'assassin, il pourroit le faire arrêter, en parlant à un autre, s'il néglige de parler; ou lorsque le Magistrat se dispose à châtier quelqu'un, si un homme alors révele ses fautes ; ou quand un homme engage à commettre une mauvaise action, celui qui dit qu'il en a envie, le Magistrat, dans ces cas, condamnera le coupable à une amende proportionnée à ses facultés.

Si un homme, après avoir commis une mauvaise action, dit en préfence du Magistrat ou d'un nombre considérable de personnes, qu'il a commis un tel crime, le Magistrat ne le condamnera qu'à la moitié de l'amende.

Si un homme, dans un danger immédiat de mourir, peut sauver sa vie en commettant une mauvaise action, le Magistrat ne le condamnera point à l'amende.

Si un homme véridique & de bons principes, commet par ignorance une mauvaise action, le Magistrat ne le condamnera point à l'amende.

Si un homme, dans le deffein de commettre une mauvaise action, est allé jusqu'à commencer à commettre cette mauvaise action, le Magistrat le condamnera au quart de toute l'amende portée contre le délit entier; s'il est allé jusqu'à commettre la moitié du délit, le Magistrat le condamnera à la moitié de l'amende; s'il commet en entier cette mauvaise action, le Magistrat le condamnera à une amende équivalente.

Si un *Ryot* commet un crime, le Magistrat, dès qu'il en sera informé, le condamnera à l'amende, & il l'avertira très-soigneusement de ne pas commettre le même crime une seconde fois.

Dans tous les cas où plusieurs personnes confédérées commettent un crime, le Magistrat condamnera chaque individu à une double amende.

Il y a deux sortes de châtimens: le premier corporel, dont on distingue deux espèces; 1°. de garotter & de frapper le corps,

ou

ou de couper quelque membre ; 2°. de mettre à mort : le second, eſt la privation de ſa propriété, & il y en a de différentes eſpeces.

Si un homme ſe rend fréquemment coupable de quelqu'un des crimes dont l'amende eſt fixée à une *pun* de *cowries*, le Magiſtrat le condamnera à un *màsheh d'argent* ; s'il commet ſouvent les crimes dont l'amende eſt fixée à un *màsheh d'argent*, le Magiſtrat le condamnera à une *càhawun* de *cowries* ; ſi un homme commet fréquemment quelqu'un des crimes dont l'amende eſt fixée d'une *càhawun* à 249 *puns* de *cowries*, le Magiſtrat le condamnera à une ſomme quatre fois plus conſidérable : au-delà de ce terme, il n'y a pas, pour ces ſortes de crimes, d'amende plus grande.

Si le Magiſtrat commet un crime, qui entraîne pour un homme ordinaire, une amende d'une *càhawun* de *cowries*, il ſera condamné à mille *puns* de *cowries*.

Si un homme de la Caſte d'*Arzàl*, après un attouchement qui rend une ablution néceſſaire ; ou ſi un homme ſorti du ſein d'une femme d'une Caſte ſupérieure, & du ſang d'un homme d'une Caſte plus baſſe ; ou ſi une femme ou un enfant, ou un homme dans le beſoin, commettent une faute, le Magiſtrat ne condamnera aucun de ces délinquans à l'amende.

Si des peintres commettent un des crimes où toute la propriété d'un homme eſt confiſquée, comme amende, le Magiſtrat confiſquera toute leur propriété, après leur avoir donné toutefois les choſes néceſſaires à l'art de la peinture.

Si un homme qui gagne ſa vie par le labourage, commet un crime qui entraîne la confiſcation de toute ſa propriété, le Magiſtrat, après lui avoir laiſſé aſſez de ſubſiſtance & d'inſtrumens aratoires, pour lui ſervir juſqu'à ce que ſa récolte ſoit mûre, confiſquera tout le reſte de ſa propriété.

Si les chanteurs, les muficiens ou les danfeurs, commettent un crime qui entraîne la confifcation de toute leur propriété, le Magiftrat, après leur avoir donné les inftrumens de leur profeffion, confifquera tout le refte de leur propriété.

Si une danfeufe ou une proftituée publique, commet un crime qui entraîne la confifcation de toute fa propriété, le Magiftrat, après lui avoir laiffé le drap ou le tapis fur lequel elle s'affied, fes habits, fes bijoux, & une habitation, confifquera tout le refte de fes effets; de même il donnera à un foldat fon équipage militaire: & les inftrumens de la profeffion d'un homme, ne feront pas compris dans la confifcation du refte de fa propriété.

Un homme pourra payer cent *ashrufies*, dans le cas où la loi ordonne de le mettre à mort; & dans ceux où elle ordonne de couper une main ou un pied, il en paiera cinquante: au lieu de fe laiffer couper deux doigts, il en paiera vingt-cinq; & il paiera auffi la même fomme, dans les cas où il eft condamné à être chaffé du royaume.

Si en deux endroits on fpécifie deux amendes différentes pour le crime même, il faut confidérer fi le délinquant a commis ce crime une fois feulement, ou à différentes reprifes; s'il ne s'en eft rendu coupable qu'une fois, il fera condamné d'après le paffage qui défigne l'amende la plus petite; s'il a commis fouvent le même délit, il paiera l'amende la plus confidérable: on examinera auffi fi le criminel eft un homme riche ou peu riche; s'il eft riche, il paiera fuivant le tarif de l'amende la plus confidérable; s'il n'eft pas riche, il fera condamné fuivant la plus petite amende.

Dans les cas où il eft dit qu'un homme fera condamné à la même amende qu'un voleur, ou qu'un adultere, ou que quelqu'autre délinquant, on pourra se contenter d'exiger de lui la moitié de l'amende imposée contre chacun de ces crimes en particulier.

Si des hommes d'un rang distingué & de bons principes, ou qui ont des connoissances, mais qui ne sont pas riches, commettent un crime qui mérite une peine capitale, le Magistrat exigera d'eux au-dessous de cent *ashrufies*, une somme proportionnée à leur fortune; s'ils commettent souvent le même crime, le Magistrat confisquera toute leur propriété en forme d'amende, & il les bannira du royaume.

Si un Brame qui a toujours agi conformément aux Bedas, commet un crime qui mérite une peine capitale, le Magistrat pour l'empêcher à l'avenir de commettre de pareils crimes, l'emprisonnera pour toute sa vie : si un *Chehteree*, ou un *Bice*, ou un *Sooder*, sont incapables de payer l'amende ordonnée par le *Shafter*, le Magistrat les obligera à travailler pour satisfaire à cette amende; il ne contraindra point un Brame à travailler de cette maniere, mais il en exigera peu-à-peu l'amende par petites parts.

Si une femme riche commet un crime, le Magistrat la condamnera à l'amende; si elle n'est pas riche, il la châtiera.

Si un enfant, ou un vieillard, ou un impuissant, ou un malade, ou un imbécille, commettent un crime, le Magistrat n'exigera aucune amende d'eux, mais il les châtiera.

Si un Brame se rend chez un Magistrat, les domestiques & les *Derbàns* ne lui en fermeront pas l'entrée, mais ils le feront entrer promptement.

Si un Brame est passager dans un bateau, il ne paiera rien aux matelots : il entrera dans le bateau, & il en sortira avant tous les autres passagers.

Si un Brame est passager dans un bateau, & emmene avec lui des marchandises, il ne paiera rien aux matelots, s'il n'a pas acheté ces marchandises pour en faire un trafic.

Si un homme emprunte du miel ou du sucre, ou du sel, sans le payer dans l'espace de cinquante mois, il sera obligé d'en rendre huit fois autant qu'il en a reçu.

Si un homme a chargé un pâtre d'avoir soin d'une vache ou d'un buffle femelle, & a stipulé une certaine quantité de lait pour la récompense du pâtre, dès que le propriétaire néglige pendant un long tems de reprendre une telle vache ou un tel buffle femelle, le pâtre gardera pour lui les veaux qu'elles auront produits.

Outre les choses qui se vendent au poids, dont on a fait mention au Chapitre de l'emprunt; si un homme emprunte quelque autre chose qui se vende au poids, sans le payer pendant un long espace de tems, il sera obligé d'en rendre huit fois la valeur.

Si un homme, après avoir perdu à un jeu, a omis pendant long-tems de payer ce qu'il a perdu, il ne paiera pas l'intérêt de cette somme.

Si un homme, par adresse ou par ruse, a enlevé quelque chose à un autre; celui-ci, en recouvrant sa propriété, ne recevra pas l'intérêt de ce qu'on lui avoit enlevé.

Quand un homme déposant un gage chez quelqu'un, emprunte de l'argent, si ce gage se détruit par un accident imprévu, l'emprunteur déposera chez le prêteur, une autre chose, jusqu'à l'entier paiement de la somme empruntée, ou il rendra sur le champ cette somme.

Si un gage, dans les mains d'un créancier, se détruit par la faute du créancier ; en suppofant que la valeur du gage équivaut à l'argent prêté, l'emprunteur eft quitte de fa dette ; fi le gage eft d'une valeur moindre que la chofe prêtée, l'emprunteur paiera le *deficit* ; fi la valeur du gage eft plus qu'équivalente à celle de l'argent emprunté, le créancier fera obligé de rembourfer ce furplus au débiteur.

Si un pere, après avoir emprunté de l'argent dans une extrême difette, néglige de le rendre, fon fils paiera la fomme, s'il en a les moyens.

Si un mari emprunte de l'argent, fa femme ne le rendra pas.

Si un fils emprunte de l'argent, la mere ne le paiera pas ; mais fi elle a confenti à cet emprunt, elle doit l'acquitter.

Si un créancier oblige une fois feulement un débiteur, à un travail que celui-ci ne peut pas exécuter, le Magiftrat condamnera le créancier à deux cens cinquante *puns* de *cowries*.

Si un homme, après avoir contracté une dette, eft hors d'état de l'acquitter, à caufe d'une famine ou de quelqu'autre calamité pareille, le créancier fera obligé de recevoir l'argent par petites parties, & il ne traitera point le débiteur durement.

Quand un homme intente une action contre un autre, difant : « Vous me devez une fomme d'argent » ; & que celui-ci nie la dette, dès que le créancier aura prouvé la vérité de fon affertion, fi le débiteur eft riche, il fera condamné à une amende de deux fois la fomme ; s'il n'eft pas riche, il fera condamné à une fomme équivalente à la dette.

Quand un homme, après avoir emprunté de l'argent de plufieurs perfonnes, a acheté des marchandifes avec cet argent ; fi tous les créanciers s'affemblent à la fois, & fi le débiteur n'a aucun moyen de les payer fur le champ, les marchandifes qu'il a achetées feront divifées refpectivement entre les créanciers.

Quand un débiteur a payé fon créancier, il reprendra fon billet & le déchirera, & il prendra en outre un reçu par écrit du créancier.

Si un homme a emprunté de l'argent, fans donner de billet, mais en préfence de témoins ; l'argent doit être rendu en préfence des mêmes témoins.

Si un homme, après avoir été chaffé & excommunié de fa Cafte, accomplit le *peràshchut* ou l'expiation, fon fils, fon petit-fils, & tels autres héritiers maternels, n'entreront pas en poffeffion de fon bien pendant fa vie, mais fa propriété fera partagée entr'eux, fuivant leur droit d'héritage.

Quand il y a deux, ou quatre, ou un plus grand nombre d'héritiers ; fi un ou deux de ces héritiers, en faifant valoir l'hoirie qui n'eft pas encore partagée, gagnent quelque chofe, tous les héritiers recevront une part du profit, fuivant la portion de l'hoirie qu'ils peuvent réclamer ; mais celui qui a fait ce bénéfice, le divifera en égales parts ; il en prendra d'abord une pour lui, & le refte fe partagera enfuite entre les autres héritiers : ce réglement n'a lieu que pour les cas où les héritiers ont des parts inégales dans une maffe d'héritage : fi les parts de tous les héritiers font égales, celui qui a fait le bénéfice, recevra deux parts, & les autres en recevront chacun une.

Si différens membres d'une communauté, ont un droit égal à une femme efclave, ou à un homme efclave, ils en exigeront tous une portion de fervice égal.

DES GENTOUX.

Si l'un des membres d'une communauté a caché une partie de la maſſe commune des fonds; dès qu'on découvrira cette propriété cachée, elle ſera diviſée parmi les membres de la communauté.

Si un homme a enlevé quelque choſe de force à un autre, ou s'il l'a forcé à ſigner un écrit, ou s'il a d'une maniere violente uſé d'une choſe qui ne lui appartenoit pas, cela n'eſt pas permis.

Si un homme a de force, ou par ruſe & par artifice, vendu une choſe, ou arrangé quelqu'autre affaire, cela n'eſt pas approuvé.

Si pendant la nuit, ou dans un lieu caché de la maiſon, ou hors de l'enceinte d'une ville, ou dans des lieux retirés ou ſuſpects, un homme a acheté & vendu quelque choſe, ou arrangé une affaire, cela n'eſt pas approuvé.

Si une femme ou une perſonne ivre, ou un imbécille, ou une perſonne malade, ou un enfant, ou un homme dominé par une crainte violente, a arrangé une affaire, cela n'eſt pas approuvé.

Si quelqu'un, autre que le demandeur & le défendeur, le *Vakeel*, ou le fils, ou l'eſclave du demandeur & du défendeur, prend ſur lui la conduite d'une affaire, cela n'eſt pas approuvé.

Si un homme ne livre pas, quand on les lui redemande, les marchandiſes qui lui ont été confiées; s'il eſt riche & ſans religion, le Magiſtrat le condamnera à deux fois la valeur des choſes qu'on lui a confiées; s'il n'eſt pas riche, & s'il a de la religion, il le condamnera ſeulement à la valeur de ce qu'on lui a confié.

Si un homme, par ignorance, gâte les choſes qu'on lui a confiées, il ne doit pas répondre de tout ce qu'on lui a confié; mais il paiera quelque choſe de moins que la valeur de la propriété qu'on lui a confiée, & les fils de ce dépositaire ne doivent pas en rien payer.

Si c'est par la faute des fils du dépositaire que se gâtent les marchandises qu'on lui a confiées, ces fils seront obligés de les payer.

Quand un pupille prend congé de son maître, de qui il a appris une science, le maître en le renvoyant lui donnera une somme d'argent proportionnée à ses facultés.

Si un homme, après avoir été servi par un domestique, ne lui paie pas ses gages, le Magistrat l'obligera à ce paiement, & il le condamnera d'ailleurs à l'amende.

Si un mariage est contracté entre un esclave & une fille esclave, sans le consentement du maître de l'esclave mâle, ou sans le consentement du maître de la fille esclave; l'esclave continue à appartenir à son premier maître, & la femme esclave doit aussi demeurer avec ses premiers maîtres.

Si la vache de quelqu'un, après avoir été couverte par le taureau d'un autre, met bas un veau, le propriétaire de la vache aura le veau, & le propriétaire du taureau ne pourra pas le réclamer.

Si un homme, après avoir acheté des marchandises, ne paie pas le droit qu'on en exige au *Bazar* ou au *Hokey*, le Magistrat le condamnera à une amende de huit fois la valeur de ce droit; si pour éviter de payer cet impôt, il quitte le droit chemin & en prend un autre, le Magistrat confisquera toute sa propriété.

Si un homme, pour éviter de payer le droit, ne vend pas ses marchandises aux heures réglées pour la vente, mais en secret, le Magistrat le condamnera à huit fois la valeur de ce droit.

Quand

DES GENTOUX.

Quand d'après une convention qui permet de rendre les marchandises achetées, l'acheteur les rend dans le tems que limite pour cela le Chapitre de *l'achat & de la vente*, on doit diviser cet espace de tems en trois parties : s'il rend les marchandises dans l'espace de la premiere division du tems, cela suffit ; s'il les rend dans l'intervalle de la seconde division du tems, il donnera un trentieme du prix de la chose, en outre de la chose qu'il rendra au vendeur ; s'il les rend dans le troisieme intervalle, il donnera en sus au vendeur, un quinzieme du prix de la chose : & après l'expiration de cet espace de tems, les marchandises achetées ne peuvent plus être rendues.

Suivant l'espace de tems limité dans le Chapitre de l'achat & de la vente, pour rendre les marchandises achetées ; si un homme ayant acheté une chose, la rend après l'expiration de ce tems ; ou s'il reprend des choses qu'il a vendues, le Magistrat le condamnera à six cens *puns* de *cowries*.

Si un homme, après avoir acheté une vache ou un buffle femelle, qui donne du lait, les rend dans l'époque du tems fixé pour ce dédit, il y ajoutera un dixieme du prix de cet animal ; l'espace de tems pour rendre les vaches & les buffles ne se divise pas comme ci-dessus en trois époques.

Si celui qui a acheté une vache ou un buffle, s'en est mis en possession, il donnera au vendeur un sixieme du prix de la vache ou du buffle.

Si un homme rend un faux-témoignage, dans une matiere concernant les bornes & limites, le Magistrat le condamnera à deux cens cinquante *puns* de *cowries*.

Si cet homme habite un canton qui touche immédiatement ces bornes, le Magistrat le condamnera à cinq cens *puns* de *cowries*.

S f

Si un homme vole du fil ou du coton, de la fiente de vache ou de l'herbe, ou de l'eau, ou des cannes de sucre, ou des bambous, ou du sel, ou des pots de terre, ou du sable, ou de la poussiere, ou de l'argille, ou des poissons, ou des oiseaux, ou de l'huile amere, ou de la chair, ou du miel, ou du cuir, ou de l'yvoire, ou des cornes d'animaux, ou du vin, ou des alimens, ou des fruits que quelqu'un a achetés pour son usage, le Magistrat fera rendre ces choses à ceux à qui on les a prises, & il condamnera le voleur à cent *puns* de *cowries*.

Il y a deux sortes de *shàit* ou de *pooshteh-bundee* : le premier, qui s'appelle *khieu*, est un pont, à travers lequel l'eau a un libre passage; le second, qui se nomme *bundhoo*, c'est-à-dire, une chaussée ou une écluse, à travers laquelle l'eau ne coule pas.

Quand un homme construit un pont ou une chaussée, ou une écluse, sur le terrein d'un autre; si celui-ci éprouve un petit dommage, à raison de ces ouvrages, tandis que le public en retire une utilité capitale, il n'est pas permis à celui qui souffre du dommage d'interrompre le progrès dudit *pooshteh-bundee*.

Si le pont ou l'écluse, construits par quelqu'un, sur un endroit particulier, deviennent d'une grande utilité aux terreins des autres personnes; le constructeur du pont ou de l'écluse ne peut rien réclamer sur les récoltes : elles appartiendront respectivement aux différens propriétaires du terrein.

Si un *Chehteree* commet, du consentement de la femme, un adultere avec une femme de la Caste des Brames qui n'a point de maître, le Magistrat condamnera ce *Chehteree* à mille *puns* de *cowries*, & il lui fera raser les cheveux avec de l'urine d'âne.

Si un homme frappe un autre à l'anus, le Magistrat le condamnera à quarante *puns* de *cowries*.

Les *Ryots* se soumettront & obéiront à toutes les ordonnances provenant du *Shaster*, que les Brames *pundits* leur annonceront; le Magistrat condamnera à deux cens cinquante *puns* de *cowries*, celui qui étant *pundit*, s'écarte, en quelque maniere que ce soit, des vérités du *Shaster*.

Le Magistrat condamnera à l'amende, celui qui ne se conformera pas aux ordres quelconques donnés par le Magistrat, après une mûre délibération.

Le Magistrat bannira du royaume ceux qui aviliront sa personne, ou les hommes qui ont naturellement de mauvais principes, ou les hommes qui sans raison tourmentent les autres.

Si un homme, après avoir été accoutumé à manger & boire avec un autre, cesse de manger & boire avec cette personne, sans pouvoir rien lui reprocher, le Magistrat le réputera coupable.

Si plusieurs personnes liguées refusent de payer au Magistrat ce qui lui est dû, on en exigera huit fois la somme qu'ils refusoient de payer.

Si quelqu'un, après avoir emprunté de l'argent au nom de plusieurs personnes, emploie cet argent à son usage, il sera obligé d'acquitter cette dette.

Si le pere ou la mere du Magistrat, ou quelqu'un qui a enseigné le *Goiteree*, ou un enfant, ou un vieillard foible, ou un homme de distinction, & versé dans les *Bedas* du *Shaster*, & qui agit conformément aux *Bedas*, ou un ami & un parent du Magistrat, commet une faute, le Magistrat ne les condamnera pas à une amende pécuniaire, il ne leur fera pas couper les membres, mais il proférera contr'eux des expressions de colere.

Si un *Sinnaſſee* ou un *Ban-peruſt*, ou un *Berhem-chàrry*, commet un crime, le Magiſtrat n'en exigera aucune amende pécuniaire, & il ne leur fera point couper les membres, mais il les anathématiſera.

Il n'y a pas dans le monde de crime auſſi grand que celui de tuer un Brame : c'eſt pourquoi le Magiſtrat ne demandera jamais la mort d'un Brame, & il ne lui fera jamais couper aucun membre.

Si un Brame boit du vin, on lui imprimera ſur le front, avec un fer chaud, la marque du *fooràdhuch* : le *fooràdhuch* repréſente le moment, où en buvant du vin, on fait tomber le vin de la coupe dans la bouche.

Si un Brame commet un adultere avec quelqu'une des femmes de ſon pere, autre que ſa mere, le Magiſtrat lui fera imprimer ſur le front, avec un fer chaud, la figure d'un *pudendum muliebre*.

Si un Brame aſſaſſine un autre Brame, le Magiſtrat lui fera imprimer ſur le front la figure d'un homme ſans tête.

Tout Brame qui n'agit pas conformément au *Shaſter*, ſera mis en priſon par le Magiſtrat, juſqu'à ce qu'il rentre dans ſes devoirs; s'il n'y rentre pas, il ſera banni du royaume.

Le Magiſtrat ne prendra rien ſur la propriété, appellée *màhà-pàtuk* (on a expliqué ce que c'eſt dans le Chapitre du *pàk-pàriſh*); s'il en prélève une certaine ſomme, par forme d'amende, il la jettera dans l'eau, ou il la donnera à un Brame qui eſt ferme dans ſa religion, & qui agit conformément aux *Bedas*; ſi le Magiſtrat ne prend pas pour lui la propriété appellée *màhà-pàtuk*, mais s'il agit ſuivant ce qui lui eſt enjoint, il prolongera par-là la vie de ſes ſujets dans ſon royaume, il fera fleurir les ſciences, & il ſera cauſe qu'il naîtra de beaux enfans.

DES GENTOUX.

On exigera d'un homme riche une amende plus confidérable que celle qui fe trouvera fpécifiée pour le délit dont il fera coupable, afin que fentant mieux le châtiment, il foit plus porté à ne pas commettre le délit une feconde fois.

Si un *Sooder* commet un vol, il paiera huit fois la valeur de la chofe volée ; le *Bice* paiera feize fois la valeur de ce qu'il aura pris ; le *Chehteree* trente-deux fois, & le Brame foixante-quatre : le Brame qui a des connoiffances étendues paiera une amende de cent fois la valeur de la chofe dérobée : fi un homme qui eft de la plus grande diftinction, fe rend coupable d'un vol, il fera condamné à cent vingt fois la valeur de ce qu'il aura pris.

Le Magiftrat adminiftrera la juftice fuivant les réglemens rapportés dans cette *pootee* ou compilation ; s'il lui furvient une affaire dont elle ne parle pas, il confidérera l'efprit général de ce Code, & il jugera & condamnera d'après cet efprit : dans les cas où l'on ne parle pas de l'amende particuliere qu'il faut impofer, il examinera l'affaire, & il décernera l'amende qui lui paroîtra la plus jufte.

F I N.

VOCABULAIRE

DES TERMES

SAMSKRETS, PERSANS ET BENGALOIS,

DONT ON S'EST SERVI DANS CET OUVRAGE.

A

A<small>BKOORUN</small>, préparation à l'attaque.
Achàrige, celui qui enseigne le *Goiteree*.
Adew, propriété qui ne peut pas être aliénée.
Adhegeerun-gerrut, celui qui sert ses parens, qui en a soin.
Adhuk, petit poids ou petite mesure.
Affus, astringent.
Aghun, un des mois du Bengale; il répond à une partie de Novembre & de Décembre.
Ahut, un homme qui s'est engagé pour un prêt.
Anoo-pàtuk, imposture, espece de crime dont on a donné l'explication.
Antee-bàshee, un apprentif.
Apàteree-kurrun, espece de petites offenses.
Arde-kheel, terre à moitié en landes.
Arsh, une des cinq premieres formes de mariage.
Arteh-bherut, celui qui sert pour des gages en argent.

VOCABULAIRE.

Arzàl, une tribu inférieure chez les Indoux.

Arzeez, étaim.

Ashnàw, purification par le bain.

Ashore, une des trois dernieres formes de mariage.

Ashrufies, la piece d'or la plus précieuse.

Ashummeed-Jugg, cérémonie religieuse, dans laquelle on lâche en pleine campagne un cheval, sur lequel sont écrits certains mots de la langue des Indoux.

Ashwammee-peikeree, celui qui dispose de la propriété d'un autre sans en avoir le droit.

Assen, un des mois du Bengale, qui correspond à une partie de Septembre & d'Octobre.

Atee-pàtuk, inceste.

Ayammi-shadee, certain nombre des jours de fête du mariage.

B

BAN-PERUST, un hermite.

Bàzàr, un marché.

Beejeshuktà, un taureau public.

Beekreet, un homme qui volontairement vend sa liberté.

Beena, une espece d'herbe longue.

Beet, une espece d'herbe piquante.

Beheerreh, une drogue astringente.

Beid ou *Bedas*, écritures les plus anciennes & les plus respectées des Gentoux : il y a quatre *Bedas*, le *Rug-Beid*, le *Huchur-Beid*, le *Sam-Beid*, & le *Ahtrebun-Beid*.

Beopàry, un marchand voyageur, & un marchand qui traîne ses marchandises sur des bœufs.

VOCABULAIRE.

Berámeh, une des cinq premieres formes de mariage.

Beràyut, le fils d'un Brame qui est mineur.

Berbàkrut, un homme qui est devenu esclave, par amour pour une femme esclave.

Bereesocherg, taureau consacré, qu'on laisse courir en liberté.

Berenge-arook, riz nettoyé, mais qui n'est pas bouilli.

Beremchàrry, un homme qui a étudié la théologie douze ans.

Bhadun, un des mois du Bengale, il répond à une partie d'Août & de Septembre.

Bhekut, celui qui s'est fait esclave pour être nourri.

Bherooàh, un maquereau, un homme de la suite des danseuses.

Berthuk, un serviteur.

Bhook-bherut, un homme qui sert pour être nourri.

Bhook-làbheh, intérêt que produit l'usufruit de certaines choses mises en gage.

Bice, la troisieme Caste primitive parmi les Gentoux.

Bramin, Brame, la premiere Caste primitive parmi les Gentoux.

Bubhàr, Justice.

Bundàreh, magasins ou bureaux appartenans au Magistrat.

Bundhoo, une chaussée.

Burmàh, Brama, la Divinité secondaire & le Créateur immédiat de toutes choses.

Burrun, la forme particuliere de chaque tribu, ou les particularités qui distinguent chacune de ces tribus.

Burrun-sunker, dénomination générale de toutes les tribus, produites par le mêlange de deux Castes différentes.

Burrut, une fondation religieuse.

Butkàràh, un poids de pierre.

VOCABULAIRE.

C

Cahawun, mesure de *cowries*, équivalente à seize *puns*.

Chàt-her, un parasol.

Chehteree, la seconde Caste primitive des Gentoux.

Chendal, une tribu basse des Gentoux.

Cheyt, un des mois du Bengale, correspondant à une partie de Mars & d'Avril.

Chickerberdehee, intérêt composé.

Chokey, une porte où l'on perçoit un droit.

Chokeydar, un garde ou surveillant, quelquefois un collecteur de droits.

Choperbàzee, jeu de hazard qu'on joue avec trois dez oblongs.

Chuckreh, petite voiture pour les fardeaux, chariot.

Coin, (*a*) signifie monnoie d'or, &c. on le prend aussi pour un petit grain d'or qui a cours dans le pays; huit de ces grains font une *masheh* : on l'appelle *surkh* en persan, & *ruttee* dans le Bengale.

Cooly, un porte-faix.

Cose, une mesure de près de deux milles.

Cossie, un messager, ou un homme de la poste.

Cutcherry, une Cour de Justice.

(*Note du Traducteur François.*)

(*a*) Ce mot est anglois, & M. *Halhed* ne dit pas si réellement le même mot *Coin* signifie monnoie en Angleterre & dans l'Inde.

Tt

D

Daie, propriété dont on peut hériter.

Dàm, petite monnoie.

Dàn, une cérémonie religieuse.

Dayàvaupàkut, esclave dont les ancêtres sont dans la servitude depuis long-tems.

Daye-bhàg, propriété dont on peut hériter.

Deep, le monde ; les Gentoux en comptent sept.

Jumboo-deep,
Pulkhoo-deep,
Shoolmeloo-deep,
Kooshud-deep,
Keroonchud-deep,
Shakud-deep,
Pooshkerud-deep;

Les Indoux disent que ce monde habitable ou *deep*, est environné de tous côtés par le *Summooder*, ou le grand Océan, qui forme une ceinture de 400000 *cose*; qu'après cet intervalle commence le second *deep*, & ainsi de suite.

Deeyb, une des cinq premieres formes du mariage.

Deiool, une tribu basse & accidentelle parmi les Gentoux.

Derbàn, un portier.

Derooon, un poids ou mesure.

Deu, propriété qu'il est permis d'aliéner.

Dewtàh, la Divinité à laquelle on offre des prieres.

Doll, toute espece de légumes brisées ou hachées.

Doob, jolie herbe.

Doot, agent ou *hircarra*.

Doss, un esclave.

Dote, tous les jeux de hazard.

VOCABULAIRE. 327

Duchneh, certains honoraires payés à un Brame qui fait des prieres ou des cérémonies en faveur de quelqu'un.

Dumr-pàrish, attaque.

Dutt, dons inapprouvés ou qu'on peut reprendre.

Dutta, choses données qu'on ne peut pas reprendre.

E

Eenakal-behrut, esclave à qui on a sauvé la vie dans un tems de famine.

Enàhut, second dépôt des choses déposées chez un autre.

F

Fateheh-buzurgwar, offrande qu'on fait pour les ames de ses ancêtres morts.

G

Gansee-jikkheh, consomption, crachement de sang ou de phlegme.

Gehennum, enfer.

Gerhejàt, enfant qui naît de l'union d'un maître & d'une esclave.

Ghee, beurre clarifié.

Gheerus, esclave volontaire pour un certain tems.

Gherbut, ville ou bourgade de la plus petite grandeur.

Ghurrie, mesure de tems comprenant vingt-quatre minutes.

Goiteree, enchantement magique.

Gomastah, un agent.

Gràm, les Anglois se servent de ce mot pour désigner une espece d'ivraie ; dans la langue du Bengale il signifie un village.

Gundae, quatre *cowries*.

H

Hackerry, une voiture Indienne.

Hàràm, un serrail.

Haut, un marché hebdomadaire pour différentes marchandises.

Hejàmut, la profession de barbiers ; ils sont chargés de raser, de couper les ongles, &c.

Hircarrah, un espion ou messager.

Howaleh, un dépôt de propriété fait avec une confiance entiere.

Hurreh, une drogue astringente.

J

Jatee-berrun-kushker, espece de petits délits.

Jee-potr, une sentence ou un décret.

Jeyt, un mois du Bengale, correspondant à une partie de Mai & de Juin.

Ihtimandar, un surintendant ou lieutenant-gouverneur.

Inderjò, une drogue de peu de prix, qui croît spontanément dans les bois.

Joodeh-perràput, esclave pris en guerre.

Joojun, une mesure de quatre *coses*.

Jootese, le livre d'astronomie des Gentoux.

Isrun, ordres ou rangs d'hommes.

Jugg, une cérémonie religieuse.

Jungle, terres absolument en friche.

VOCABULAIRE.

K

Kandehrub, une des cinq premieres formes du mariage.
Kàrtee-au, offrande volontaire d'une augmentation d'intérêt.
Kàseh, mêlange de cuivre & de plomb.
Kau-ee-kau, intérêt payé annuellement.
Kauleekau, intérêt payé chaque mois.
Keereeut, esclave acheté.
Keheet-dershen, attaque & effusion de sang.
Kehtà, fils d'un *Sooder* & d'une *Chehteree*.
Keroor, un oiseau fabuleux.
Kheel, landes de terres en friche.
Kheet, une ville ou bourgade du second ordre.
Khieu, un pont.
Kombeh, un grand poids ou une mesure.
Koodup, un poids ou une mesure plus petite.
Kooloo, le cocotier.
Koonchy, un poids ou une mesure très-petite.
Koosm, une espece de fleur qu'on emploie dans la teinture.
Kose, une espece d'herbe ou de gramen.
Kunjud, navette, graine de rave.
Kureelah, petit végétal d'un goût très-amer.

L

Leekhuk, un secrétaire ou écrivain.
Lubdehee, un esclave trouvé par hazard.
Lut, un arbre rampant; c'est aussi le nom d'un oiseau.
Lutta, nom d'un arbre plus grand.

M

Maasifer, espece de fleur qu'on emploie dans la teinture.
Màhà-pàtuk, assassinat & autres crimes noirs.
Màsheh d'argent, $\frac{1}{10}$ de roupie d'argent.
Màsheh d'or, $\frac{1}{12}$ d'un *ashrufie*.
Meethul, un habitant de *Methilla*, ville fameuse par la résidence des savans Brames : elle est située à l'ouest, près de la *soubabie-d'oude*, à environ quinze jours de chemin de *Benarès*.
Melabhoo, espece de petits délits.
Mookhud, débiteur qui s'est livré esclave à son créancier.
Moonshi, un écrivain ou secrétaire.
Muluch, nom général des tribus qui peuvent manger indifféremment de tous les alimens.
Muntur, un texte du *Shaster*.
Musnud, un trône ou siege de dignité.
Muthooter, un refus.

N

Nandee-mookheh, cérémonie préparatoire à un mariage.
Neeàsh, dépôt pour empêcher la saisie des effets.
Needee, trouver quelque chose de perdu.
Neekheep, dépôt fait en confiance.
Neemtuk-kerm, culte qu'on rend par occasion les jours de fête.
Neéshungpàt, attaque sans effusion de sang.
Nigher, une grande ville.
Nullah, un ruisseau.
Nutkerm, culte journalier.

VOCABULAIRE.

O

Opookut, esclave volontaire.
Opoo-pàtuk, petits délits.
Oulàh, drogue qu'on mêle avec de l'huile, & dont les femmes dans le Bengale se servent pour oindre leurs cheveux.

P

Paan, la plante du Betel.
Paddee, riz qui n'est pas préparé.
Pàk-pàrish, fausse accusation.
Paufs, le quart du jour ou les heures.
Peepul, drogue amere.
Pehteek, pierre blanche ou crystal.
Peiàdàc, garde qui accompagne un prisonnier qui va en public.
Peishàch, une des trois dernieres formes du mariage.
Peràjàput, une des cinq premieres formes du mariage.
Peràshchut, expiation, délivrance.
Perberjà-besheet. Sinnassee, fait esclave à raison d'apostasie.
Perkernukkà, espece de petits délits.
Perrànek-neéày, appel après une premiere décision.
Pertubbish-gunden, reconnoissance d'une prétention sans pouvoir y satisfaire.
Perùst, un petit poids ou mesure.
Phaugoon, un des mois du Bengale; il correspond à une partie de Février & de Mars.
Plàfs, le nom d'un arbre.

VOCABULAIRE.

Poojeh, culte.

Poojeh-fershuttee, culte qu'on rend à *Sershuttee*, qui est la Déesse des Lettres.

Pooran, une des écritures des Gentoux sur l'histoire.

Pooshtee-kerm, prieres qu'on fait pour obtenir la santé & la prospérité.

Pooshteh-bundee, lits des rivieres.

Pooskul, petit poids ou mesure.

Pootee, livre ou compilation.

Pul, petit poids ou mesure.

Pun, vingt *gundaes* de *cowries*.

Pundit, un savant Brame.

Punjeet, esclave qui a perdu sa liberté au jeu.

Puntubbee-bàden, salut ou révérence faite par une femme à son époux.

Purrickhày, essai des métaux.

Purrikeh, épreuve, jugement de Dieu.

R

Rajah, Prince Indoux ou Monarque.

Ràkhus, l'une des trois dernieres formes du mariage.

Roy, un Prince Indoux (*a*).

Rozidus-harèh, certains jours de fête dans le mois d'*Assen*; tems auquel on célebre le culte pompeux & l'enterrement des Divinités des Indoux.

Ryot, un fermier ou sujet.

(*a*) Il est singulier que ce mot signifie la même chose en François & en Samskret.

SADHEH,

S

Sadheh, alimens & traitemens particuliers pour les femmes, dans les derniers tems de leur grossesse.

Sagh, végétaux, légumes.

Santee-kerm, prieres extraordinaires qu'on fait dans un tems de calamité.

Saul, un grand bois de charpente.

Seboos, son de la farine.

Seekhauberdehee, intérêt qu'on paie chaque jour.

Seemul, espece de coton.

Sejjat, plate-forme ou terrasse enfermée de haies.

Ser, une herbe.

Seràdeh, fêtes en l'honneur des morts.

Seràdeh-amàwus, fête à la fin de chaque mois.

Seràdeh-aperpukh, fête préparatoire au *Rozidus-hareh*.

Seràdeh-buzurgwàr, fête qu'on célebre en l'honneur de ses ancêtres morts.

Seràdh-novànn, offrande qu'on fait une fois par an pendant le mois *Aghun*.

Serwutterre, Brame savant dans les *Bedas*.

Sesamum, moutarde.

Sewàrree, tout équipage de voyage; la suite d'une personne de distinction, &c.

Shàghur, une Divinité des Gentoux.

Shàhesh, violence.

Shàit, ponts ou chaussées de rivieres.

Shallee, riz qui n'est pas préparé, la même chose que *paddee*.

Shanscrit, samskret, langue des écritures des Gentoux.
Shaster, les écritures des Gentoux, en général.
Shebbi-deijore, nuits où la lune ne paroît pas.
Shebbi-tarecke, signifie la même chose que *Shebbi-deijore*.
Sheertee, une certaine partie des écritures des Gentoux, contenant la législation des Indoux.
Shemàbhee, jeux d'animaux combattans, &c.
Shepàk, fils d'un *Kehta* & d'une *Wokree*.
Shish, celui qui étudie la théologie & les sciences.
Shumpertee-putt, confession, aveu.
Shunkerree-kurrun, espece de petits délits.
Sinnassee, Brame qui a fait vœu de pélerinage.
Sooder, la quatrieme ou la derniere tribu primitive des Gentoux.
Sooràdhuch, marque d'infamie qu'on imprime sur le front d'un Brame qui a bu du vin.
Sumooder, la mer ou le grand océan.
Sungserfut-heh, réunion d'une famille, formée après la premiere séparation.
Sunkha, coquille de mer, communément appellée *chank*.
Sunnud, une patente, une concession.

T

Tagur, l'idole domestique, adorée ou révérée par les Gentoux.
Terkarree, espece de citrouilles.
Tokerie, un panier.
Tolecheh, un poids contenant dix *màsheh* d'argent & douze d'or.
Turb, rave.
Turreh, végétaux.
Tyer, crême aigre.

V

V_{AKEEL}, un procureur ou agent.

W

W_{OKREE}, la fille d'un *Chehteree* & d'un *Sooder*.

Z

Z_{EEARUT}, terrein consacré.
Zukkoom, nom d'un arbre.

Fin du Vocabulaire.

TABLE
DES MATIERES.

*A*VERTISSEMENT du Traducteur François, page j
Préface de M. HALHED, ix
Discours Préliminaire des Brames, Compilateurs de cet Ouvrage, lv
Noms des Brames qui ont compilé cet Ouvrage, lviij
Noms des Auteurs cités dans cette Compilation, ibid.
Liste des Livres d'où on a tiré cette Compilation, lix
Code des Loix des Gentoux ; Introduction, page 1

CHAPITRE PREMIER. *Du Prêt & de l'Emprunt*, 21

    SECT. I. *De l'Intérêt*, 22
    SECT. II. *Des Gages*, 31
    SECT. III. *Des Cautions*, 33
    SECT. IV. *De la maniere d'acquitter les différentes dettes*, 36
    SECT. V. *De la maniere de recouvrer ce qui est dû*, 40

CHAP. II. *De la division & de l'héritage des Propriétés*, 45

    SECT. I. *De l'héritage d'un pere, d'un grand-pere, d'un arriere-grand-pere, & d'autres parens*, 47
    SECT. II. *De la division des propriétés d'un* Berhemchàrry*, d'un* Sinnaffee*, & d'un* Bànperùst, 57
    SECT. III. *De la propriété d'une femme*, 58

TABLE DES MATIERES.

SECT. IV. *De l'héritage de la propriété d'une femme*, 60

SECT. V. *Des personnes incapables d'hériter*, 86

SECT. VI. *De la propriété susceptible de division*, 87

SECT. VII. *De la division d'une propriété gagnée par l'exercice d'un Art ou d'une science*, 89

SECT. VIII. *De la division des propriétés gagnées par les enfans d'une famille*, 90

SECT. IX. *Des possessions indivisibles*, 91

SECT. X. *De la division que fait un pere parmi ses enfans, de la propriété qu'il a gagnée*, 93

SECT. XI. *De la division que fait un pere parmi ses enfans, de la propriété que lui ont laissée son pere & son grand-pere*, 94

SECT. XII. *Des fils divisant la propriété laissée par leur pere*, 98

SECT. XIII. *De la division des biens réunis des personnes qui conviennent de vivre ensemble, après la dispersion primitive & la séparation des membres de la famille*, 101

SECT. XIV. *D'un associé recevant sa part des biens réunis, après qu'un long espace de tems s'est écoulé ; de l'héritage des enfans de deux différens maris d'une femme de la Caste Sooder, & des fils adoptifs*, 103

SECT. XV. *De la maniere de diviser les choses cachées, & de rectifier les divisions inégales, & de fixer les parts des associés lorsqu'ils sont en litige*, 104

SECT. XVI. *De la maniere d'acquérir par l'usufruit, un droit de possession sur la propriété d'un autre*, 107

CHAP. III. *De la Justice*, 113

SECT. I. *Des formes de l'administration de la Justice.*, 114

TABLE DES MATIERES.

SECT. II. *De la nomination d'un* Vakeel (*ou Procureur*), 116

SECT. III. *Des cas où on ne peut pas saisir la Partie accusée,* 117

SECT. IV. *Des cas où il faut faire une réponse immédiate à une plainte,* 121

SECT. V. *Des preuves qu'on allegue pour la défense de sa cause & des réponses,* 123

SECT. VI. *Des différentes réponses : de la réponse propre & de l'impropre,* 125

SECT. VII. *De l'évidence,* 133

SECT. VIII. *De l'évidence propre & impropre,* 134

SECT. IX. *Des manieres d'examiner les Témoins,* 137

SECT. X. *De la nomination des Arbitres, de la maniere de faire l'exposition d'une cause,* 142

SECT. XI. *De la sentence accordée à une partie contre une autre,* 143

CHAP. IV. *Du Dépôt ou du Fidei-Commis,* 145

CHAP. V. *De la vente de la propriété d'un Etranger,* 149

CHAP. VI. *Des Partages,* 153

SECT. I. *Des partages à la suite d'un commerce fait en société,* ibid.

SECT. II. *Des partages faits entre les ouvriers,* 155

CHAP. VII. *Des Donations,* 157

CHAP. VIII. *De la Servitude,* 163

SECT. I. *Des appellations d'apprentifs, serviteurs, esclaves, &c.* ibid.

TABLE DES MATIERES.

SECT. II. *De la maniere d'affranchir les esclaves,* 166

SECT. III. *De ceux qui sont esclaves, & de ceux qui ne le sont pas,* 169

CHAP. IX. *Des Salaires,* 171

SECT. I. *Des salaires des domestiques,* ibid.

SECT. II. *Des salaires des danseuses & des prostituées,* 176

CHAP. X. *Des Baux & Locations,* 178

CHAP. XI. *Des achats & ventes,* 179

SECT. I. *Des vendeurs qui ne livrent pas à l'acheteur les marchandises vendues,* ibid.

SECT. II. *Des cas où l'on peut rendre ou ne pas rendre les choses achetées,* 182

CHAP. XII. *Des bornes & limites,* 185

CHAP. XIII. *Des partages dans la culture des terres,* 193

CHAP. XIV. *Des Villes & Bourgs, & des Amendes pour les dommages faits à une récolte,* 197

CHAP. XV. *Des expressions scandaleuses & injurieuses,* 203

SECT. I. *Des dénominations du crime,* ibid.

SECT. II. *Du châtiment,* 208

TABLE DES MATIERES.

CHAP. XVI. *De l'Attaque*, 217

 Sect. I. *De l'attaque & des préparatifs à l'attaque*, ibid.
 Sect. II. *Des cas où l'on ne prend point d'amende*, 237
 Sect. III. *Des amendes imposées à ceux qui font mourir des animaux*, 238

CHAP. XVII. *Du Vol*, 242

 Sect. I. *Du vol secret & caché*, ibid.
 Sect. II. *Des amendes qu'entraîne le vol ouvert*, 244
 Sect. III. *Des amendes pour le vol caché*, 249
 Sect. IV. *De la saisie des voleurs*, 257
 Sect. V. *De ceux qui doivent être réputés voleurs*, 259
 Sect. VI. *Des* Chokeydàrs *responsables des effets volés*, 261

CHAP. XVIII. *De la Violence*, 263

CHAP. XIX. *De l'Adultere*, 268

 Sect. I. *Des différentes especes d'adultere*, ibid.
 Sect. II. *Des amendes imposées contre les différentes especes d'adultere*, 269
 Sect. III. *Des peines de l'adultere*, 271
 Sect. IV. *De l'adultere commis avec une femme non mariée*, 277
 Sect. V. *Peines contre ceux qui mettent le doigt dans le pudendum d'une femme non mariée*, 278
 Sect. VI. *Du rapt d'une femme non mariée*, 279
 Sect. VII. *De l'adultere commis avec une femme de mauvais caractere, ou avec une prostituée*, 280

               Sect.

TABLE DES MATIERES.

SECT. VIII. *De la copulation charnelle d'un homme avec un animal,* 281

CHAP. XX. *De ce qui concerne les Femmes,* 283

CHAP. XXI. *Mêlange de différens Réglemens,* 288

SECT. I. *Du Jeu,* 289
SECT. II. *De ceux qui trouvent une chose qui étoit perdue,* 290
SECT. III. *Des peines imposées à ceux qui coupent des arbres,* 292
SECT. IV. *De l'impôt sur l'achat & la vente des marchandises,* 293
SECT. V. *Des querelles entre un pere & un fils,* 295
SECT. VI. *De ceux qui servent des alimens mal-propres,* 296
SECT VII. *Du châtiment infligé à un* Sooder *qui lit les* Bedas, 297
SECT. VIII. *Des avantages du châtiment,* 298
SECT. IX. *De l'adoption,* 299
SECT. X. *Réglemens sur différentes matieres,* 300

Vocabulaire, 322

Fin de la Table.

APPROBATION.

J'AI lu, par ordre de Monseigneur le Garde des Sceaux, un Manuscrit intitulé *Code des Loix des Gentoux, traduit de l'Anglois.* Je n'y ai rien trouvé qui puisse en empêcher l'impression. A Paris, ce 2 Décembre 1777.

Signé, BLANCHARD DE LA VALETTE.

PRIVILEGE DU ROI.

LOUIS, PAR LA GRACE DE DIEU, ROI DE FRANCE ET DE NAVARRE : A nos amés & féaux Conseillers, les Gens tenans nos Cours de Parlement, Maîtres des Requêtes ordinaires de notre Hôtel, Grand-Conseil, Prévôt de Paris, Baillifs, Sénéchaux, leurs Lieutenans Civils, & autres nos Justiciers qu'il appartiendra : SALUT. Notre amé le Sieur * * * Nous a fait exposer qu'il désireroit faire imprimer & donner au Public un Ouvrage ayant pour titre, *Code des Loix des Gentoux, traduit de l'Anglois*; s'il Nous plaisoit lui accorder nos Lettres de Privilege à ce nécessaires. A CES CAUSES, voulant favorablement traiter l'Exposant, Nous lui avons permis & permettons de faire imprimer ledit Ouvrage autant de fois que bon lui semblera, & de le vendre, faire vendre par tout notre Royaume. Voulons qu'il jouisse de l'effet du présent Privilege, pour lui & ses hoirs à perpétuité, pourvu qu'il ne le rétrocede à personne ; & si cependant il jugeoit à propos d'en faire une cession, l'Acte qui la contiendra sera enregistré en la Chambre Syndicale de Paris, à peine de nullité, tant du Privilege que de la cession ; & alors par le fait seul de la cession enregistrée, la durée du présent privilege sera réduite à celle de la vie de l'Exposant, ou à celle de dix années, à compter de ce jour, si l'Exposant décede avant l'expiration desdites dix années. Le tout conformément aux articles IV & V de l'Arrêt du Conseil du 30 Août 1777, portant Réglement sur la durée des Privileges en Librairie. FAISONS défenses à tous Imprimeurs, Libraires & autres personnes de quelque qualité & condition qu'elles soient, d'en introduire d'impression étrangere dans aucun lieu de notre obéissance ; comme aussi d'imprimer ou faire imprimer, vendre, faire vendre, débiter ni contrefaire ledit Ouvrage, sous quelque prétexte que ce puisse être, sans la permission expresse & par écrit dudit Exposant, ou de celui qui le représentera, à peine de saisie & de confiscation des exemplaires contrefaits, de six mille livres d'amende, qui ne pourra être modérée pour la premiere fois, de pareille amende & de déchéance d'état en cas de récidive, & de tous dépens, dommages & intérêts, conformément à l'Arrêt du Conseil du 30 Août 1777, concernant les contrefaçons. A la charge que ces Préfentes feront enregiftrées tout au long fur le Regiftre de la Communauté des Imprimeurs & Libraires de Paris, dans trois mois de la date d'icelles ; que l'impreffion dudit Ouvrage fera faite dans notre Royaume & non ailleurs, en beau papier & beau caractere, conformément aux Réglemens de la Librairie, à peine de déchéance du Préfent Privilege : qu'avant de l'expofer en vente, le manufcrit qui aura fervi de copie à l'impreffion dudit Ouvrage fera remis dans le même état où l'Approbation y aura été donnée, ès mains de notre très-cher & féal Chevalier Garde des Sceaux de France, le Sieur HUE DE MIROMÉNIL, qu'il en fera enfuite remis deux exemplaires dans notre Bibliotheque publique, un dans celle de notre Château du Louvre, un dans celle de notre très-cher & féal Chevalier, Chancelier de France, le Sieur DE MAUPEOU, & un dans celle dudit Sieur HUE DE MIROMÉNIL, le tout à peine de nullité des Préfentes; du contenu defquelles vous mandons & enjoignons de faire jouir ledit Expofant & fes hoirs pleinement & paifiblement, fans fouffrir qu'il leur foit fait aucun trouble ou empêchement. VOULONS que la copie des Préfentes, qui fera imprimée tout au long au commencement ou à la fin dudit Ouvrage, foit tenue pour duement fignifiée, & qu'aux copies collationnées par l'un de nos amés & féaux Confeillers Secrétaires foi foit ajoutée comme à l'original. COMMANDONS au premier notre Huiffier ou Sergent fur ce requis, de faire pour l'exécution d'icelles, tous Actes requis & néceffaires, fans demander autre permiffion, & nonobftant clameur de Haro, Charte Normande, & Lettres à ce contraires. CAR tel eft notre plaifir. DONNÉ à Paris le onzieme jour de Mars l'an de grace mil fept cent foixante-dix-huit, & de notre Regne le quatrieme. Par le Roi en fon Confeil. *Signé*, LEBEGUE.

Regiftré fur le Regiftre XX de la Chambre Royale & Syndicale des Libraires & Imprimeurs de Paris, Nº. 1198, folio 506, conformément aux difpofitions énoncées dans le Préfent Privilege ; & à la charge de remettre à ladite Chambre les huit exemplaires prefcrits par l'article CVIII du Réglement de 1723. A Paris, ce 20 Mars 1778.

A. M. LOTTIN l'aîné, *Syndic.*